W0053791

André Schulze (Hrsg.)

Mittelalterliche Kampfesweisen · *Der Kriegshammer, Schild und Kolben*

TALHOFFERS FECHTBUCH
ANNO DOMINI 1467

Man bedenke und betrachte durch Erfahrung,

dass alle menschlichen Wesen,

adelig und nicht adelig, vor dem Tode fliehen

und lange in dieser sterblichen Welt

zu leben wünschen; und danach ewig zu leben

im Königreich des Paradieses.

AUS »JEU DE LA HACHE«

André Schulze (Hrsg.)

Mittelalterliche Kampfesweisen

Der Kriegshammer, Schild und Kolben

TALHOFFERS FECHTBUCH

ANNO DOMINI 1467

VERLAG PHILIPP VON ZABERN · MAINZ AM RHEIN

Bibliografische Information der Deutschen Nationalbibliothek

Die Deutsche Nationalbibliothek verzeichnet diese
Publikation in der Deutschen Nationalbibliografie;
detaillierte bibliografische Daten sind im Internet über
http://dnb.d-nb.de abrufbar.

175 Seiten mit 278 Farb- und 7 Schwarzweißabbildungen

© 2007 by Verlag Philipp von Zabern, Mainz am Rhein
ISBN: 978-3-8053-3736-6

Alle Rechte, insbesondere das der Übersetzung in fremde
Sprachen, vorbehalten. Ohne ausdrückliche Genehmigung
des Verlages ist es auch nicht gestattet, dieses Buch oder
Teile daraus auf photomechanischem Wege (Photokopie,
Mikrokopie) zu vervielfältigen oder unter Verwendung
elektronischer Systeme zu verarbeiten und zu verbreiten.

Gestaltung: Lohse Design, Büttelborn
Printed in Germany by Philipp von Zabern, Mainz
Printed on fade resistant and archival quality paper
(PH 7 neutral) · tcf

Inhaltsverzeichnis

Jung mann 6

*Die Reihe
»Mittelalterliche Kampfesweisen«* 7

Die Autoren 7

Einleitung 8

Danksagung 9

*»Kempflich angesprochen«:
über Kampfgerichte und Kampfrecht* 10

Die Hohe und die Niedere Gerichtsbarkeit 10

»Der Sachen … sind sieben,
darum man noch zu kämpfen pflegt …« 11

Das Ordal 12

»Hier stehe ich nach fränkischem Recht«
»Hier steh ich frei nach Schwäbischem Rechte,
wie man zu Hall ficht« 18

Fechtmeister Hans Talhoffer 23

»Bedenk dich recht!« 23

Talhoffer und die Tradition Liechtenauers 26

Kleidung, Waffen- und Rüstkunde 31

Die Bekleidung der Kämpfer in den Codices
von 1443, 1459 und 1467 des Hans Talhoffer 31

Die stählerne Haut des Ritters,
die Plattenrüstung 40

Das Schwert aus der Sicht des Schmiedes –
über Mythen und archaische Technologie 44

Mit Hieb und Stich – über die Handhabung
von Schwertern 55

Stechschild und Kolben 61

Das Spiel mit der Axt 63

Eine Fechthandschrift für den Grafen 72

Eberhard im Bart 72

Über den Codex Icon. 394a, seine Interpretation
und experimentelle Rekonstruktion 74

Die Erforschung einer Technik 78

Tafelteil 83

Kampf in den Schranken 84

Das Lange Schwert,
Ringer- bzw. Halbschwerttechniken 87

Der Luzerner Hammer 100

Kampf mit Schild und Kolben 130

Anhang

*Biomechanische Basisarbeit
des Fechtens* 158

Glossar 162

Verwendete Literatur · Medien 168

Talhoffers Handschriften 173

Abbildungsnachweis 174

Junger Mann, nun lerne Gott zu lieben und die Frauen zu ehren. Sprich gut von den Frauen und sei tapfer, wie ein Mann es sein soll, und hüte dich vor Lug und Trug.

Trachte nach Redlichkeit und befleiße dich in der Ritterschaft; Steinwerfen und Steinschieben, Tanzen und Springen, Fechten und Ringen, Lanzenstechen und Turnierkampf, und dazu schönen Frauen zu hofieren.

Sei aufgelegt zu Lust und Scherz: Fechten verlangt Herz. Erschrickst du leicht, dann so sollst du nicht das Fechten lernen. Die ganze Kunst wäre verloren, denn das Dröhnen des Schlages und die derben Streiche machen ein zaghaftes Herz bald weich.

Das merke dir und verwende deine ganze Kraft im rechten Maße. Lerne gute Kunst und schaue oft in dein Fechtbuch, da findest du alles dargestellt.

Nun habe eines Mannes Mut, gegen jeden, der da Unrecht tut.

Willst du bei Ehren bleiben, so sollst du die Wahrheit üben. Hüte dich vor den Bösen, die keine Treue halten können.

Hast du dies verstanden. So geselle dich zu den Guten. Wenn man dir einen Rat geben will, so überdenke diesen gut. Dann kannst du erkennen, ob er dir nütze oder schadet.

So spricht der Talhoffer.

Nun lerne die wahre Lehre: Du sollst dich gut besinnen, wenn du fechten oder ringen willst; bewahre die Geheimnisse des Fechtens, die dir nun neu sind; traue nicht jedermann. Steh fest wie ein Bär und gleite nicht hin und her.

aus: Hs XIX 17.3 Königseggwald
Übersetzung (sinngemäß)

Die Reihe »Mittelalterliche Kampfesweisen«

Fechtmeister waren faszinierende Persönlichkeiten. Die Zeit in der sie lebten war entscheidend für das heutige Europa. Die Buchreihe »Mittelalterliche Kampfesweisen« befasst sich mit den bedeutendsten europäischen Meistern der Fechtkunst des späten Mittelalters und der Renaissance.

Die Werke und Kampftechniken der alten Fechthandschriften werden durch hochwertige Farbabdrucke und Technikdarstellungen wiederbelebt und so dem historisch interessierten Leser zugänglich gemacht. Das Leben der Meister wird in Biographien beleuchtet und die damalige Zeit in Bezug auf den Kampf beschrieben. Der Leser erhält so einen tiefen Einblick in die Persönlichkeit der Meister, den Kämpfern in den Gottesurteilen und den Rittern und Bürgern, die sich von ihnen unterrichten ließen. Ein Stück europäischer Geschichte wird so lebendig.

Erscheinen wird innerhalb der Reihe »Mittelalterliche Kampfesweisen« zunächst die Buchserie über Hans Talhoffer. Der Codex von 1467 wird in fünf Bänden herausgegeben, darunter auch das Faksimile. Es folgt der Königseggwalder Codex (HS XIX 17.3) als Faksimile mit einem umfangreichen geschichtlichem Teil um das Haus Königsegg. Danach schließt zunächst die Serie über den großen Schirmmeister Hans Talhoffer ab und die Reihe wird sich anderen Meistern und ihren Fechthandschriften widmen und weitere Faksimile mit Transkriptionen und bildlichen Interpretationen werden herausgegeben. Weitere Bände und Buchserien innerhalb der Reihe »Mittelalterliche Kampfesweisen« sind in Vorbereitung und Fechtlehrbücher in Bearbeitung, die die Fechtarbeit mit dem Schwert und anderen Waffen verständlich und nachvollziehbar werden lassen.

Fachautoren zum Thema historisches Fechten, Schwertmeister, Archäologen, Historiker und einer der besten Schwertschmiede liefern für diese Serie Artikel und längst vergessenes Bildmaterial aus den Staatsbibliotheken und aus sonst nicht zugänglichen privaten Beständen.

Der Verlag Philipp von Zabern hat es sich zur Aufgabe gemacht, die alten Handschriften in bester Qualität mit dem notwendigen historischem Hintergrundwissen der Öffentlichkeit zugänglich zu machen. »Mittelalterliche Kampfesweisen« wird die umfassende Reihe über die alten Fechtmeister und deren Werke und Fechtkunst.

André Schulze
Herausgeber

Die Autoren

◆ Wolfgang Abart (WA), Fechtlehrer
Fechtchoreograph und Schwertfeger
www.lebendige-schwertkunst.de

◆ Dieter A. Bachmann (DAB), Linguist, Fechter
der »deutschen Schule«
www.freywild.de

◆ Marcel Dorfer (MD), Historiker, Philosoph,
Fechtlehrer
www.schwertkampf.at.tf

◆ Arno Eckhardt (AE), Schwertschmied
www.dietraumschmiede.de

◆ Sandra Fortner (SF), Fechterin, Archäologin

◆ Andrea Rottloff (AR), Archäologin

◆ Roland Warzecha (RW), Illustrator
www.hammaborg.de

Einleitung

»Item des ersten so soltu den maister
wol erkennen der dich lerren wil dz sin kunst
recht und gewer sy ...«

Hans Talhoffer, Ambraser Codex 1459
(Thott 290 2°, 10 recto)

Das Schwert erlebt in unserer Zeit eine echte Renaissance. Fechtschulen unterschiedlicher Stilrichtungen entstehen überall, Kinder, Jugendliche, Frauen und Männer möchten die Kunst des Fechtens erlernen. Aber nicht nur der Umgang mit dem Schwert bringt Freude, er stärkt auch den Körper, fördert Haltung, Koordinations- und Konzentrationsfähigkeit. Daher lag es nahe, die Reihe »Mittelalterliche Kampfesweisen« als kommentierten »Leitfaden« für Schwertschüler und – Lehrer aus der Taufe zu heben. In diesem zweiten Band werden zwei seltenere Waffen vorgestellt, die wenig verbreitet sind, aber kaum minder faszinierend neben dem Schwert stehen: Der Luzerner Hammer und der Stechschild. Sie standen den Kämpfern im damaligen Gottesurteil der Gerichtsbarkeit neben dem Schwert und anderen Waffen zur Verfügung. Der Luzerner Hammer, vom Aussehen ähnlich einer Hellebarde, allerdings mit kürzerem Schaft, wurde auch in der Schlacht verwendet.

Talhoffer kannte sich im Umgang mit vielen Waffen der damaligen Zeit bestens aus. Er war aber auch ein Meister in der Kunst des Ringens. Sein Repertoire an Techniken war enorm. Doch wie funktionieren diese? In seinem Codex von 1467, dem Codex Icon. 394a aus der Münchner Staatsbibliothek, werden oft nur ein oder zwei Bilder mit spärlichen Beschreibungen verwendet, um einen Technikablauf zu erklären. Wie ist es also zu diesen Tafelbildern gekommen? Welche Angriffe wurden bei der Kampferöffnung eingesetzt, wie war die Fuß- und Körperarbeit der beiden Kämpfer? Des öfteren ergibt sich auch die Frage nach der Fortsetzung des dargestellten Technikfragmentes auf einer der 270 Tafeln im Codex.

Diese und viele weitere Fragen werden innerhalb der Reihe »Mittelalterliche Kampfesweisen« beantwortet, der ersten Buchserie über die Kampfkunst

Hans Talhoffers. Zunächst werden in vier Bänden die Kampftechniken aus dem Codex von 1467 dargestellt: Das lange Schwert, der Luzerner Hammer, Messerkampf, Ringen, das lange Messer, der Kampf zu Roß. Die meisten Tafeln der Kapitel über »Das lange Schwert: Ringertechniken«, »Der Luzerner Hammer« sowie »Stechschilde und Kolben« wurden in diesem zweiten Band in gewohnter Weise mittels einer Gegenüberstellung von Original und Rekonstruktion erläutert, so dass der Betrachter die Fechtkunst Talhoffers nachvollziehen kann. Das Glossar wurde um einschlägige Begriffe zu den neu dazugekommenen Techniken erweitert.

Nach der Einführung in die Gerichtsbarkeit in Band eins wird nun konkreter auf das 15. Jh. eingegangen und das Prozedere des Gottesurteils eingehend beleuchtet, die fränkische und schwäbische Gerichtsbarkeit ausgearbeitet. Über die Ausführung eines korrekten Schwerthiebes gibt ein Bericht mittels bebilderter Schwertschnittests Auskunft. Was die Adeligen und Bürgerlichen in ihren Kämpfen an Waffen, Bekleidung und Panzer damals trugen, wird in entsprechenden Artikeln veranschaulicht. Zum besseren Verständnis für neue Leser wurde die Biographie Meister Talhoffers aus dem ersten Band zusammengefasst, aber auch durch wichtige Ergänzungen über »Talhoffer und die Tradition Liechtenauers« erweitert. Über die Möglichkeiten, aber auch Schwierigkeiten, eine Tafel kampftechnisch zu interpretieren, gibt der Artikel über Tafel 15 Auskunft. Für neue Leser wurde die Basisarbeit hinsichtlich der sportwissenschaftlichen Biomechanik größtenteils übernommen.

Selbstverständlich ist die in diesem Band erbrachte Interpretation der Tafeln nicht die einzig wahre, so gibt es auch hier viele andere Auslegungen und die interessanten Darstellungen der Originale animieren zur Variantenforschung. Wiederum möchte ich sagen: Wir waren bemüht, die Dinge zu verstehen und erheben keinen Anspruch auf absolute Korrektheit, die im Nebel vergangener Zeit liegt.

Im Gegensatz zum ersten Band wurde die Bekleidung der Akteure nach historischen Vorlagen nachgeschneidert. Wie schon mit dem ersten Band hoffe ich, mit dieser Fortsetzung über die Bearbeitung des Codex 394a, in der Reihe »Mittelalterlichen Kampfesweisen« dem epochalen Werk des Hans Talhoffer ein Stückchen mehr gerecht geworden zu sein. Möge es allen Interessierten als Einstieg in die Welt dieses herausragenden Schirmmeisters dienen, aber auch Unterstützung beim eigenen Erlernen der Techniken sein. Ich widme es

einmal mehr ihm sowie allen Meistern und Schülern, die in unserer heutigen schnelllebigen Zeit den Weg der historischen, traditionellen Fechtkunst gewählt haben.

André Schulze
Schwabmünchen, im November 2006

Danksagung

Dieses Buch ist das Ergebnis von mannigfaltiger Teamarbeit. Ohne die nun angeführten Personen und Institutionen wäre ein Erscheinen unmöglich gewesen. Ihnen allen gehört mein respektvoller, aber auch freundschaftlicher Dank.

- Brigitte Gulath und den Fototechnikern der Bayerischen Staatsbibliothek München
- Cornelia Hopf, Universitätsbibliothek Erfurt/Gotha
- Daniel Freiherr von Künßberg, Kulmbach
- Dimitrios Kokkotidis und Moritz Paysán, Württembergisches Landesmuseum Stuttgart
- Eberhard Fritz, Archiv des Hauses Württemberg, Altshausen
- Elmar Bihler, Königsbrunn
- Ernst Köhler, Stadt Gersthofen
- Mechthild Weber, Augsburg
- Georg Eyckhoff und Susanne Biegel, Stadt Aulendorff
- S. E. Johannes Graf von Königsegg-Aulendorff
- Stefan Mäder, Kokugakuin University Tokyo

- Volkmar Becker, Schwabmünchen
- Helmut Gier, Staats- und Stadtbibliothek Augsburg
- Burgenmuseum Friedberg und der Stadt Friedberg/Bayern
- Roman Landes, Reichling
- Ulrich Gerfin, Frankfurt a. M.
- Georg von Tardy, Malmsheim
- Württembergische Landesbibliothek Stuttgart

Für die Fechtdarstellung auf den Fotos:
- Sandra Fortner, Augsburg
- Frank Ertel, Gauting
- Benjamin Röck, Augsburg
- Markus Peiker, Schwabmünchen
- Michael Kreps, Augsburg

Den Fotografinnen und dem Fotografen:
- Andrea Rottloff, Gersthofen
- Christine Felber, Schwabmünchen
- Klaus Diehl, Markt Meitingen

- Und ganz besonders Horst Boxler, Bannholz

»Kempflich angesprochen«:
über Kampfgerichte und Kampfrecht

So fleckig sich der Teppich der politischen und gesellschaftlichen Landschaft in Deutschland durch die Jahrhunderte des Mittelalters ausbreitete, so verschiedentlich war auch die Anwendung und Durchführung von gerichtlichen Zweikämpfen als Gottesurteil zur Beweisfindung eines Verbrechens und, im späteren Mittelalter, zur Verteidigung der Ehre. Die im Folgenden angeführten Quellen sind als Einblicke und nicht als Gemeinplätze mittelalterlicher Gerichtsbarkeit zu verstehen.

Über das Gottesurteil des gerichtlichen Zweikampfes im hohen Mittelalter wurde bereits im ersten Band der Reihe »Mittelalterliche Kampfesweisen« berichtet. Der Schwerpunkt dieses Beitrags soll besonders auf der rechtlichen Situation und der Durchführung eines Ordals im 14. und 15. Jh. liegen.

Eine ausführliche Zusammenstellung und Besprechung zahlreicher Quellen zum Ordalwesen in Deutschland und Europa ist bei Hermann Nottarp, Gottesurteilstudien von 1958 akribisch vorgelegt.

Zahlreiche Quellen zum gerichtlichen Zweikampf finden sich außer im Sachsen- und Schwabenspiegel beispielsweise in diversen Stadtrechten Italiens, Frankreichs und Deutschlands, so z. B. im Straßburger Recht von 1129, zu Worms und Speyer im 12. Jh., Freiburg 1275, Kolmar 1293 oder im Augsburger Stadtrecht von 1276. Im österreichischen und steiermärkischen Landrecht des 13. Jhs. ist das Gottesurteil gleichfalls bekannt. Eine reiche Sammlung beinhalten die unzähligen sog. Weistümer (bäuerliche Rechtsquellen) oder Bauerngerichte des 15. und 16. Jhs. Auch in Frankreich erhielt sich der gerichtliche Zweikampf in Strafrechten bis ins 15. Jahrhundert. Zunächst soll ein kleiner Einblick in die Welt der Gerichtsbarkeit des Mittelalters die Zuordnung des Zweikampfes erleichtern.

Die Hohe und die Niedere Gerichtsbarkeit

In der mittelalterlichen Gerichtsbarkeit erscheinen zwei Hauptbegriffe: die Niedere Gerichtsbarkeit und die Hohe Gerichtsbarkeit. In der Niederen Gerichtsbarkeit wurden kleinere Delikte des Alltags (Beleidigungen, Raufereien etc.) zusammengefasst, die Geldstrafen oder geringere Körperstrafen, wie die Verurteilung zu Haut und Haar (Scheren der Haare und Auspeitschen) beinhalteten. Auch Ehrenstrafen, wie der Pranger oder der Schandpfahl zählten hierzu. Erbrecht oder Grenzstreitigkeiten fielen ebenso in den Zuständigkeitsbereich entsprechender Richter oder Beamter (Abb. 1).

Die Hohe Gerichtsbarkeit, oder auch Hochgerichtsbarkeit, Halsgerichtsbarkeit, *ius gladii* (Recht des Schwertes) oder peinliche Gerichtsbarkeit (von lat. *poena*, die Strafe) sprach schwere Leibstrafen, wie Verstümmelungen *(lybstrafen)* und Todesurteile aus. Die Hohe Gerichtsbarkeit ahndete Verbrechen wie Hochverrat, Mord, Raub, Hexerei, Kindesmord oder Homosexualität (!). Je nach Verbrechen und sozialem Stand wurde die Art der Ausführung der Strafe verhängt, Hexerei hatte Verbrennen auf dem Scheiterhaufen zur Folge, Vergewaltigung und schwerer Raub sowie Mord konnten mit Enthauptung geahndet werden. Die Halsgerichtsbarkeit wurde lange Zeit nur durch die Landesherren oder

ABB. 1:
Eine Gerichtsszene aus dem Stadtbuch von Herford um 1375 zeigt einen Tisch mit Richterschwert und einer Reliquie vor den Toren der Stadt. Hinter dem Tisch befinden sich der Richter mit den Schöffen, davor die beiden Parteien und der Gerichtsschreiber.

deren Stellvertreter durchgeführt. Diesen gleich-
gestellt waren die Freien Reichsstädte, die ihre
eigene, vom jeweiligen Herrscher verliehene Hohe
Gerichtsbarkeit innehatten. In den Ermessens-
bereich der Hohen Gerichtsbarkeit fielen die Anordnung und die Durchführung gerichtlicher Zweikämpfe.

Übten im frühen bis hohen Mittelalter Angehö-
rige des Adels, der Landesherr und seine Beamten,
der Gutsherr, geistliche Stifter oder Räte der Städte
des Umlandes die niedere Gerichtsbarkeit aus,
konnte das dingliche Recht im späteren Mittelalter
auch verkauft oder verpfändet werden. Die Ein-
nahmen aus den Gerichtsgebühren und den Buß-
geldern wurden zwischen Gerichtsherr und Richter
geteilt. Das Richteramt wurde selten vom Gerichtsherrn selbst ausgeübt. In den Dörfern standen den
Gerichten Erb- oder Setzrichter vor, in den Städten
waren es Stadtrichter, die dem Schöffengericht
angehörten. In letzteren nahmen auch die bäuerlichen und städtischen Gemeinden Einfluss auf
die Rechtsprechung.

Eine juristische Ausbildung war den meisten
Richtern bis weit ins 16. Jh. hinein nicht zu eigen.
Erst in dieser späten Zeit wurden in den Städten
langsam ausgebildete Juristen als Richter eingesetzt. Die Hohe Gerichtsbarkeit wurde vor allem
durch die Constitutio Criminalis Carolina Kaiser
Karls V. von 1530 reformiert und vereinheitlicht.
Auch wenn diese nur subsidiär war, d. h. wenn das
jeweilige Landrecht keine entsprechende Regelung
enthielt, war der Beginn einer Vereinheitlichung der
Kriminalprozesse erreicht.

»Der Sachen ... sind sieben, darum man noch zu kämpfen pflegt ...«

In der Handschrift »Hans Thalhoffer, Altteutsche
Armatur und Ringkunst« (Thott 290° Königliche
Bibliothek Kopenhagen) von 1459 führte derselbe
auf Tafel 8r und 8v die in seiner Zeit noch verblie-
benen sieben Delikte für einen Zweikampf auf:

hie vint man geschriben von dem kempfen
Item wie daz nu sy daz die decretaleß kempf
verbieten So hat doch die gewonhait herbracht
von kaisern und künigen fürsten und hern noch
gestatten und kempfen laussen und darzu glichen
Schierm gebent und besunder und umb ettliche
sachn
und artikeln alß her nach geschriben staut ...

Item der sachen und ardickelen sind siben
Darumb man noch pfligt zu kempfen
Item daz erst ist mortt.
Daz ander verräterniß
Das dritt ketzery
Daz vierd wölher an sinem herrn trulos wirt
Daz fünfft um fancknusz in striten oder sunßt
Daz sechst um valsch
Daz sibent da ainer junckfrowen oder frowen
benotzogt.

Freie Übersetzung:
Hier findet man geschrieben von dem Kämpfen:
Obwohl durch Erlass nun alles Kämpfen verboten ist, so gestattet doch die Gewohnheit
Kaisern und Königen, Fürsten und Herrn
unter ihrem Schutz und Vorsitz für etliche
Sachen und Gründe kämpfen zu lassen, wie
im Folgenden geschrieben steht.

Also gibt es noch sieben Dinge und (Geset-
zes-) Vorschriften, um die man noch zu kämp-
fen pflegt:
Das erste ist Mord,
Das andere Verrat,
Das dritte ist Ketzerei,
Das vierte ist Treulosigkeit an seinem Herrn,
Das fünfte ist Verrat im Krieg (?)oder sonst,
Das sechste ist Falschheit
Das siebte ist Vergewaltigung an Jungfrauen
oder Frauen.

Aus: Hans Talhoffer, Alte Teutsche Armatur-
und Ringerkunst (Thott 290 2°), bl. 8r:

Bei Beweisnot bezüglich Mord, Verrat, Ketzerei,
Treulosigkeit an seinem Herrn, *fancknuss* (Gefangen-
schaft bzw. Gefangennahme), Fälschung (?) oder
Vergewaltigung von Jungfrauen oder Frauen, wurde
um den Beweis gekämpft. Wurde der andere nun
»kempflich angesprochen«, hatte dieser zu erscheinen und durch einen Fürsprecher seine Sache darzu-
legen. Kam er oder einer der Seinen dreimal nicht
zum vorgeladenen Gerichtstag, galt seine Schuld als
erwiesen. Erschien er aber, beteuerte seine Un-
schuld und stellte sich dem Kampf, bekam er sechs
Wochen und vier (statt üblicherweise drei) Tage
Lehrzeit zur Vorbereitung in den Waffen. Danach
sollten sie nach Landessitte und Recht kämpfen.

Im Gegensatz zu den bis auf sieben Gründe
verringerten Anlässen zum Zweikampf in Hans

Talhoffers Zeit wurde bis zum 12./13. Jh. aus mannigfaltigen Streitfällen das Recht erkämpft. Auch in kirchlichen Anliegen, wie z. B. aufgrund strittiger Besitzverhältnisse konnte ein Gottesurteil durchgeführt werden. In seiner Arbeit über den gerichtlichen Zweikampf im altfranzösischen Prozess führte Alexander Coulin diesbezügliche und zuweilen kurzweilige Beispiele an. So erkannte 1098 der Graf von Poitiers im Streit um ein Sumpfgelände zwischen dem Martinskloster in Tours für sein Priorat Fontaine und den Mönchen von Talmont als angerufener Richter auf Entscheidung durch Zweikampf. Die (gemieteten freien) Kämpen leisteten in der Kirche einen Eid bezüglich der Richtigkeit ihres Anliegens. Der Kämpe des Martinsklosters beeidete, dass das streitige Gelände seinerzeit dem Kloster für sein genanntes Priorat geschenkt worden sei, was der andere als Meineid bezichtigte. Jedoch unterlag der Kämpe der Beklagten, die darauf betrübt von dannen zogen. Zu Beginn des 12. Jhs. erteilte König Ludwig VI. (1118–1137) zahlreichen Kirchen und Klöstern das königliche Privileg für ihre Unfreien und Hörigen das *ius bellandi et testificandi* gegen Freie. Dadurch konnten diese zu berufsmäßigen Kämpen ausgebildet werden. So erhielt z. B. 1108 und 1110 das Kapitel von Notre Dame in Paris, 1118 das Kloster St. Maur des Fossez und 1128 das Domkapitel von Chartres die Erlaubnis zum Zweikampf *(bellandi licentium)* durch Hörige (De ordaliis 2, Nr. 41, 43, 44, 46).

Zu allen Zeiten im Mittelalter und der frühen Neuzeit war die Beweisfindung bei Mord ein Grund zum Zweikampf. Als ein eindrückliches Beispiel aus der Geschichte des Hauses Savoyen nach der Anschuldigung zum Mord ist der Zweikampf zwischen Otto von Grandson und Gerhard von Estavayer in die Geschichte eingegangen. Otto von Grandson, ein hervorragender Dichter und Hofmann, war ein Berater und enger Freund des Grafen Amadeus VII. von Savoyen. Nach einer Jagdverletzung starb der Graf am zweiten November 1391 unerwartet, wahrscheinlich an Starrkrampf. Otto von Grandson wurde beschuldigt, an einer Vergiftung beteiligt gewesen zu sein. Die Güter wurden konfisziert und Otto von Grandson ging ins Exil. Am siebten August 1397 kam es zwischen Gerhard von Estavayer und Otto von Grandson zum Zweikampf. Von Estavayer hatte eine Rehabilitierung verweigert, da er die konfiszierten Güter nicht herausgeben wollte. Im Hof des Schlosses von Bourgen-Bresse im heutigen Département Ain im Osten Frankreichs, traten die beiden Kontrahenten gegeneinander an. Otto von Grandson stürzte und sein Widersacher tötete ihn (Abb. 2).

Selbst eine Generation nach Hans Talhoffer wurde nach den Weistümern Jakob Grimms in der Abtei Prümm zu Schweich (Weistümer 2, 308) im Jahr 1517 ein gerichtlicher Zweikampf wegen Totschlags ausgeführt.

Das Ordal

Aus verschiedenen Quellen lassen sich Beispiele für die Vorbereitung und Durchführung von Ordalien rekonstruieren, auch hier mögen die regionalen und temporären Unterschiede vergegenwärtigt werden. Eine einzige allgemeingültige Fassung zur Durchführung des Ordals existierte nicht, aber der grobe Rahmen und einige Details seien hier angeführt:

Die Herausforderung

Die rechtsförmige Herausforderung und deren Annahme wurde symbolisiert durch Hinwerfen oder Überreichen der *vadia duelli*, eines Handschuhs, oder seltener eines sonstigen Gegenstandes; beim Zweikampf vor Gericht gaben beide Streitteile dem Gerichtsherrn das Wadium und stellten Geiseln aus der Verwandschaft. Daraufhin wurde vom Gerichtsherrn der Kampftag festgesetzt. Dieser mußte außerhalb der sogenannten geschlossenen Zeit zwischen Advent und zwei Wochen nach Ostern gewählt werden.

ABB. 2:

Nachdem Otto von Grandson von Gerhard von Estavayer des Mordes an Graf Amadeus VII. von Savoyen beschuldigt wurde, fand im Jahr 1397 ein Zweikampf zwischen den beiden Parteien statt. Otto von Grandson unterlag tödlich verwundet und konnte sich nicht von der Beschuldigung reinigen. In der Spiezer Chronik, benannt nach dem langjährigen Aufenthaltsort in der Spiezer Schloßresidenz der Familie von Erlach, des Berner Stadtschreibers Diebold Schilling aus dem Jahre 1484/85 wird dieses Ereignis bildlich dargestellt.

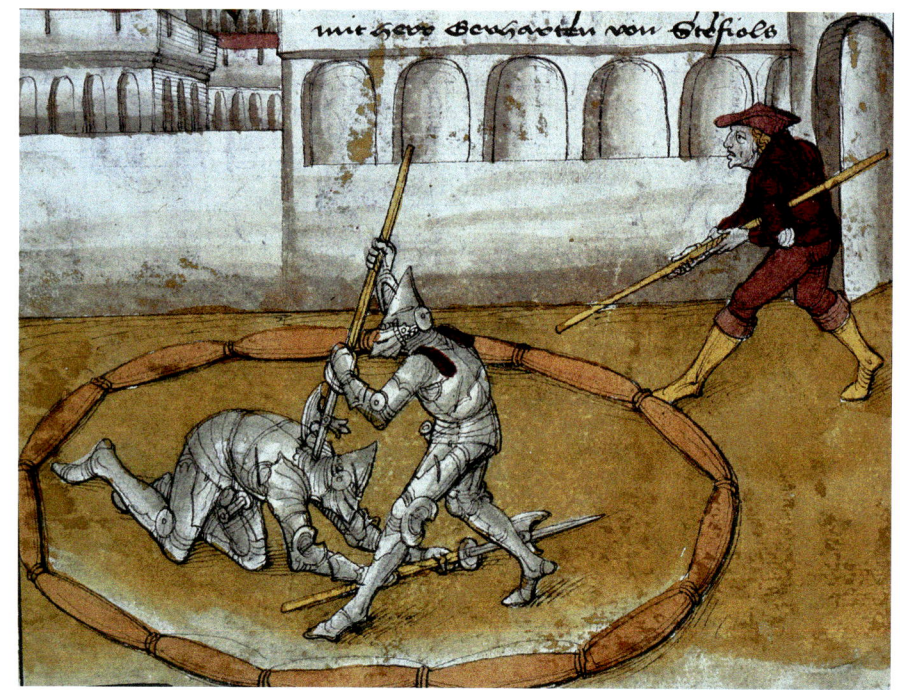

Damit nun die Streitenden nach der Herausforderung und Annahme sich nicht dem Zweikampf entzogen, wurden sie wohl bis zu dem für sie festgesetzten Zeitpunkt in Haft genommen, oder der kämpflich Angesprochene war zu Gast beim Vogt, Richter oder anderen offiziellen Würdenträgern. Während einer festgelegten Frist von sechs Wochen und drei Tagen konnten sich die beiden Parteien im Gebrauch der Waffen üben; dabei mußte der Richter für den Angesprochenen sorgen, indem er ihm Waffen gab und ihm einen Fechtlehrer zuordnete.

In Berichten über Zweikämpfe in Köln um 1230 und Valenciennes 1445 ist die tatsächliche Inhaftierung beider Streitteile überliefert. Des Anklägers auf eigene, des Beklagten auf Kosten der Stadt. In Valenciennes bestand zudem die Möglichkeit der Unterweisung im Fechten.

Nach dem Münstermaifelder Weistum von 1372 (Weistümer 2, 456f.) wurde der »kämpflich Angesprochene« vom Amtmann des Trierer Erzbischofs dem Grafen von Virneburg als Richter überantwortet:

»und sal en der greve halden unwirderfflich ses wochen und dry tage und eyme eynen meister gewinnen, der en kempen lere, und sal en halden, und daz alles dun der greve uff sine kost selber, ob der ghene der kuste nit enhat, der kemplich wirt angesprochen.«

Der Graf sollte den Herausgeforderten sechs Wochen und drei Tage bei sich aufnehmen und auf seine Kosten für einen Fechtmeister sorgen. Im normannischen und nordfranzösischen Recht musste der Gerichtsherr zur Einübung kampfunkundiger Parteien Fechtlehrer halten, sog. *bretons*. So hielt sich die Commune de Cambrai in der Region Nord-Pas-de-Calais, Dép. Nord in Frankreich elf *bretons*.

Der Brauch der Beherbergung ist noch im Jahre 1581 im elsässischen Weistum von Reiningen (Weistümer 4, 98) festzustellen, wobei der Gerichtsherr den kämpflich Angesprochenen zu denselben Bedingungen wie oben unterbrachte. Wofür der »Gastgeber«, wenn sein »Gast« siegte, des Unterlegenen Leib und Gut bekam.

Die Wahl der Waffen

Zur Bereitstellung der Waffen besagte der Sachsenspiegel in 1,63 §3:

»die richtêre sol ouch plegen einis schildes unde eynes swerdes deme, den men dâ schuldeget of he's bedarf.«

Der Richter soll hier dem, der dessen bedarf, einen Schild und ein Schwert zur Verfügung stellen. Waffen zum gerichtlichen Zweikampf wurden auch vermietet. So bestimmte 1176 der Erzbischof von Sens vier Kirchendiener an seiner Kathedrale, die allein das Rechte haben sollten, Schilde zum Kampf in der Kirchengemeinde zu vermieten (*De ordaliis* 2, 59).

Kampf mit Stock und Schild

Die Durchführung des gerichtlichen Zweikampfes mit Kolben und Schild war weit verbreitet. So verfügt beispielsweise das Zwickauer Rechtsbuch von 1348/1358 im dritten Teil, Buch II, 26, 6–8:

6. Vor dem rîche vichtit man mit kolben in aller geburt, es enwerde denne mit des rîches urlop anders gewillekurt.
7. Alle rittere, knechte und kouflûte sullen vechten mit dem swerte.
8. Alle gebûre sullen vechten mit kolben.

6. Vor dem Königsgericht ficht man mit Keulen in jedem Geburtsstand, es werde denn mit des Königsgericht Erlaubnis anders beschlossen.
7. Alle Ritter, Knechte und Kaufleute sollen mit dem Schwert fechten.
8. Alle Bauern sollen mit Keulen fechten.

Der Zweikampf mit Stock und Schild begegnete nicht nur in Deutschland, sondern war auch in Frankreich, Sizilien, Mailand und Parma sowie in Spanien gebräuchlich. Die »Statuta communis« von Parma (1266–1304) ordneten die gleichmäßige Ausrüstung der Kämpen mit *scutum et clava* (Schild und Keule) an (*De ordaliis* 2, Nr. 8 und 9).

Friedrich II. bestimmte in der Konstitution von 1231 c. 2,37, dass die Kämpfenden gleichartige Keulen oder Knüppel ohne Dornen oder Hörner haben sollten.

Nach dem Rechtsbuch des Jean d'Ibelin bewaffneten sich die Kontrahenten mit einem mannsgroßen, halbrund gebogenen Schild aus Holz mit

Lederbezug ohne Eisen. Zur weiteren Bewaffnung gehörte ein Kampfstock, d. h. eine hölzernen Lanze ohne jedes Eisen mit einer Knochenspitze sowie einem darunter angebundenen kurzen Querstück aus Holz, Knochen, Stein oder auch Kuhhorn, also eine Hacke ähnlich der späteren Hellebarde. Auf einer in Diebold Schillings Berner Chronik wiedergegebenen Darstellung eines Zweikampfes zweier Ritter in Bern im Jahre 1400 haben die Kämpfenden, die ihre Ritterrüstung tragen, als Waffe nur Kampfstöcke mit Eisenspitze, die mit einer Schlaufe am Arm befestigt wurden.

Der Zweikampf mit Stock und Schild wurde auch bei gravierenden Straftaten wie Mord oder Heimsuchung, d. h. nach bewaffnetem Eindringen in ein Haus und dem Brechen des Friedens, wie im Blutrecht von Bacharach um 1350 (Weistümer 2, 211f.), verfügt. Damit die Gegner sich nicht töten konnten, wurden zur selben Zeit im Lütticher Friedensgericht unter dem Vorsitz des Bischofs gerichtliche Zweikämpfe ohne Messer und Schwert, nur mit Stöcken ausgefochten. Während des Zweikampfes wurden die Kämpfer vom Gericht immer wieder zur Versöhnung aufgefordert. Geschah dies nicht, wurde der Kampf wieder aufgenommen (Manuskript van den Berch Nr. 188, Universitätsbibliothek zu Lüttich, fol. 193–203).

Der Kampf mit Schild und Kolben ist auch durch das Ritual der Segnung der Waffen vor dem Zweikampf bekannt. Während der *benedictio scuti et baculi ad duellum faciendum*, der Segnung des zum Zweikampf gebrauchten Schildes und Stockes/Keule, wurde Gott angerufen, diesen Schild und Kampfstock zu segnen, damit die Waffen unbesiegbar seien, Gott Leib und Seele des Kämpfenden schützen möge und diesen zum Sieg führe. Daraufhin übergab der Priester dem Kämpfer die Waffen, der niederkniete und den Segen empfing. Eine Segnung zum Kampf bestimmter Schwerter wurde immer wieder durch kaiserliche und kirchliche Verbote unterbunden. So hatte die Trierer Bistumssynode im Jahre 1228 die Segnung der Schwerter beim Zweikampf unter Exkommunikation gestellt.

Die Entscheidung durch Schild und Kolben im gerichtlichen Zweikampf wurde bis ins späte Mittelalter und die frühe Renaissance beibehalten. Hans Talhoffer führte in der alten Armatur- und Ringerkunst (Thott 290 2°, Königliche Bibliothek Kopenhagen) und in Cod. Icon 394a Illustrationen zum Kampf mit Schild und Kolben im gerichtlichen Zweikampf auf. Noch im Jahr 1512 schrieb die Ordnung des Kampfrechts am Landgericht zu Franken für den Zweikampf Kolben und Schild vor.

Schwert und Schild

Der Kampf mit Schwert und Schild ist in den meisten Quellen dem Adel vorbehalten. Obwohl Kaiser Friedrich im Landfrieden von 1152 den Bauern das Waffenrecht genommen hatte, wurde gerade in ländlichen Gegenden der Zweikampf durchaus mit dem Schwert ausgeführt. Quellen hierzu sind die sog. Weistümer, die bäuerlichen Rechtsquellen, so beispielsweise im Rommersheimer Weistum von 1288/98, welches über die Rechte des Prümer Vogts von Schönecken berichtet (Weistümer 2, 515f., 518). Wenn in den Prümer Abteihöfen ein Mann den anderen »kempflich anspricht« und der Schultheiß den Streit nicht schlichten konnte, dann sollten die Streitenden dem Abt von Prüm übergeben werden. Der Abt und der Vogt hatten sich um die Errichtung eines Kampfplatzes (*warf*) auf ihre Kosten zu kümmern, dieser sollte vierzig Fuß lang und zwanzig Fuß breit sein. Die beiden Streithähne durften zwischen Kolben und Schild, langen Messern, Schwertern oder Spießen nach eigener Wahl entscheiden, allerdings mussten sich beide Kämpfer mit denselben Waffen rüsten.

Der Tag des Ordals

War nun der Tag des Ordals gekommen, verbrachten die Streitenden die Nacht zuvor mit ihren Freunden wachend in der Kirche, am Tag selbst hörten sie die Messe, kommunizierten wohl auch und stifteten der Kirche eine fromme Spende, woraufhin der Priester sie und ihre Waffen segnete.

Der Kampfplatz

Hatten die Kämpfer die Waffen gewählt, oder waren ihnen diese vorgeschrieben worden, galt es ordnungsgemäß den Kampfplatz in geziemender Ausstattung zu betreten. Auch hier gibt es Beispiele, aber keine allgemeingültigen Regeln. So wurden nach den Stadtbüchern von S. Gimignano (um 1247 und 1250) die Kämpen geschoren. Nach dem Rechtsbuch des Jean d'Ibelin, das als eine der wichtigsten Quellen zur Kultur- und Rechtsgeschichte der späten Kreuzfahrerstaaten gilt, und anderen Quellen, trugen die Kämpfer beim Fußzweikampf ein Wams aus Tuch oder Leder. Bei einem Zweikampf aus uns unbekannten Gründen trugen 1409 zwei Ritter auf dem Weinmarkt zu Augsburg zu Fuß einen Kampf mit Schwert und Schild in leinenen Kleidern aus, wobei nur den Kopf unter einer

ABB. 3:
Im Solothurner Fechtbuch
schreiten die Helfer des Kämpfers
zum Ordalsplatz. Vorneweg
der Grießwart mit der Stange
(Baum), dahinter Träger
mit Schild und mehreren Kolben.

Eisenhaube geschützt war. Der Kläger unterlag tödlich verwundet und wurde vom Sieger ehrenvoll in der Augsburger Karmelitenkirche bestattet, der den Schild als Weihegabe in der Gögginger Leonhardskapelle aufhängte (ausführlich zur Bekleidung der Kämpfer vgl. S. 32 ff.).

Nach der Messe und der Segnung schritt man nüchtern zum Kampfplatz (Abb. 3); hier wurde unmittelbar vor dem Kampf noch ein Versuch zur Sühne gemacht. Wenn der keinen Erfolg hatte, beschwor der Ankläger die Richtigkeit seiner Behauptung und die Schuld des anderen, der Beschuldigte beschwor umgekehrt seine Schuldlosigkeit und die Gerechtigkeit seiner Sache und beide erflehten den Sieg. Zur Eidesleistung konnten die Streitenden vom Kampfplatze wieder in die Kirche geführt werden. Geschah das nicht, dann wurde der Eid auf die hinzugebrachten Reliquien abgelegt oder, im 14. Jh. z. B. in Lausanne, auf das Sanctissimum, wobei die Streitenden ihre linken Hände über dem vom Priester gehaltenen Eucharistiekelch ineinanderschoben. Darauf bezichtigte der Beschuldigte den Ankläger als Meineidigen, indem er den noch Knieenden bei der Hand fasste und emporzog. Es folgte noch ein zweiter Eid, in welchem beide Kämpfenden beschworen, keine unerlaubten Waffen, keine zauberischen Schutzmittel oder sonst verbotene Gegenstände mitzuführen. Im 15. Jh. scheint es häufiger gewesen zu sein, dass Geistliche den Kämpfern Reliquien zusteckten, um sie zu feien (De ordaliis 2, 118).

Der Kampf war öffentlich. Nach dem Schwur der Streitenden verkündete der Gerichtsherr oder sein Vertreter das Banngebot für die Zuschauer gegen jede Störung des Kampfes oder auch jegliche Unterstützung der Kämpfer, die mit schweren Strafen bedroht wurden (Abb. 4).

Der Richter bestimmte den Ort des Zweikampfes. Das Kampffeld hieß auch *Kreyt, Kryt, Krais, Grais* und war gewöhnlich rund oder oval, weswegen es auch Ring, *warf* oder *cingulum* genannt wurde. Der Kampfplatz wurde umzäunt, um den Andrang der Zuschauer zu verhindern; aus demselben Grund wählte man, wo es möglich war, eine Insel im Fluss und ließ die Zuschauer am Ufer stehen. Bei der Aachener Königspfalz z. B. befand sich nach Er-

ABB. 4:
Am Ordalsplatz angekommen
sitzen die beiden Kontrahenten
mit ihren Grießwarten.
Die Bahren im Vordergrund
weisen auf den tödlichen Ausgang
des Kampfes hin.

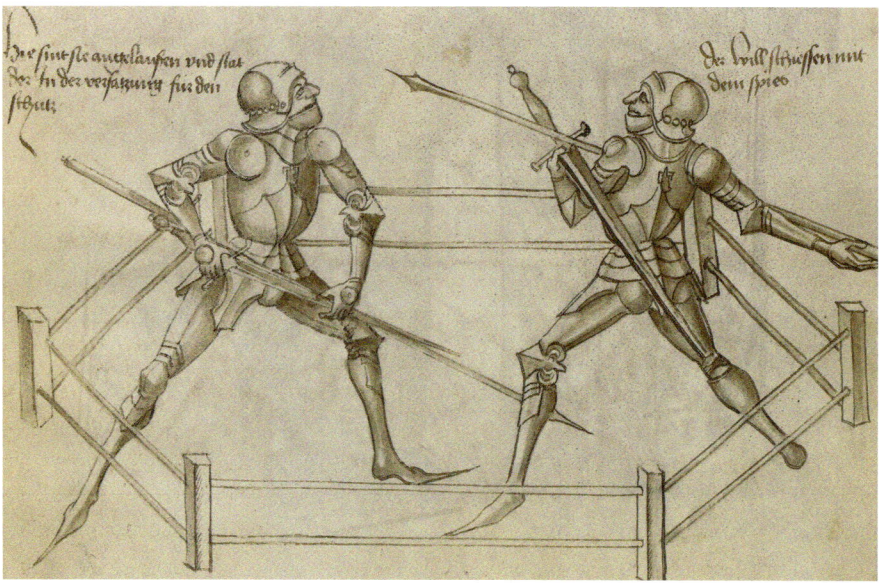

Der Kampf beginnt ...

Der Kampf begann am festgelegten Tag zur Prim oder Terz (6 oder 9 Uhr), spätestens zur Sext (12 Uhr). Man wartete noch bis zur Non (3 Uhr), wer sich bis dahin nicht gestellt hatte, galt als überführt und wurde deshalb bei etwaigem späteren Erscheinen nicht mehr zum Kampf zugelassen. Es lag im Interesse des Fordernden frühzeitig zu beginnen, da er, wenn bis zum Abend keine Entscheidung gefallen war, als besiegt angesehen wurde.

Der Kampf selbst vollzog sich nach fest bestimmten Regeln. Man bat den Richter um ein Zeichen zum Anfang. Auch während des Kampfes hatte der Richter mancherlei Anordnungen zu geben, die er in festen Formeln sprach. Da die im gerichtlichen Zweikampf verübte Tötung als erlaubte Tötung galt, war er dafür verantwortlich, dass keinem der Beteiligten ein Unrecht geschah, andernfalls wäre die Blutschuld über ihn bzw. den Gerichtsherrn gekommen.

Die Kämpfenden waren nicht sich selbst überlassen, notfalls griffen Helfer zu ihrem Schutze ein, und zwar auch wieder nach festgelegten Regeln. So teilte nach dem Sachsenspiegel der Richter jedem der Kämpfenden einen Sekundanten zu, der den »Baum« trug, eine lange Stange, durch deren Senkung das Kämpfen unterbrochen wurde, was aber nur in drei Fällen geschehen durfte: Wenn einer der Kämpfer zur Erde fiel, wenn er verwundet wurde oder aus irgendeinem Grunde um eine Unterbrechung bat. Zum Niedersenken des Baumes bedurfte der Sekundant jedes Mal der Erlaubnis des Richters, da er von sich aus niemals eingreifen und dadurch die Kämpfer stören durfte. Außer dem Baumträger, der auch »Grieswart« genannt wurde (von »griess« für Arena, Sand, Sandfläche, Kampfplatz oder nach Majer möglicherweise von »grit«, was soviel wie Streit, Kampf bedeutet und »Wartel« gleich Beobachter), kommen als weitere Helfer noch der »Warner« und der »Lusner« vor. Der Warner trägt die Ersatzwaffe und erteilt seinem Herrn Anweisungen während des Kampfs, wofür der Lusner als Aufpasser ihm aus der Beobachtung der Kämpfer die nötigen Angaben macht.

ABB. 5:
Der Kampfplatz ist mit einem Zaun abgegrenzt. Auch wer diese Abgrenzung überschreitet (»Außer Rand und Band«) hat verloren.

moldus Nigellus ein besonderer Kampfplatz im Walde, der ummauert war, und an dessen Seiten Marmorbänke standen für Zeugen und Zuschauer. Sonst war es ein Platz im Hof des Gerichtsherrn, in Städten der Marktplatz oder eine breite Straße, oft auch eine Wiese oder sandige Stelle vor den Toren, in den Dörfern der Kirchplatz. In Trier war ein besonderer »Kamphof« zur Austragung von Zweikämpfen angelegt, wie auch in Ungarn im Spätmittelalter bei den höheren Gerichten *areae certaminis* umhegte Kampfplätze waren (Abb. 5).

Innerhalb dieses begrenzten Raumes wurde, oft nur durch ein Seil, ein innerer Ring für den eigentlichen Kampf gezogen, der als *warf* oder *parc* bezeichnet wurde. Über diesen abgemessenen Platz, die *mensura*, durften die Kämpfenden nicht hinaus. Zur Ermöglichung eines langen Anlaufs, von dem ja die Heftigkeit des Anpralles abhing, war er meist rechteckig. In dem äußeren Ring saßen der Gerichtsherr oder sein Stellvertreter, die Kampfrichter, der Henker und zum Schutz gegen Störungen auch bewaffnete Kampfwarte, endlich die Zeugen, die oft in großer Zahl geboten wurden.

In der Anordnung des fränkischen Landgerichts in Würzburg von 1512 c.22 heißt es:

> »soll mann den eusern kreiss beschrenckhen ... unt innwendig soll man ... ein kreis uff den wasen ausrangen oder mit stro bestreuen, welcher alsdann aus demselben kreis keme, der soll verlohrn haben«. Man geht daher zur »Mensur«, der Kampf »fordert einen in die Schranken«, bei Übertreten ist man »außer Rand und Band«.

Game over

Der Kampf ging so lange, bis einer überwältigt wurde. Die Entscheidung im Zweikampf brachte also keineswegs erst oder nur der Tod. Als besiegt galt außerdem, wer über die Schranke hinauswich, wer durch Verlust der Waffen oder wegen Entkräftung nicht mehr kämpfen konnte oder sich für besiegt erklärte. Wer sich bis Sonnenuntergang verteidigen konnte, hatte die Probe bestanden, weshalb der Fordernde darauf sehen musste, dass der Kampf frühzeitig begann. Der Beklagte gilt aber auch dann als unterlegen, wenn er nicht zum Kampf erschien, oder wenn er zwar anwesend war, aber, nachdem bereits der Kläger mit der Ausrüstung im Ring steht, zögerte und trotz dreimaliger Aufforderung durch den wartenden Richter sich nicht zum Kampf stellte. In diesem Fall durfte der Kläger aufstehen und sich zum Kampfe erbieten, er machte zwei Schläge und einen Stich gegen den Wind und hatte damit den Gegner überwunden (Sachsenspiegel 1, 63, § 5). Nicht immer führte der Kampf zum Ziel. Der Beklagte konnte auch nach Beginn des Kampfes, wenn er ein Unterliegen befürchtete, den Anspruch des Gegners anerkennen, womit sich der weitere Kampf erledigte. Endlich konnte in gegenseitigem Einvernehmen beider Partner während des Kampfs ein Vergleich zustande kommen, der den Rechtsstreit beendete. So hatte 1131 ein Gericht in Rennes in der Bretagne in einem Grundstücksstreit einen Zweikampf angeordnet. Die Kämpen schlugen sich in Gegenwart des Bischofs und fast der ganzen Geistlichkeit (die bei derlei Gelegenheiten meist gar zahlreich erschienen war) und des Stadtvolkes heftig und tapfer, *forte et viriliter*, so dass die Entscheidung zweifelhaft erschien. Die Parteien ließen den Kampf abbrechen und schlossen einen Vergleich, was mit Zustimmung des Gerichtsherrn vor dem Ende des Kampfes zulässig war (Migne, *Patr. Lat.* 157, col. 139 s).

In Frankreich wurde es so gehalten, dass in allen Zweikämpfen, wenn die ersten Schläge zur gegenseitigen Verwundung geführt hatten, jeder Teil einen Vergleich vorschlagen durfte, um damit das Kämpfen zu beenden. Auch für den Gerichtsherrn war es dann so, als ob der Kampf richtig ausgetragen worden wäre. Auf diese Weise wurden im 14. Jh. auch vor dem Lütticher Friedensgericht die meisten Zweikämpfe erledigt. Die Kampfrichter trennten die Fechtenden nach kurzer Zeit, setzten jeden auf seinen Platz, damit sie sich beruhigten, dann ließ der Bischof als Gerichtsherr sie zum Vergleichsabschluß bereden, was meistens Erfolg hatte. Sonst war zur Ablösung des Zweikampfs durch Vergleich wohl die Zustimmung des Richters nötig (Weistümer 2, 732).

Bei Beendigung des Kampfs führten die Kampfwarte den Unterlegenen zum Richter oder riefen, wenn das nicht mehr möglich war, den Richter herbei, der dann den Sieg des anderen feststellte. War der Beschuldigte besiegt, dann galt seine Schuld als erwiesen und er wurde gemäß dem von ihm begangenen Delikt zu »Hals und Hand« bzw. zu »Haut und Haar« bestraft. War er bereits im Kampf getötet worden, dann vollzog man die Strafe an seinem Körper: entweder durch Enthauptung oder Blendung. Ein Beispiel von 1128 ist aus der Champagne bekannt, wo der im Zweikampf Unterlegene auf Befehl des Gerichtsherrn geblendet wurde und sein Vermögen verlor. In Paris wurde 1386 der im Zweikampf bereits Getötete noch zum Galgen verurteilt.

Wenn dagegen der Ankläger unterlag, wurde der Beklagte durch eine Bußzahlung gerechtfertigt, er war ja schuldlos. Entsprechend war es im Zivilverfahren: Der Unterlegene, sei es Kläger oder Beklagter, hatte Unrecht und wurde demnach behandelt. Zumeist wurde er dem Obsiegenden als Schuldknecht überlassen. Mit dem Betroffenen mussten seine etwaigen Geiseln büßen, für die aber meistens eine Ablösung möglich war.

Die Gebühren für den Gerichtsherrn oder die sonstigen Berechtigten gingen immer zu Lasten des Unterlegenen, abgesehen von den Oblationen (Gebühren) für die Segnung der Waffen und der Kämpfer, die von jedem Kontrahenten an die Kirche entrichtet wurden. Der Unterlegene musste auch die gesamten Kosten der Abhaltung des Zweikampfes tragen und obendrein noch dem Sieger seine Auslagen ersetzen. Außerdem erhielt der Sieger von dem Besiegten mancherorts für jede Wunde, die er davontrug, nach Feststellung des Gerichtes ein Schmerzensgeld, z.B. 1240 in der Normandie (*De ordaliis* 2, 74).

ABB. 6:

Auf dieser Tafel aus dem Cod. Icon 394a von 1467 zeigt Hans Talhoffer, wie nach schwäbischem Recht mit Schwert und Schild gefochten wird.

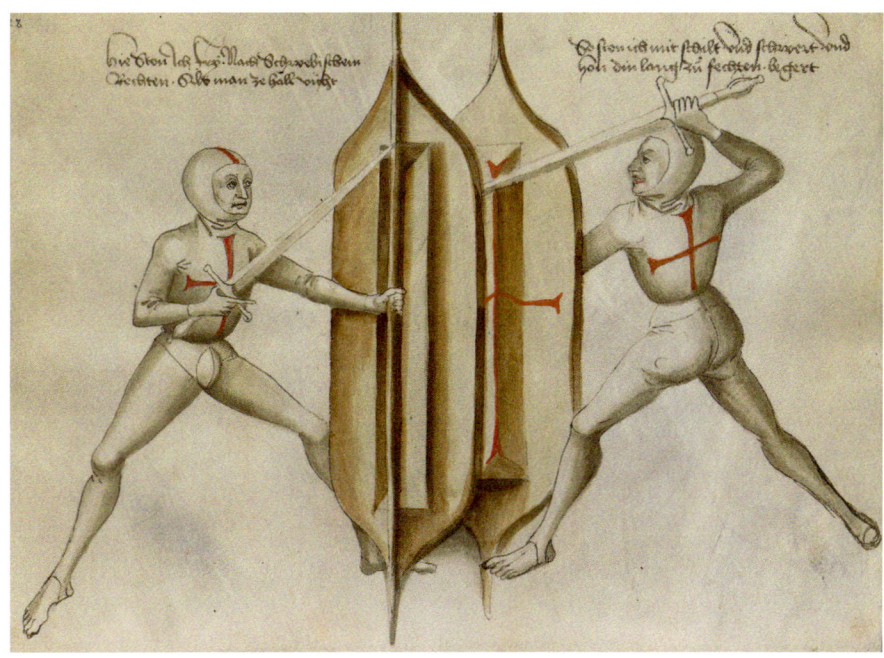

»Hier stehe ich nach fränkischem Recht« – »Hier steh ich frei nach Schwäbischem Rechte, wie man zu Hall ficht«

Wurde nun im süddeutschen Raum im ausgehenden Mittelalter einer der sieben Gründe erfüllt, die es erlaubten, einen Zweikampf auszuführen, galt es vor Gericht zu ziehen und nach fränkischem oder schwäbischem Rechte zu kämpfen. Der Fechtmeister Hans Talhoffer, der wohl oft zur Unterweisung eines Klägers oder Angeklagten herbeigerufen wurde, beschreibt in Cod. Icon 394a im Jahr 1467 Kampftechniken mit den Waffen, die zum fränkischen und schwäbischen Kampfrecht zugelassen waren. Für das fränkische Recht waren dies Schild und Kolben (Tafeln XX–XX) und für das schwäbische Recht der Stadt Hall Schwert und Schild (Tafeln XX–XX, Abb. 6).

Im Unterschied zum Hohen Mittelalter wurden seit dem 14. Jh. die gerichtlichen Zweikämpfe auf das Königsgericht und einige besonders privilegierte fürstliche Hofgerichte beschränkt. Diese wurden von nun an als Kampfgerichte bezeichnet, für welche das sog. Kampfrecht galt. Derartige Gerichte waren Sondergerichte: Sie bestanden z. B. in Wien (Hofgericht), Nürnberg, Würzburg (Abb. 7, adliges und bürgerliches Kampfgericht), beim herzoglichen Landgericht in Heilbronn, in Schwäbisch Hall, dann in Lüttich, in Breslau, oder auch in Böh-

men und Ungarn, wo der Zweikampf seit 1486 auf das ritterliche Ehrengericht am Hof des Königs beschränkt war. Ebenso verlief die Entwicklung in Spanien, in England, in Frankreich und in Italien.

Der Kampf um des Beweises wegen, wie im Kampfgericht zu Nürnberg, wo noch Ritter und Bürger im Zweikampf fochten und das Gericht entschied, trat gegenüber Kämpfen aus Ehrengründen zurück. Anders jedoch in Schwäbisch Hall. Dort wurden nur Adlige zugelassen, die mit Schwert und Schild um die Ehre kämpften. Gründe zum Zweikampf sind hier Beleidigungen und sonstige Streitigkeiten. Der Nachweis für eine begangene Tat tritt zugunsten der Genugtuung für eine erlittenen Ehrverletzung zurück. Das Gericht ist nur noch Ausrichter und Schirmer des Kampfplatzes, fällt jedoch kein Urteil mehr. Der Kampf ist Endzweck und geht auf Leben und Tod.

Eine weitere Form zum Kampfaufruf um der Ehre willen erschien im 15. Jh. Aus dem Rheinland sind Kampfbriefe überliefert. Hans Fehr führt das Beispiel des Herzogs von Jülich und Berg an, der vom Beleidigten angerufen wurde und lediglich die Rolle eines Schirmers des gewählten öffentlichen Kampfplatzes versah. Der Beleidigte schrieb u. a., dass er bereit sei, seine Ehre mit seinem Leib zu verteidigen und er den Herzog gebeten habe, einen Kampfplatz zu stellen. Der Brief wurde nach Ostern 1489 geschrieben.

Vor diesen Kampfgerichten fanden nun Zweikämpfe unter Einhaltung strenger Formvorschrif-

ABB. 7:
Ist der Bischof gleichzeitig weltlicher Fürst(-bischof), stand er dem Gericht vor. Hier entscheidet der Würzburger Bischof Iring im Streit zwischen Albrecht von Hohenlohe und Hermann von Henneberg 1265 (in einer Darstellung des späteren 15. Jahrhunderts aus der Würzburger Bischofschronik).

ten statt. Es wurden feste Kampfordnungen aufgestellt, wie die Ordnung des Kampfgerichtes des
Burggrafentums zu Nürnberg von 1410, die Tur-
nierordnung zu Heilbronn von 1485 oder die Ordnung des Kampfrechts am Landgericht zu Franken
von 1512.

Fränkisches Kampfrecht

Der Gelehrte der Rechtswissenschaften, Geschichte, Theologie und Philologie Melchior Goldast
überlieferte 1609 die Ordnung des Kampfrechts am
Landgericht zu Franken von 1512 in den Reichs-
satzungen I, 236:

1. Item. Wenn mein Herr [der Bischof von Würzburg als Herzog von Franken] zu Kampfrecht
sitzt, so soll er sitzen an den Hoff Osternach, darin
jetzo Herre Johann von Tunfeld sitzt, und den rück-
hen an die mauer kehren, obwendig der Pforden
gegen dem Hoff Ramburg, und soll sitzen als ein
Herzog zu Franckhen, sein Schwerd zwischen sein
Bein leinend oder liegend haben, und solle vor jhm
in dem ring sitzen 9 oder 11 Ritter; mögten der
mehr gesein, das were besser. Und der Forderer oder
Cleger soll sein in dem nechsten Hauss davor, aber
an der eckhen.

2. Item. Der Forderer soll gantz angethan sein in
einem grauen Rockh mit einem Kampfhut, verne-
het mit riemen, mit grauen Hosen ohn Fussling,
mit Kolben und Schild, als ob er jetzund in den
Kampf gehen solte.

3. Item. So das Gericht in obbeschribener massen
besetzt ist, so soll der Cleger einen seiner Freund, ob
der mit jhm da ist, zu meinem Herren an das
Gericht schickhen und sein gnad bitten, jhme ein
Fürsprecher zuerlauben, der sein wort spreche nach
Kampfrecht und Franckenrecht. Den Fürsprecher
soll jhm mein Herr erlauben. Derselbe soll aber
bald zum Cleger gehen und von ihm hören, wa-
rumb er sein widersacher fürheischen wolle. So
das geschieht, soll er wider für's Gericht gehen und
bitten also: »Gnediger Herr. N. ist alda und will
den N. kampflichen heischen und bitt E. Gnaden,
das er jhn wollet lassen herbringen und geleiten
nach Kampfrecht und Franckenrecht.« So soll mein
Herr dann darnach fragen, und es wird von den
Rittern erkant, das man in zu und vom Gericht
leiten soll.

4. Item. Darnach bittet ihme der Fürsprecher zu
fragen, wer den Cleger zu dem Gericht bringen und
geleiten soll. Das fragt mein Herr. So wird von den
Rittern geurtheilt, das es der Kemerer thun solle.

5. Item. So bittet der Fürsprecher zu fragen, wer der
Kemmerer sey. Darauf erkennen die Ritter, das es
jetzt und Crafft Zobel sey, der das fürter von meinem
Herrn zu Wertheim zu Lehen habe. Also bittet jhm
der Kemerer zu fragen, wie er den Cleger vor Gericht
bringen soll, das er recht thue nach Kampfrecht und
Frackhenrecht. Darauf theilen [urteilen] die Ritter,
er soll ihn bei der Hand nehmen unnd an meines
Herrn statt führen unnd geleiten mit gesang unnd
mit geschrey, unnd so er aus dem Hauss tritt, so soll
er unnd die mit dem Cleger do seind, anheben: »In
Gottes nahmen fahren wir usw.« biss das der Cleger
an die Schrang kompt, unnd er soll also gehen in
einem Kampfgewand. Darnach soll der Fürsprecher
bitten zu fragen, so er den Cleger fürs Gericht hat
bracht nach Kampfrecht unnd Franckhenrecht, als
die Ritter ertheilt haben, wie er es denn fürter halten soll, das er recht thue; so soll mein Herr dess
rechten fragen. So sprechen die Ritter zu recht: man
soll jhn [den Beklagten] nehmen unnd heischen
nach Kampfrecht und Franckhenrecht. So bittet
der Fürsprecher zu fragen, wer jhn nehmen unnd
heischen soll. Darauff erkennen die Ritter, es solle
Crafft Zobel, jetzo der Cemmerer thun.

6. Item. So bittet der Cemmerer durch des Clegers
Fürsprechen zu fragen, wie er ihn heischen soll, das
er recht thue nach Kampfrecht unnd Franckhenrecht. Darauf erkennen die Ritter: Ich heische dich
N. von N. wegen zum ersten mahl, zum 2. mahl,
zum 3. mahl, nach Kampfrecht unnd Franckhenrecht. So soll der Cleger dreymahl mit seim Kolben
uffn Schild schlagen als vor.

7. Item, wann das also geschieht und niemands do
ist, der darein rede, so soll der Cleger durch seinen
Fürsprecher bitten zu fragen, wie er es halten unnd
was er fürter warten soll, das er recht thue nach
Kampfrecht und Franckhenrecht. Das soll mein
Herr fragen. So sprechen die Ritter zu recht, das
mein Herr dem Antwortter die ladung unnd heischung verkündigen soll zu Haus unnd zu Hoff mit
einem geschwornen Botten, nach Kampfrecht und
Franckhenrecht. Darnach bittet jhm der Cleger zu
fragen, wie es fürter beschehen soll. Das frage mein
Herr, Darauff erkennen die Ritter, mann soll jhm
einen andern tag setzen, von demselben tag über

14 tag nach Kampfrecht unnd Franckhenrecht. We-re aber der vierzehende tag ein heiliger tag, so soll es sein uff den nechsten Rechtstag darnach. Das soll mein Herr dem Antwortter verkünden lassen mit ei-nem geschwornen Botten, der solle solche verkündi-gung uff den andern Rechtstag uff den Ayd besa-gen, das er habe gethan nach Kampfrecht unnd Franckhenrecht, zu Haus unnd zu Hoff, unnd den Antworter wissen lassen, daß das andre Gericht werde sein uff einem wüsten Hoff, Kropfshausen genand, uff dem renwege zu Würtzburg gelegen …

8. Inn dem andern Gericht so soll mein Herr sitzen als Hertzog uff den Hoff zu Kropfshausen unnd sein ruckhen an die mauer zu S. Bartholomeo leinen unnd sein Schwerdt zwischen seinen Beinen halten unnd 9 oder 11 Ritter bei jhm haben sitzen. Item so soll der Cleger sein in dem nechsten Haus dabey unnd einen seiner Freund zu meinem Herrn schicken und sein gnad umb einen Fürsprecher bitten; so soll mein Herr die Ritter des Rechten fragen, die erkennen, er soll jhm den erlauben. Darauff soll des Clegers Für-sprecher zu dem Cleger gehen und sein vornehmen verhören, unnd darnach soll er wieder vor Gericht ge-hen unnd da bitten zu fragen, der Cleger hab als uff heut ein gesatzter tag gen N., wie er sich halten soll, das er recht thue nach Kampfrecht und Franckhen-recht. So soll mein Herr dess rechten fragen; darauff erkennen die Ritter, er soll für Gericht kommen, hab er dann ichts [etwas] zu fordern, das mög er thun.

9. Item so soll der Fürsprecher bitten oder fragen, wer jhm für Gericht bringen unnd geleiten soll. Das fragt mein Herr. So wird von den Rittern geurtheilt, das es der Kemerer thun solle jetzund Crafft Zobel. Also bittet jhm der Kemerer zu fragen, wie er den Cleger vor Gericht bringen soll. Das fragt mein Herr. So würd erkant: »mit gesang unnd mit geschrey bis an die Schranckh, so singen wir aber: In Gottes Nah-men fahren wir usw.« Wann er aber dann an die schranckh kompt, so bitt der Cleger, ob man jhm jetz billig einen warner laube. Das fragt mein Herr. Drauff erkennen die Ritter, mann laube ihm das bil-lig. So bitt er ihm zu fragen, wie er sich halten solle, das er recht thue nach Kampf- und Franckhenrecht. Das frage mein Herr. So sprechen die Ritter zu recht, sie wollen den geschwornen Botten verhören, ob er as zu Haus unnd Hoff verkündt hab, als verdertheilt sey. Hat er es denn also verkünd, so bitt der Cleger aber zu fragen, was er fürderhin warten soll. Das fragt mein Herr. Darauff sprechen die Ritter, mann soll den Antwortter aber nemen und heischen. Dar-

nach bittet ihme der Fürsprecher zu fragen, wer den Antwortter zu dem Gericht bringen und geleiten soll. Das fragt mein Herr. So theiln die Ritter, es soll der Cemmerer thun, itzo Crafft Zobell.

10. Darnach kompt der Cemmerer rufen: N. ich heisch dich zum 1., 2. 3. mahl nach Kampf- und Franckhenrecht. Bistu jegend hie oder jemand von deinetwegen, der gehe herfür unnd thue das recht sey unnd wehre das recht sey. Unnd darauff soll der Cemmerer ein kleine weil schweigen. Ist denn nie-mands der darein rede, so soll der Cemmerer ruffen: »Herr, er ist hie nicht«, unnd also soll der Cemme-rer den Antwortter zum andern und dritten mahl heischen, unnd als offt der Cemmerer den Antwort-ter heischet, als dickh **soll der Cleger dreimal mit seinem Kolben uff den Schild schlagen, als vorge-schrieben stehet.**

11. Item so das geschehen ist, bitt jhm der Cleger zu fragen, wie er sich fürter halten soll, das er recht thue nach Kampf- unnd Franckhenrecht. Das fragt mein Herr. So erkennen die Ritter: Mein Herr soll sitzen über die Tagzeit; wenn die dann vergangen sey, dann soll mein Herr den dritten tag zu enthaff-tem rechten sitzen uff dem Schotten Anger nach Kampf- und Franckhenrecht über 14 tag. Were aber der 14. tag ein heiliger tag, so soll es sein uff den nechsten rechtstag hernach. So denn der dritte tag ist, so soll mann den eusern Kreiss beschrenckhen uff dem Schotten anger; darinn soll niemand sein dann die lünsener [Aufpasser] unnd Kreiswarten [Sekundanten] unnd inwendig soll man auf rath meines Herrn Reth und beider theil Freund ein kreis uff den wasen ausrangen oder mit Stro be-streuen, welcher alsdann aus demselben Kreis keme, der soll verlohrn haben. Unnd mein Herr soll die schrenckh mit Rittern unnd Knechten unnd Wap-nern bestellen, das es gleich gehalten werde, eim theil als dem andern. Denn es soll mein Herr uss-wendig des geschrencks uff einem hohen Stull sitzen in seim Harnisch als ein Hertzog zu Franckhen, unnd die Ritter sollen bey jhm auch in jhrem Harnisch uff den Gestul sitzen, doch das meines Herrn Stul hoher sey dann der Ritter unnd mein Herr soll sein andlitz keren gegen Orient. So soll denn der Cleger dabey sein unter obdach. Der soll aber seiner Freund einen an das recht [Gericht, d. i. der Platz des Bischofs] schickhen, mein Herrn bitten umb einen Fürsprechen; darumb soll mein Herr fragen; so erkennen die Ritter, man soll jm einen lauben.

12. Item so soll der Fürsprech zu dem Cleger gehen und jhm verhören. Darnach soll er wider zu Gericht kommen und bitten zu fragen, ob man den Cleger ichtz billig zu Gericht gleiten soll; das soll mein Herr fragen. So erkennen die Ritter, mann soll jhn gleiten. So fragt der Fürsprecher, wer jhn gleiten soll. Theilen die Rittere, es soll der Cemmerer thun, jetzo Crafft Zobel. Darauf bit jhn der Cemmerer zu fragen, wie er ihn dazu bringen unnd gleiten soll, das er recht thue nach Kampf- und Franckhenrecht. Das fragt mein Herr. So würd geurtheilt, mit geschrey unnd gesang. So soll jn der Cemmerer bey der Hand nemen, und so er zu dem obdach gehet, so soll er mit denen singen, die mit jhm gehen: »In Gottes nahmen fahren wir usw.« bis an die Schrengkhe. So soll der Cemmerer den Cleger zu der linckhen seiten in den Kreis füren für mein Herrn, und der Fürsprecher soll sprechen: Der N. ist hie, als er denn uff heut hie betagt ist, und so sein Widersacher nicht da ist, bitt er ihn zu fragen, wie er nun warten soll, das er recht thue nach Kampf- und Franckhenrecht. So fragt mein Herr das Urteil unnd die Ritter theiln, mann soll den Antwortter nehmen und heischen. Darauff fragt mein Herr, wer jhn heischen unnd nemen soll; so wird erkant, es solle es Crafft Zobell, jetzo Cemmerer thun. Darauff soll derselb Cemmerer den Antwortter mit seim namen nennen und schreien: N. bistu gegenwertig oder jemand von deinentwegen, so gehe herfür unnd thue, das recht ist unnd wehre, als recht ist. Ist denn jemands da, der für dess Antwortters wegen darein red, dann lest mann jhn zu meines Herren gnad an das Gericht vor kommen und lest jm sein recht fordern, unnd bitt zu fragen, ob man den Antwortter jetz billig auch für Gericht bringen unnd gleiten soll nach Kampfrecht und Franckhenrecht. Das fragt mein Herr. So erkennen die Ritter: man soll jn bringen unnd gleiten nach Kampf- unnd Franckhenrecht. So bitt der zu fragen, wer jhn bringen unnd gleiten soll. Das fragt mein Herr. So würd erkant: der Cemmerer jetzo Crafft Zobel soll es thun. Darnach soll der Cemmerer zu dem Antwortter gehen, wo er ist under obtach unnd soll ihn mit der Hand führen, und so er aus dem obtach gehet, soll er anheben unnd singen: »In Gottes nahmen fahren wir usw.« biss das er in die Schranckhen kompt, unnd der Cemmerer soll den Antwortter zu der rechten Hand in den Kreis führen. Und dann soll der Antwortter oder einer seiner Freund von seint wegen umb einen Fürsprecher bitten. So würd erkant, das jhn mein Herr den lauben soll. So red denn der Antwortter mit Fürsprechern also: Ich bin hie unnd will

heischung gnug thun und mein ehr verantwortten nach Kampf- und Franckhenrecht, wie erkant würd das ich recht thu. Also würd erkant, das sich Cleger und Antwortter oder jhr Freund umb Zeit unnd stund vereinigen, wenn und wie sie desselben tags zu hülff gehen sollen, da soll jr griswarter und warner uffwarten, das sie es gleich bestellen, das es recht zugehe. Bleibt aber der Antwortter aussen, so lest jhn der Cleger fragen: Sinemals das der Antwortter nicht kommen sey oder jemands von seintwegen, der darein rede, wes er denn warten soll, das er rechthu nach Kampf- und Franckenrecht. Das fragt mein Herr. So erkennen die Ritter: er soll warten biss die tagszeit vergehe, habe er dann ichts [etwas] zu fordern, so mög er thun.

13. Wann dann die tagzeit vergangen ist, so bitt jhm der Cleger zu fragen, so nun die tagzeit vergangen unnd der Antwortter nicht kommen sey, wes er denn fürter warten soll, das er recht thue nach Kampf- und Franckhenrecht. Das fragt mein Herr. So erkennen die Ritter, das mein Herr von dem Stuel tretten und sich gen Orient stellen soll und dann den Antwortter in die Acht sprechen mit wortten, die dann zu der Acht gehören als meines Herren gnad wol weis und die hernach geschriben stehet: »N., als dich N. nach Kampfrecht und Franckhenrecht geheischen und gefordert hat und wir dir darumb geschriben und Rechtstage gesatzt haben, als dann mit urtheill ertheilt ward, das du alles verschmehet hast und uff solche forderung aussen blieben, und unserm geboth widersessig und ungehorsam gewesen und noch bist, das urteiln wir und Achten dich und nehmen dich von uns aus allen rechten und setzen dich in alles unrecht, und wir theiln deine Wirthin [Ehefrau] zu einer wissenhafftigen Witwen und deine Kinder zu ehehafftigen Weisen, deine Lehen dem Herrn, von dem sie zu Lehen rüren, dein erb und eygen deinen Kindern, deinen Leib und dein Fleische den Thieren in den Wälden, den Vögeln in den Lüfften und den Fischen in dem woge [Wasser]. Wir erlauben dich auch manniglichen uff allen strassen; und wo ein jeglich Man frid und gleid hat, da soll tu keins haben, und wir weisen dich die 4 strassen der Welt in dem nahmen des Teuffels bey den Eyden in der sach.«

14. Darauff bitt jhm der Cleger mit Fürsprechen zu fragen, ob man in solcher Acht nicht billig brieff unnd urkunth soll geben. Das fragt mein Herr unnd es wird jhm von den Rittern also ertheilt.

Schwäbisches Kampfrecht

Im Kampfgericht der Reichsstadt Schwäbisch Hall wurde im 14. und 15. Jh. ausschließlich um die Ehre und wegen Verbrechen unter Adligen mit Schwert und Schild gefochten. Es fiel kein Urteil mehr, der Kampf war Endzweck und ging auf Leben und Tod.

Das Kampfgericht zu Hall in Schwaben war das berühmteste seiner Zeit. Das Privilegium entstand möglicherweise dadurch, dass Hall von vielen adligen Familien bewohnt wurde, die Ehrbeleidigungen und Verbrechen durch einen Zweikampf untereinander ausmachten. Waren die Parteien wegen des Zweikampfs übereingekommen, baten sie den Magistrat der Stadt Hall, einen sicheren Kampfplatz anzuweisen. Dieser bedauerte die Zwistigkeit und den Zweikampf und riet zu einer Schlichtung. Geschah dies nicht, schrieben die Kontrahenten ein zweites Mal an den Rat, was gleichfalls abgelehnt wurde. Erst beim dritten Gesuch wurde ein Tag zur Entscheidung der Zwistigkeit festgesetzt. Auch hier versuchte der Magistrat noch schlichtend einzugreifen.

Der Platz zur Austragung des Kampfes wurde schließlich bestimmt, mit Sand bestreut und mit Schranken umgeben. Für beide Kämpfer wurden an den Seiten, jeweils gegenüberliegend des Kampfplatzes, Hütten gebaut, in denen sie sich mit ihren beiden Grieswarten aufhalten konnten. Vor jede dieser Hütten wurde eine Totenbahre nebst Fackeln, ein Totenkreuz, die Bahrtücher und andere Totengeräte gelegt.

Die Kämpfer mussten schwören, dass sie kein größeres Gefolge mit sich in die Stadt brachten. Ferner mussten sie schwören, dass sie den Zweikampf, entsprechend ihrer gegenseitigen Übereinkunft, zu Pferd oder zu Fuß mit gleichen Waffen austrugen. Ein Priester nahm beiden die Beichte ab. Der Herold machte bekannt, dass es unter Strafe jedem untersagt war, durch Rufen oder Warnen zu stören, wenn doch, sollte dem Störer die rechte Hand und der linke Fuß abgehauen werden. Alle Tore der Stadt wurden nun geschlossen, die Türme und Mauern mit Kriegern besetzt, die Gassen der Stadt mit Schlagbäumen und Ketten verwehrt. Frauen, Mädchen und Knaben unter zwölf Jahren durften nicht anwesend sein.

Zur angesagten Stunde erschienen die Kämpfer mit den Kampfrichtern und den Grieswarten. Jede Partei begab sich in die vorbestimmte Hütte. Es wurde alles genau untersucht, damit kein Betrug möglich war. Auf den Ruf des Herolds gingen die Kämpfer aus ihren Hütten und stellten sich auf. Nach erneutem, dreimaligem Ruf drangen sie aufeinander ein. Ergab sich der Verwundete, wurde er zeitlebens für ehrlos gehalten, durfte kein Pferd mehr besteigen, sich weder den Bart scheren noch Waffen führen. Er konnte zu keinen Ehren mehr gelangen. Der aber, welcher sein Leben verlor, erhielt ein anständiges Begräbnis, und der Sieger erhielt seinen vormaligen guten Ruf und sein Ansehen.

Der Stadtschreiber Matern Wurzelmann (1536–1546) überlieferte das Vorgehen im Haller Kampfgericht und griff wohl auf die Chroniken Johannes Herolds und Georg Widmanns zurück. Der Buchhändler Wilhelm German fasste im Jahr 1900 einige Kämpfe in seiner Chronik von Schwäbisch Hall zusammen.

»Im Jahre 1395 kämpften hier Ritter Konz von Stetten und Erhard von Muckenthal, dann 1405 Joß von Burgau und Georg Heil von Hall, wobei der letztere siegte und der erstere 5 Tage nach seiner Niederlage starb. Im Jahre 1406 haben zwei vom Adel in »langen grünen Röcken« gekämpft. Der eine gab sich gefangen, tot blieb keiner. Bald darauf kämpften ein Greutter und ein Baustätter gegeneinander. Nachdem jener diesen unter sich gebracht und verlangt hatte, dass er sich ergeben solle, erhielt er zur Antwort: »Was wäre ein Mann ohne Ehre!« Darauf stach Greutter den Baustätter mit einem Dolch ins Auge und tötete ihn. Nach dem Kampfe rutschte Greutter auf den Knien zur Schönthaler Kapelle, wohin dazumal gewallfahrtet wurde, so daß ihm die Knie bluteten. Im Jahre 1456 haben ein Münchinger und ein von Rippenburg um einen Kampfplatz nachgesucht, sich aber versöhnen lassen.«

In Schwäbisch Hall allerdings wurde 1523 das letzte adlige Kampfgericht zwischen den Brüdern Gabriel und Rudolf Senft auf dem Unterwöhrd, einer Insel im Kocher bei Schwäbisch Hall, durchgeführt. Beide wurden verletzt, Gabriel erlag später seinen Verletzungen. Der Rat ließ das Kampfgericht noch im selben Jahr abschaffen.

Der öffentliche gerichtliche Zweikampf wich in den folgenden Jahrhunderten dem privaten Duell.

SF

Fechtmeister Hans Talhoffer

Geb. ca. 1420, gest. ca. 1490

»Bedenk dich recht!«

Auf Talhoffers Leben und seinen Kampfstil wurde schon im ersten Band ausführlich eingegangen, hier folgt nun eine kurze Zusammenfassung:

Hans Talhoffer bezeichnete sich selbst als Schirmmeister, das bedeutet Fechtlehrer und Kampfausbilder. Er unterrichtete jedoch nicht nur Schwerttechniken, sondern auch zahlreiche andere Waffengattungen. Er kannte die Ringerlehre nach Meister Ott, wie auch die Liechtenauersche Schwertlehre und entwickelte diese zu seinem eigenen, darauf aufbauenden Fechtstil weiter. Liechtenauers Verse formulierte er dabei um oder kürzte sie, andere schuf er völlig neu.

Sein Wappen ist ein Schild mit dem Bild einer Krone, durch die zwei gekreuzte Schwerter gestochen sind. Flankiert werden sie von einem Helm und den Wappentieren der Evangelisten Johannes und Markus, dem Adler und dem Löwen. Talhoffers Wappen mit den Symbolen der Heiligen verrät – der damaligen Zeit entsprechend – Gottesfurcht, sein Wahlspruch »Bedenk dich recht« Klugheit und Besonnenheit. Als professioneller Fechtlehrer war er jedoch auf betuchte – adelige wie bürgerliche – Kundschaft angewiesen. Heutzutage wird er oft als Meister der Selbstinszenierung bezeichnet; so lässt er sich scheinbar spektakulär beim Zerreißen einer Kette abzeichnen. Ebenso scheinbar sagt die oben erwähnte Krone im Wappen selbstbeweihräuchernd aus: »Ich Talhoffer, König der Fechter«. Manche halten ihn deshalb gar für einen Hochstapler. Die stolze und elegante Haltung, in der er sich auf Tafel 1467/270 abbilden ließ, scheint dies zu unterstreichen.

Die historischen Fakten sprechen jedoch eine andere Sprache. Zum einen unterrichtete er solche Elitekämpfer wie die Ritter vom Stain, welche schon seit Generationen erfolgreich an Turnieren teilnahmen, im Mittelalter also stets zu den hervorragenden Kämpfern gehörten und dafür berühmt waren. Das Haus Stain gehört zu den ältesten Adelshäusern Deutschlands – allerdings ist die urkundliche Nennung des Leopold vom Stain im Jahre 728 eher zweifelhaft, die des Adelhartz vom Stain um 800 wohl wahrscheinlich. Kein Selbstinszenierer, gar Hoch-

stapler wird auch nur die ersten Sekunden in einem Übungskampf gegen solche Kämpfer bestehen. Der Verfasser kann davon ein Lied singen, denn dieser hatte die Ehre, etliche Male gegen Mitglieder der deutschen Nationalmannschaft und des bayerischen Karate-Kaders Übungskämpfe auszutragen. Unterrichten verbietet sich von selbst, da gut ausgebildete Kämpfer, und nur diese, sofort erkennen, wen sie vor sich haben. Das Haus Königsegg war eines der kampferprobten Häuser der damaligen Zeit. Bevor Junker Lutold von Königsegg Talhoffer als Schirmmeister bestellte, muss sein Können in den ritterlichen Künsten, und damit dem Fechten in der Tradition dieses Hauses, unzweifelhaft schon beachtlich gewesen sein. Die Ausbildung zum Junker war keine leichte. Nur ein großer Meister konnte Kämpfer aus den hohen Häusern vom Stain, Urach und Königsegg unterrichten.

Die Krone mit den gekreuzten Schwertern weist vor allem auf den hohen Rang seiner Schüler hin, ähnlich der Krone im Wappen eines königlichen Hoflieferanten (Abb. 8).

Und das spektakuläre Zerreißen der Kette? Auffallend ist Talhoffers Blick auf das Tuch, welches der rechts von ihm stehende Mann offensichtlich zu einem Turban (Chaperon) wickelt. Dies soll wahr-

ABB. 8:

Das Wappen des Fechtmeisters Hans Talhoffer mit dem Wahlspruch »Bedenck Dich Recht« aus der Handschrift »Alte Armatur und Ringerkunst« aus dem Jahre 1459. Das Wappentier des Löwen ist auch das Wappentier der Fechtergesellschaft der Marx Brüder, was eine Verbindung Talhoffers zu diesen bereits zu so früher Zeit vermuten lässt.

ABB. 9:
*Meister Talhoffer zerreißt
eine Kette. Eine spektakuläre
Kraftdemonstration oder
einfach nur die symbolische
Darstellung eines abgeschlossenen
Auftrags?*

scheinlich nichts anderes bedeuten, als: Die Arbeit ist getan, der Kontrakt mit dem Auftraggeber erfüllt. Der Auftrag oder Vertrag, hier als Kette dargestellt, zwischen Talhoffers Auftraggeber und ihm selbst ist beendet. Nach der getanen Arbeit setzt man seinen Hut oder Turban auf und zieht weiter (Abb. 9, 10).

ABB. 10:
*Der Herold Clas (Klaus) Heinen
des Grafen von Geldern gibt 1374
seine Stellung auf. Symbolisch
dafür lässt er sich beim Zerreissen
einer Kette darstellen, welche
ihn an seinen Lehnsherrn
gebunden hat.*

Schwertlehrer – Schwerttänzer

Auch die Fechthandschrift des Meisters von 1467 spricht für Talhoffer: Dem Betrachter mag die sehr dynamische und aktive Darstellung der Kämpfer auffallen. Die Tafelbilder erinnern zum einen an die Beweglichkeit von Moriskentänzern, zum anderen an die stilisierte Fragilität der schönen Höflinge, wie sie etwa im Werk des »Hausbuchmeisters« so zahlreich abgebildet sind. Dies hat zum einen mit dem Zeitstil des 15. Jhs. zu tun, zum anderen aber mit den außergewöhnlichen Fähigkeiten dieses Fechtmeisters. Körperverwringungen bis ins letzte Kleinfingerglied und ausgeprägte Beinarbeit sind noch aus heutiger Sicht auf höchstem Niveau. Nur ein Spezialist der Körperarbeit konnte diese entwickelt haben, abgesehen von den mannigfaltigen Techniken, den perfekten taktischen Darstellungen und der feinen, diffizilen Waffenführung. Wie in jedem anderen guten Fechtbuch des Mittelalters ist das Timing der Kampftechniken, in der sich die Fechter zeichnen ließen, beeindruckend. Das wird auch schon in der ältesten bebilderten Fechthandschrift der Welt, dem ebenfalls in Schwaben um 1300 entstandenen I.33 (Tower-Fechtbuch), beispielhaft aufgezeigt.

Das Besondere an Talhoffers Fechtbuch von 1467 ist eben die hervorragend dargestellte Körperarbeit der Akteure, die meines Erachtens von keiner anderen Fechthandschrift des Mittelalters erreicht wird. Er wusste genau, wann und vor allem wie er die entsprechende Waffe einsetzen musste, um den Gegner zu treffen. Enorme Drehungen in den Fin-

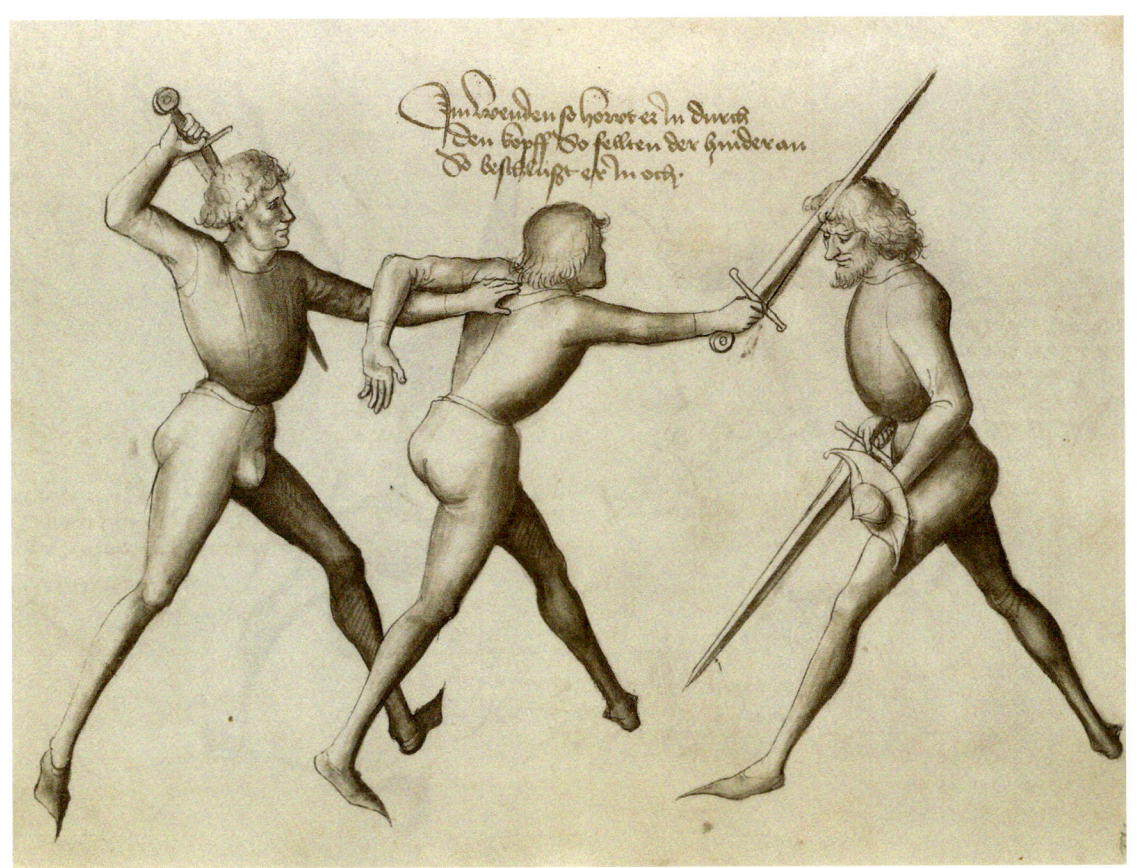

ABB. 11:
Die Kunstfertigkeit im Kampf
zu Talhoffers Zeit ist besonders
schön in einer Szene mit zwei
Gegnern dargestellt. Beide werden
durch außergewöhnliche Körperarbeit kontrolliert, beachtenswert
ist der Arbeitswinkel des linken
Fußes des mittigen Fechters.

gergelenken im Gleichklang mit seinem Körper
halfen ihm, die Waffe zu beschleunigen und mit ihr
extreme Winkel zu erbringen. Wie wohl jeder gut
ausgebildete Fechter setzte auch er seinen ganzen
Körper als Waffe ein (Abb. 11).

Doch auch der Ausgleich zum harten Kampf-
(training) wurde nicht außer Acht gelassen: Spi-
ritualität und Entspannung fanden den nötigen
Raum. Freizeitbeschäftigungen wie Jagen oder Fei-
ern mit Freunden und Schülern, aber auch das
Entspannen von Geist und Körper im Badezuber
gehörten ebenso zu seiner ganzheitlichen Arbeits-
weise wie harte Arbeit und vernünftige Ernährung.
Wie notwendig diese kluge Kombination für ein
erfolgreiches Bestehen aller Herausforderungen
des Lebens ist, wird heute leider allzu oft vergessen.
Vielleicht auch, weil es heutzutage nur selten wirklich um Leben und Tod geht?

In der Zusammenschau lassen seine über ein
Vierteljahrhundert hinweg nachgewiesenen Fechthandschriften, seine meist adeligen Schüler sowie
sein Wappen, Hans Talhoffer als respektierten Bürger und angesehenen Schirmmeister des 15. Jhs.
erscheinen. Als bedeutende Persönlichkeit der Gesellschaft korrespondierte er mit Berufskollegen,
die wie er Ritter für den Kampf in den Schranken
ausbildeten. Er war wahrscheinlich vor allem im

ABB. 12:
»Das Buch hat angegeben
Hans Talhoffer und gestanden
zu mallen«. Die Beischrift auf
Tafel 270 im Cod. Icon 394a
weist Hans Talhoffer eindeutig
als Auftraggeber dieser Fechthandschrift aus. Auch stand er
demnach selbst für (alle?) Tafeln
Modell.

süddeutschen Raum von Württemberg über Tirol bis in die Schweiz aktiv. Leider bleibt seine Herkunft im Dunkeln, denn sie ist nirgends in seinen Werken erwähnt und allein aus der Tatsache, dass er seine Handschriften von schwäbischen Lohnschreibern anfertigen ließ, kann man nicht auf seinen Geburtsort schließen (Abb. 12).

Weniges ist sicher bekannt über das Leben Hans Talhoffers, so musste hier in seiner Biographie durchaus spekulativ aus seinen Fechthandschriften und den dort enthaltenen Schriften und Bildern extrapoliert werden. Wenn man das Gesamtbild seiner Werke betrachtet, sind die Biographien in beiden Bänden durchaus schlüssig. Die Wahrheitsfindung bezieht sich dann eher auf solche Details wie Krone und Kette. AS

insgesamt sechs Fechtbücher mit Talhoffers Signatur, eine Produktivität, wie sie allenfalls noch von Jörg Wilhalm in den 1520er Jahren erreicht wurde, und schließlich nur von Paulus Hector Mairs Prunk-Kompendien der 1540er Jahre übertroffen wird. Zweitens können wir das Wirken keines anderen Meisters der Deutschen Schule durch die Zeit so verfolgen, wie dasjenige Talhoffers: Sein frühestes Manuskript trägt die Jahreszahl 1443, das späteste 1467. Wir erhalten also Einblicke in das Wirken ein und desselben Fechtmeisters über die Zeitspanne eines Vierteljahrhunderts. Drittens steht Talhoffer zeitlich in einer entscheidenden Phase der Entwicklung der Deutschen Schule, dem Niedergang der »Gesellschaft Liechtenauers« zugunsten der »Markusbrüder«, und später anderer Fechtbruderschaften, begleitet von einer Verbürgerlichung und Versportlichung der Kunst, die bereits den Keim ihres Niedergangs im späten 16. Jh. in sich trägt. Viertens zeichnet Talhoffer seine ausgesprochene Vorliebe für die Abbildung aus, so sehr, dass der erklärende Text zu den Abbildungen oft wegfällt oder auf ein Minimum beschränkt bleibt, und die Dynamik der Darstellung in seinem spätesten Fechtbuch bleibt wohl 40 Jahre, bis zum Fechtbuch Albrecht Dürers, unerreicht (Abb. 13 a, b).

Talhoffer und die Tradition Liechtenauers

Hans Talhoffer kommt in verschiedener Hinsicht eine Sonderrolle in der Überlieferung der Deutschen Schule des Fechtens zu. Zunächst ist uns von keinem einzelnen Fechtmeister ein vergleichbarer Reichtum an Handschriften erhalten: Wir kennen

ABB. 13 A UND B:
Talhoffers Gothaer Handschrift (1443) zeigt die älteste bekannte ikonographische Darstellung von Liechtenauers Grundhuten. Die Darstellung der Huten vom Tag und Alber ist direkt parallel zu einer Duell-Szene aus einem Manuskript des Rosengarten zu Worms von 1418 (Cod. pal. Germ. 359, fol. 42r, Bibliotheca Palatina, Heidelberg).

Bevor wir Talhoffers Stellung zur »Liechtenauerschen Schule« untersuchen können, müssen wir letzteren Begriff genauer umreißen: »Deutsche Schule« und »Liechtenauersche Schule« werden mit einer gewissen Berechtigung oft praktisch gleichwertig verwendet, denn Liechtenauers Lehre dominiert zumindest nominell die deutsche Fechttradition während ihrer gesamten Lebenszeit. Die »Deutsche Schule« kontrastiert im 15. und 16. Jh. im wesentlichen mit der »Italienischen Schule«, deren Überlieferung mit Fiore dei Liberi um 1409 einsetzt. Es bleibt unbeweisbar, ob Fiore von Johannes Liechtenauer selbst unterrichtet wurde, was Liechtenauer sozusagen zum Gründervater gleich beider Traditionen erheben würde. Doch die entscheidende Beobachtung ist, dass sich sowohl die Italienische als auch die Deutsche Schule im Verlauf ihrer Geschichte verändern: Das italienische Rapierfechten, das das deutsche Fechten mit dem langen Schwert spätestens mit der deutschen Übersetzung von Salvator Fabris' Fechtbuch verdrängt (als letztes Fechtbuch der Deutschen Schule gilt dasjenige von Jakob Sutor, 1612) ist vom System der frühen italienischen Meister bereits weiter entfernt als allfällige Unterschiede, die das deutsche und italienische Fechten um 1400 voneinander geschieden haben mögen.

Johannes Liechtenauer selber ist, obwohl für uns nicht direkt greifbar, zweifellos eine historische Person und hat in der zweiten Hälfte des 14. Jhs. gewirkt. Die wichtigsten Arbeiten zu den Handschriften der Deutschen Schule und der ihnen zugrundeliegenden Tradition sind Martin Wierschin (1965), Hans-Peter Hils (1985) und Rainer Welle (1993). Da das Fechten mit dem »langen« (zweihändig geführten) Schwert erst nach 1350 weite Verbreitung fand, darf Liechtenauer wohl wirklich als Pionier der Adaption älterer Fechttechniken an die neue Waffe gelten. Laut Ewart Oakeshott hatten nach 1350 die Mehrzahl der Schwerter ein langes Griffholz. Bildliche Darstellungen von Zweikämpfen mit dem langen Schwert (im Gegensatz zu zweihändigem Gebrauch in Schlachtfeld-Szenen) sind vor 1400 meines Wissens nicht bekannt. Unsere früheste Quelle zu Liechtenauer ist die anonyme Handschrift GNM 3227a des Germanischen Nationalmuseums Nürnberg, datiert auf 1389. Diese wurde von Wierschin irrtümlich Hanko Döbringer zugeschrieben, der vielmehr zusammen mit drei anderen Namen auf der Handschrift fol. 43r unter »andere Meister« erwähnt wird.

Ob Liechtenauer zu diesem Zeitpunkt noch lebte, ist unsicher, aber durchaus möglich. Wierschin vermutet aufgrund des verwendeten Perfekts, dass

er bereits tot war. Auf der anderen Seite wurde bemerkt, dass die sonst bei Nennung von Verstorbenen übliche Formeln wie »dem Gott gnädig sei« fehlen. Die Handschrift notiert und kommentiert gereimte Merkverse aus Liechtenauers Unterricht. Dass Liechtenauer mit der Verwendung solcher Verse zur Vermittlung der Grundprinzipien seiner Lehre kein Neuland betrat, zeigt das älteste deutsche Fechtbuch überhaupt, die Handschrift I.33 aus dem frühen 14. Jh., wo das Fechten mit einhändigem Schwert und Buckler mit Zeichnungen und lateinischen Merkversen erläutert wird. Die Bewahrung dieser Handschrift, es handelt sich um ein persönliches Notizbuch über vermischte Themen oder allenfalls um einen »Entwurf« nach Wierschin, zu einer Reinschrift ist ein absoluter Glücksfall, denn auf sie folgt eine Überlieferungslücke von einem halben Jahrhundert, bevor um 1440 die Quellen wieder einsetzen.

Die Frage nach dem Verhältnis von Talhoffer zu Liechtenauer müsste nach dem Gesagten von zwei Seiten beleuchtet werden: Wie nahe hält sich Talhoffer einerseits an die »originale« Lehre wie sie in der Handschrift Hs 3227a festgehalten wird, und inwieweit hat er sich selber als Liechtenauer-Schüler dargestellt, bzw. haben ihn seine Zeitgenossen als solchen wahrgenommen. Diese zwei Fragen lassen sich jedoch nur bedingt unabhängig voneinander beantworten, da die Handschrift Hs 3227a für sich genommen nur sehr schwer verständlich ist und daher in ihre Interpretation wesentliche Informationen aus den Texten des 15. Jhs. einfließen müssen; Aussagen über Liechtenauers Lehre sind demnach oft abgestützt auf Quellen aus Talhoffers eigener Generation. Die wichtigsten Zeugen für Liechtenauers Lehre im mittleren 15. Jh. sind um 1440 Sigmund Ringeck (Mscr. Dresd. C487 der Sächsischen Landesbibliothek Dresden) und Peter von Danzig von 1452 (Cod. 44 A 8 [Cod. 1449] der Biblioteca dell'Academia Nazionale dei Lincei e Corsiniana in Rom), die die weitgehend identischen von der früheren Handschrift übernommen Merkverse kommentieren. Eine Rekonstruktion der originalen Lehre Liechtenauers kommt im wesentlichen also einem Vergleich dieser drei genannten Handschriften gleich. Das Schwergewicht dieser Lehre liegt deutlich auf dem Fechten mit dem langen Schwert. Wohl erwähnen alle drei Handschriften »Fechten mit dem Schwert zu Pferd und zu Fuss, bloss oder im Harnisch« sowie den Ringkampf als Bestandteil von Liechtenauers Kurrikulum, und die Handschrift Hs 3227a (fol. 86r) betont, dass »*alle hoebischeit kompt von deme ringen und alle fechten komen ursachlich und gruntlich vom ringen / Czum ersten das fech-*

ten mit dem langen messer / aus dem kumpt das fechten mit dem swert«. Aber der Hauptteil der Merkverse sowie der Glossen ist dem Blossfechten gewidmet, wohl eben, weil es als von Liechtenauer begründete bzw. aus bestehendem Wissen optimierte Disziplin galt.

Demgegenüber kennen wir sechs Codices aus Talhoffers Produktion:

- Gotha: Ms. Chart. A 558 (1443), Forschungsbibliothek Gotha,
- Berlin: 78 A 15; Staatsbibliothek Preußischer Kulturbesitz,
- Königseggwald: Hs. XIX, 17-3; Privatbesitz,
- Wien: »Ambraser Codex« P 5342 B (»unvollständige Kopie« des Königswaldegger Codex),
- Kopenhagen: Thott 290 2⁰ (1459); Det Kongelige Bibliotek,
- München: Cod. icon. 394a (1467); Bayerische Staatsbibliothek München.

Die drei Handschriften aus den 1450er Jahren sind Auftragsarbeiten und inhaltlich mehr oder weniger identisch. Die früheste Handschrift (Gothaer Codex) sowie diejenige von 1459 (Thott) sind hingegen Produktionen für Talhoffers Eigengebrauch und verblieben wohl in seinem Besitz. Die späteste Handschrift (Wien) ist wieder eine Auftragsarbeit für einen Schüler, und ihr Inhalt leitet sich teilweise aus dem der Handschriften von 1443 und 1459 ab. Dabei setzt sich die Tendenz zur reinen Bilderhandschrift mit minimalen Bildlegenden fort, doch auch hier lässt sich Talhoffer wieder abbilden mit der Legende »Das buch hat angeben hans talhoffer vnd gestanden zu Mallen«. Die späteste Handschrift ist die künstlerisch professionellste, und man darf sich Talhoffer zu diesem Zeitpunkt als gemachten Mann in seinen Fünfzigern vorstellen. Diese beiden Handschriften sind daher für eine Einschätzung von Talhoffers Einstellung zur Liechtenauer-Tradition am aufschlussreichsten. Sie sind auch sonst am ungezwungensten und erlauben den direktesten Einblick in Talhoffers Charakter. Die Gothaer Handschrift setzt ein mit einer von Johannes Hartlieb inspirierten Namenmantik (aus dessen »puch aller verpoten kunst« von ca. 1434) und diversen anderen okkulten Methoden zur Bestimmung des Ausgangs eines Kampfes. In der Handschrift von 1459 sind die verbotenen mantischen Lehren durch Astrologie ersetzt. Beide Handschriften enthalten allerlei Erfindungen, exzentrische Konstruktionen und Rezepte. Mit seinem Hang zum Okkulten zumindest steht Talhoffer dem Autor der Handschrift Hs. 3227a nahe, bei dem sich ähnliche magische und alchemistische Einträge finden.

Es ist zu bemerken, dass die drei Auftragsarbeiten aus den 1450ern Jahren zum Blossfechten mit dem Langschwert, also der Liechtenauerschen Disziplin par excellence, gar kein Material enthalten. Durch alle sechs Manuskripte ziehen sich nur die Disziplinen Ringen, Dolchfechten sowie Harnischkampf. Dass in der frühesten Handschrift nur Gerichtskampf nach fränkischem Recht (mit Keule) abgebildet wird, und solcher nach schwäbischem (mit Schwert) erst später dazukommt, mag eine fränkische Herkunft Talhoffers nahe legen.

Diese beiden Handschriften sind nun die einzigen der sechs genannten, die überhaupt Zettel (Merkverse) Liechtenauers enthalten, jedoch mit einer entscheidenden Entwicklung: Im Gothaer Codex von 1443 nennt Talhoffer den Urheber der zitierten Verse explizit; »Hye hebt sich an meister Liechtenawers chunst desz lengen swerts anno dni XLVIII jar«. Aus der Jahreszahl (14)48 neben der eingangs notierten 1443 wird man schließen dürfen, dass Talhoffer das Manuskript über mehrere Jahre in Arbeit hatte und reproduziert auf sechs Seiten Merkverse Liechtenauers ohne jede weitere Erläuterung. Daneben nennt er auch Meister Ott, »der eyn tauffter Jud ist gewesen«, als Urheber seiner Ringkunst. In der Handschrift von 1459 hingegen erscheinen nur die Namen Talhoffers und seiner Mitarbeiter: Der Schreiber war Michel Rotwyler (fol. 103v), und der Zeichner hieß vermutlich Clauss Pflieger (fol. 141r).

Die Liechtenauerschen Zettel werden nun eingeleitet mit »Hie lert der talhofer ain gemaine ler in dem langen Schwert von der zetel«, daneben werden noch selbstgedichtete Verse gestellt, etwa »Wiltu daz dirß fechten glück / biß frisch verhalt nit lang die stück / Darzuo hypschlich lachen / und die ernstlichen machen / Daz trow im Schwert / Die der talhofer lert / Im Schwert soltu nyemen trowen noch gelouben / So rint dir daz blut nit uber die ougen.« Das Blossfechten mit dem langen Schwert selbst hingegen wird in dieser Handschrift stiefmütterlich behandelt: Eigentlich enthält sie nur Langschwert-Stücke für den Harnischkampf. Von den Harnischkämpfern »verliert« aber mitten im Kampf zuerst der eine (fol. 87r) und dann der andere (fol 87v) die Rüstung, d. h., die Figuren werden plötzlich in Wams und Hose statt in Harnisch gezeichnet, die gezeigten Techniken passen aber nach wie vor zum Harnischkampf. Den acht Bildern zum Langschwert in der Handschrift von 1443 gebührt wohl die Ehre der frühesten erhaltenen Darstellung der Liechtenauerschen Huten, aber mehr zum Blossfechten lässt sich daraus nicht ableiten. Wir gelangen also zur erstaunlichen Erkenntnis, dass die Darstellung der Liechtenauerschen Kern- und

Krondisziplin bei Talhoffer weitgehend fehlt und die 67 Tafeln zum Blossfechten mit dem langen Schwert in der spätesten Handschrift von 1467 (foll. 2r-35r) alles sind, was uns der Meister, abgesehen von seinen »Lippenbekenntnissen« zu Liechtenauers Merkversen, dazu überliefert hat. Über diese 67 Stände im Langschwert wurde oft debattiert; stellen sie unbrauchbares Klamauk- und Schaufechten dar, oder vielmehr die höchste Weihe fortgeschrittener Schwertkämpfer, für die die Liechtenauerschen Grundlagen als bekannt vorausgesetzt werden? Viel von Liechtenauers Terminologie oder Prinzipien ist darin jedenfalls nicht zu erkennen, allenfalls der Krumphau wird behandelt, und die Glosse »Krum uff behend / das ort wider wend«, ausnahmsweise gereimt, erinnert an Liechtenauers »Krump auf behende / wirf deynen ort auf dy hende« (Abb. 14 a, b).

Ohne den von Talhoffer gezeichneten Langschwerttechniken summarisch ihre Brauchbarkeit für den Ernstkampf absprechen zu wollen, erinnern sie mit den häufigen Einlaufen und Schwertnehmen doch deutlich stärker an das versportlichte Fechten des 16. Jh., wie z. B. die Stücke Paulus Hector Mairs, als an das schnörkellose und auf den Ernstfall ausgerichtete Fechten Liechtenauers.

Diese eher unverbindliche Haltung Talhoffers gegenüber dem Liechtenauerschen Erbe steht in eklatantem Gegensatz zu der seines Zeitgenossen Paulus Kal. Dieser führt in seinem Fechtbuch (Cgm 1507) der Bayerischen Staatsbibliothek München einleitend eine ganze Liste mit Meistern auf, die der »Gesellschaft Liechtenauers« angehören, und zählt seinen eigenen Meister Stettner und sich selber ausdrücklich dazu. Hils ortet hier professionelle Rivalität: Kal, dessen Fechtbuch zudem nichts als ein Plagiat Talhoffers sei, berufe sich geradezu aus Minderwertigkeitsgefühlen auf seine Liechtenauerschen Lehrmeister, da er dem »erfolgreicheren« Talhoffer sonst nichts entgegenzusetzen gehabt hätte. Welle entkräftet nicht zuletzt durch die Entdeckung einer älteren Handschrift Kals (BUB MSms. 1825 der Universitätsbibliothek Bologna) die Darstellung Hils', dass Kal ein bloßer Plagiator gewesen sei. Sie wird von Welle (p. 240) in die 1460er Jahre datiert, laut Angaben der Bibliothek hingegen wurde sie für Kurfürst Ludwig IV. von Wittelsbach erstellt und datiert damit (falls die Angabe richtig ist) auf die Zeit vor dessen Tod im Jahre 1449.

Dass Kal in der Tradition Liechtenauers steht, wird auch inhaltlich deutlich. Beide Handschriften zeigen Stücke zum Blossfechten mit dem langen Schwert, und in der späteren Handschrift illustriert Kal explizit Merkverse Liechtenauers. Um das obi-

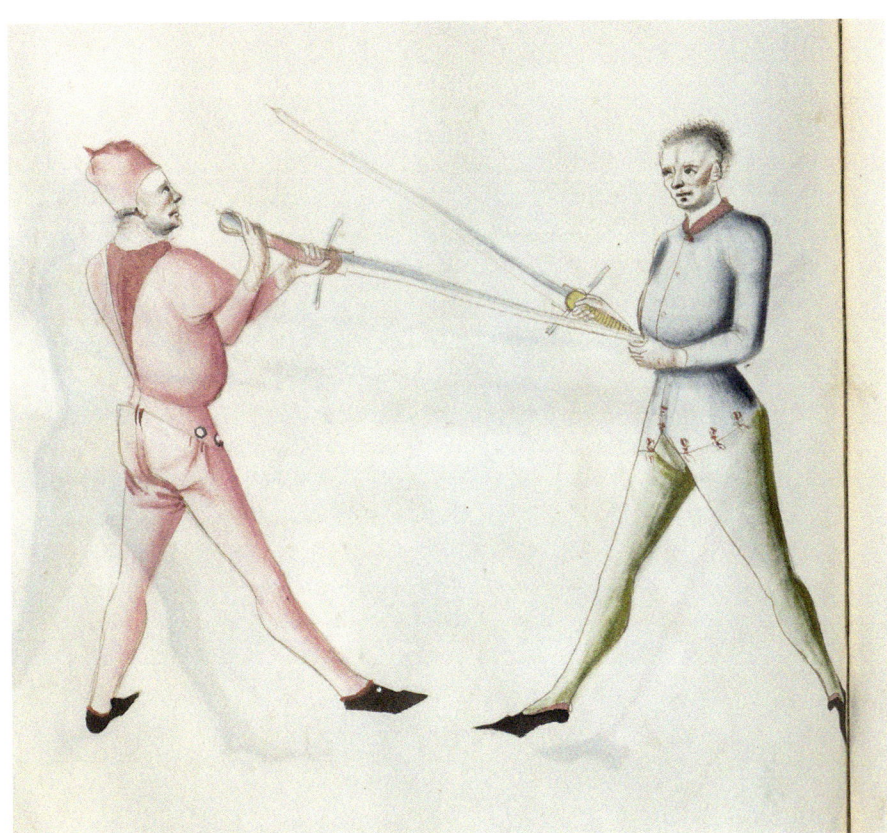

ge Beispiel wieder aufzunehmen: Kal zitiert (fol. 66v) den Originalvers »Krumpf auf Behende werf den Ort auf die Hende« und zeichnet einen eigentlichen Liechtenauerschen Krumphau, der auf die Hände fällt, wo Talhoffer 1467 den exemplarischen Liechtenauerschen Angriff fast trotzig als gescheitert (das ort wider wend) abbildet. Es scheint nebenbei, dass Kal selbst auch nicht gerade erfolglos war, jedenfalls

ABB. 14 A UND B:
Krumphau nach Kal und Talhoffer, Cgm 1507 (vor 1479) fol. 66v; Cod. icon. 394A (1467) fol. 11r.

war er wesentlich sesshafter als Talhoffer, und wurde von der zeitgenössischen Bürokratie auch viel besser erfasst als sein fahrender Berufskollege. Ein Fechtmeister Hans Talhoffer ist nur einmal aktenkundig, anlässlich einer Rauferei bei seiner Fechtbude vor dem Zürcher Rathaus im Jahr 1454. Kal ist aktenkundig als Schirmmeister adliger Auftraggeber in den Jahren 1450, 1461, 1468, 1474, 1480 und 1485. Damit kann Kals Dienstzeit problemlos mit den aus Talhoffers Fechtbüchern belegbaren 24 Jahren mithalten. Die These von Kal als neidischem Plagiator des erfolgreicheren Talhoffer muss also stark relativiert werden. Gerade die Stücke zum Blossfechten kann Kal nicht von Talhoffer übernommen haben, weil sie dort gar nicht vorhanden sind. Es ist vielmehr Talhoffer, der sich spät in seiner Karriere doch noch dem Blossfechten widmet und auch dann nur in einem sehr lockeren und exzentrischen Verhältnis zu Liechtenauers Tradition steht. Als weiteres Beispiel sei Kals Darstellung des »Nachreisen« erwähnt. Die zugehörige Stellung ist bereits in der früheren Handschrift abgebildet, und im Cgm 1507 ist sie glossiert mit »Nachreysen zwyfach«, bezogen auf Liechtenauers »Nochreisen lere | czwefach ader sneit in dy were« (3227a, fol. 33r). Das setzt das Bild in den Kontext einer dynamischen Kampfhandlung. Ringeck hat »wann er sich vor dir verhawet, so rayse im nach mitt ainem hawe zuo der obern blöß« (fol 39r). Talhoffer erläutert bei einer analogen Stellung dagegen bloß das unmittelbar Augenscheinliche, »Der gryft nach der underen bloß | der schnit von oben daryn«

Es kann nicht darum gehen, aus dem spärlichen uns erhaltenen Material den Vergleich von Kal und Talhoffer soweit zu treiben, dass wir entscheiden wollten, wer von beiden der bessere Fechter oder der erfolgreichere Meister war. Beide waren über Jahrzehnte erfolgreich, und beide müssen nur schon deshalb hervorragende Fechter gewesen sein. Wir erhalten aber wohl einen Einblick in charakterliche Unterschiede dieser Zeitgenossen. Kal erscheint uns als eher konservativer, sesshafter Meister, der Wert legt auf seine Zugehörigkeit zur »Gesellschaft Liechtenauers« und die Tradition seiner Lehrmeister exemplarisch vertritt. Talhoffer dagegen war ein exzentrischer, freiheitsliebender »self-made man«, ein Meister der Selbstdarstellung und höchst aufgeschlossen gegenüber allem Neuen, sowohl am modischen Medium der Bilderhandschrift wie am Interesse der beginnenden Renaissance, an Magie und Okkultismus, Erfindungen mit Schiesspulver oder aufblasbaren Schwimmhilfen. Talhoffer machte als Fechtmeister wohl Anleihen bei Liechtenauer, nahm dabei aber, sei es, weil er tatsächlich von den Feinheiten der Tradition ausgeschlossen war, sei es, weil er auf Linientreue verzichtete, im Überlieferungsstrang der »Deutschen Schule« Liechtenauers nur eine Nebenrolle ein. Dabei gehörte aber doch eher Talhoffer die weitere Zukunft, denn obwohl Liechtenauers Verse ein weiteres Jahrhundert tradiert werden sollten, stand Kal am Ende der Linie der direkten Schülernachfolge, während Talhoffer am Anfang der Entwicklung zu der offener organisierten Fechtgilde der »Markusbrüder« stand. Er war möglicherweise bereits 1459 Mitglied der Bruderschaft, sicher belegt ist diese erst ab 1474. Talhoffer erscheint angeblich noch im Jahr 1482, als er in seinen Sechzigern gewesen sein muss, als säumiger Schuldner in einem Vermerk der Bruderschafts-Chronik.

Die Fechtergilde der Markusbrüder sollte für fast hundert Jahre die Fechtschulen Süddeutschlands dominieren.

DAB

Kleidung, Waffen- und Rüstkunde

Nicht nur die reine Kampftechnik, sondern auch die damit verbundene Kleidung, Panzerung und selbstverständlich die verwendeten Waffen der Kämpfer lohnen einer näheren Betrachtung. Die Kampftechniken im Bloßfechten unterscheiden sich von denen des Harnischfechten, so kann mit dem Harnisch aktiv abgewehrt werden, an dem die gegnerische Waffe durch die entsprechende Körperparade abgleiten kann und der Kämpfer gleichzeitig mit einem Hau oder Hebel den Gegner besiegt. Auch Irrtümer liegen immer noch vor. So wird oft angenommen, dass der Luzerner Hammer einen Plattenpanzer durchschlagen konnte. Dass dem nicht so ist, zeigen zum einen die Tafelbilder in den entsprechenden Fechthandschriften – in denen die Würfe und Hebel oft die Schlüsseltechniken sind – aber auch heutige praktische Versuche, die im Artikel über den Hammer kurz erläutert werden.

Sicher wurde schon vieles über das spätmittelalterliche Schwert geschrieben, doch sucht man nach Quellen zu selteneren Waffenformen wie dem Stechschild oder dem Luzerner Hammer, so sieht die Sache ganz anders aus. Man muss erkennen, dass in manchen Teilbereichen die Forschung erst ganz am Anfang steht und die hier vorgestellten Zeilen nur ein erster Denkanstoß sein können. Auch bei der Rüstung und Kleidung sieht es nicht viel besser aus. Zwar gibt es ebenfalls vielfältige Literatur zu Rüstungen und Plattnerei, doch auch hier fehlt eine griffige Zusammenfassung. Nicht besser ist es bei der Gewandung, wo man sich bislang nicht einmal auf eine einheitliche Terminologie der Kleidungsstücke einigen konnte.

Wie oben angedeutet, verstehen sich die folgenden Kapitel daher als Bestandsaufnahme und beständiger Ansporn, weiter zu forschen. Über die Ergebnisse dieser Nachforschungen werden die folgenden Bände der »Mittelalterlichen Kampfesweisen« berichten.   AS

*Die Bekleidung der Kämpfer
in den Codices von 1443, 1459 und 1467
des Hans Talhoffer**

Kostümhistorische Studie der Abbildungen

Methodik und modehistorisches Umfeld

Wie auch aus anderen lange vergangenen Epochen haben sich originale Stücke der Alltagskleidung aus dem hohen und späten Mittelalter nur sehr selten erhalten. Was aufbewahrt blieb, sind entweder sakrale oder fürstliche Gewänder – oder solche aus Grabfunden, wie denen von Herjolfsnes auf Grönland. Daraus ergibt sich, dass man jegliche Art typologischer Vergleiche vor allem mit Abbildungen entsprechender Kleidungsstücke vornehmen muss, die aus der genannten Zeit glücklicherweise zahlreich vorliegen. Da dies zugleich diejenige Phase in der Kunstgeschichte war, zu der man begann, Zeichnungen regelhaft zu signieren oder zu datieren, ist die relative und absolute Chronologie meist einfacher herzustellen als in den früheren Epochen.

Natürlich stellt sich nun sofort die Frage nach der Authentizität der dargestellten Realien – was war so tatsächlich in Gebrauch, was ist der Phantasie des ausführenden Künstlers entsprungen? Manche allzu orientalisch anmutende Kostüme mittelalterlicher Bibelhandschriften liefern hier ein warnendes Beispiel. Aufgrund von methodischen Vergleichen entsteht jedoch der Einruck, dass gerade Gegenstände wie Kleidung oder Hausrat durchaus detailgenau wiedergegeben wurden, während Landschaft und Architektur oft erfunden erscheinen. Trotzdem konnten gewisse funktionale Details für den Zeichner unwichtig oder unbekannt sein und deshalb auf den Zeichnungen fehlen – etwa das ohne Gürtel an der Hüfte schwebende Messer auf Codex 1467/20 oder die fehlenden Nesteln auf Codex 1467/29.

* Im folgenden werden die zum Vergleich herangezogenen Tafeln der drei Codices jeweils mit »**Jahreszahl / Tafelnummer**« zitiert. 1443 = Gothaer Codex MS Chart. A558, Forschungsbibliothek Gotha (Hils Nr. 20; 1459 = MS Thott 290 2° Kopenhagen, Königliche Bibliothek (Hils Nr. 27) und 1467 = Cod. icon. 394a, München Bayer. Staatsbibliothek (Hils Nr. 35).

ABB. 15:
Liebespaar mit Nebenbuhlerin.
Man beachte besonders die
wallende Frisur mit tordiertem
Schapel sowie die gespreizte
Beinhaltung des schönen
Höflings.
Meister des Amsterdamer
Kabinetts, um 1480.

Betrachtet man die Tafeln vor allem des Codexes von 1467, so fällt die extrem überlängte Darstellungsweise der Gliedmaßen auf – nicht alle Menschen der damaligen Zeit können solche Figuren gehabt haben! Man vermutet daher einen gewisser Grad von Idealisierung, gepaart mit dem allgemeinen Zeitstil des fortgeschrittenen 15. Jhs. Nach Ingrid Loschek findet sich gerade zwischen 1450–1480 der Höhepunkt der »Gespreiztheit« (Abb. 15) in der Darstellungsweise der jungen »höfischen Müßiggänger«. Erika Thiel geht sogar so weit, diese Betonung der spitzen Linienführung als »Überspitzung« zu bezeichnen. Die Gewänder, gerade des Mannes, wurden – nach ersten Anfängen schon im 14. Jh. – nun nochmals enger und kürzer, was nicht ohne Kritik von Seiten der Kirche und der städtischen Kleiderordnungen bleiben konnte. Ein erstarktes Modebewußtsein ließ diese Kritik jedoch ungehört verhallen. Allein die Tatsache, dass zahlreiche Gesetze und Strafreden überliefert sind, belegt eine zumindest in manchen Schichten ziemlich lockere Moralvorstellung bei gleichzeitiger hoher Akzeptanz solcher »Modetorheiten«. Angeblich musste zeitweise sogar dem Klerus das Tragen enger und/oder mehrfarbiger Hosen sowie Zaddeln und Schellen verboten werden – das heißt, auch der geistliche Stand konnte sich dem »Diktat der Mode« nicht entziehen. Gerne nahm man die durch die engen Gewänder eingeschränkte Bewegungsfreiheit zugunsten eines eleganteren Aussehens in Kauf. Die kommende Renaissance ist daher nicht als Zeichen einer wie auch immer gearteten »Befreiung« zu werten, sondern als »künstliche Formung« und extreme Stilisierung des menschlichen Körpers (vgl. die Ergebnisse von Odile Blanc).

Leider kann man allein aufgrund von Abbildungen nichts über verwendete Stoffarten oder qualitäten und nur wenig über schnitt- und nähtechnische Details sagen (auch wenn gerade bei den Talhoffer-Tafeln viele Nähte explizit dargestellt sind) – daher ist es notwendig, auch Schriftquellen in die Untersuchung miteinzubeziehen. Dies klingt einfacher als es ist, denn gerade in der Kostümkunde des Mittelalters und der frühen Neuzeit herrscht Chaos bei der Identifizierung und Benennung schriftlich überlieferter Kleidungsstücke. Es fehlt hier einfach ein Bindeglied – während die Abbildungen so gut wie nie die Namen der dargestellten Kleidungsstücke als Beischriften tragen, sagen uns die in Inventaren oder Testamenten überlieferten Bezeichnungen nichts über das Aussehen der Gewandstücke.

Auch die auf den Abbildungen verwendeten Farben müssen nicht der Realität entsprechen, denn sie können auch speziell im Kontext des Bildes (Hintergrund, hauptsächlich verwendete Farben) ausgewählt worden sein. So tragen Talhoffers Helfer auf den Darstellungen der Ankunft und des Aufenthalts in der Burg eines Auftraggebers im MS 1443 jeweils rote, blaue und grüne Oberbekleidung. Es ist jedoch unwahrscheinlich, dass sie sich mit ihrer Kleiderwahl ausgerechnet an die drei Grundfarben gehalten hätten, zumal diese in den Gebäuden im Hintergrund dieser Tafelfolge identisch wiederaufgenommen erscheinen (MK 1, Abb. 9–10).

Sicher ist jedoch, dass sich ab etwa 1400 eine regional unterschiedliche Mode (»Tracht«) herausbildete und man somit die in italienischer Tradition stehende Kleidung der Talhoffer-Manuskripte von der burgundisch-französischen abgrenzen kann. Der bisher vorherrschende Vorbildcharakter der burgundischen Mode ist in der 2. Hälfte des 15. Jhs. nicht mehr so maßgeblich wie zuvor. Jetzt dominieren die Einflüsse aus dem Süden, was sicher mit der Intensivierung der Handelskontakte Süddeutschlands mit Italien via Brenner/Tirol im späten Mittelalter zu tun hat. Im folgenden sollen nun die einzelnen Gewandungsteile genauer beschrieben werden.

Kleidung der Fußkämpfer
Hemd

Während des gesamten Mittelalters trug man ein dünnes, leinenes Unterhemd mit rundem oder U-Boot-förmigem Ausschnitt unsichtbar unter Wams und Oberbekleidung, doch ab der Mitte des 15. Jhs. trat es auf einmal sichtbar unter dem weiten, V-förmigen Ausschnitt der Wämser nach »italienischer Art« hervor. Dies führte zur Verzierung des

Halsausschnittes, wie es bei dem kostbaren Hemd des Grafen von Hanau beim »Gothaer Liebespaar« zu erkennen ist (Abb. 16). Bei Talhoffers Kämpfern ist das Unterhemd, soweit erkennbar, immer unverziert, quillt durch die heftige Bewegung öfters aus dem Wamsausschnitt heraus (Codex 1467/55) und rutscht auch leicht aus den hüftkurzen Hosen (z. B. Codex 1467/10.55, Abb. 17). Da auch die Ärmel geschlitzt sind, wird auch hier das herausspitzelnde, bauschige Hemd als modisches Detail genutzt. Diese sehr offenherzige Tracht blieb jedoch vorwiegend den jungen Männern vorbehalten, während ältere und beleibtere Individuen der geschlossenen und längeren Mode alten Stils treublieben.

Da die maximale Webbreite dieser nach sehr einfachem Schnitt gefertigten Hemden nur etwa 70 cm betrug, sah man sich gezwungen, Stoffstreifen oder quadrate einzusetzen, um die nötige Beweglichkeit zu ermöglichen. Das mittelalterliche Hemd ist dasjenige Kleidungsstück, das am längsten den einfachen Tunikaschnitt der Antike beibehält und keinen modischen Veränderungen unterworfen ist, denn erst ab etwa 1500 kommt die Sitte auf, Hemden großflächiger durch Falten oder Stickereien zu verzieren.

ABB. 16:
Sogenanntes »Gothaer Liebespaar«. Die Männertracht mit bauschigem Hemd, das durch die geschlitzten Wamsärmel sichtbar wird, wird hier in der »Luxusversion« mit reichen Metallverzierungen deutlich.

Wams

In allen drei Codices ist das Wams in Kombination mit Beinlingen und Schlupfschuhen die Standardbekleidung der Fußkämpfer. Man unterscheidet in der Kostümkunde das nicht wattierte Wams (*pourpoint*) und das wattierte Steppwams (*doublet*), die jeweils von darauf spezialisierten Schneidern hergestellt wurden. Ursprünglich das Untergewand der Ritter unter Kettenhemd oder Rüstung, wurde es

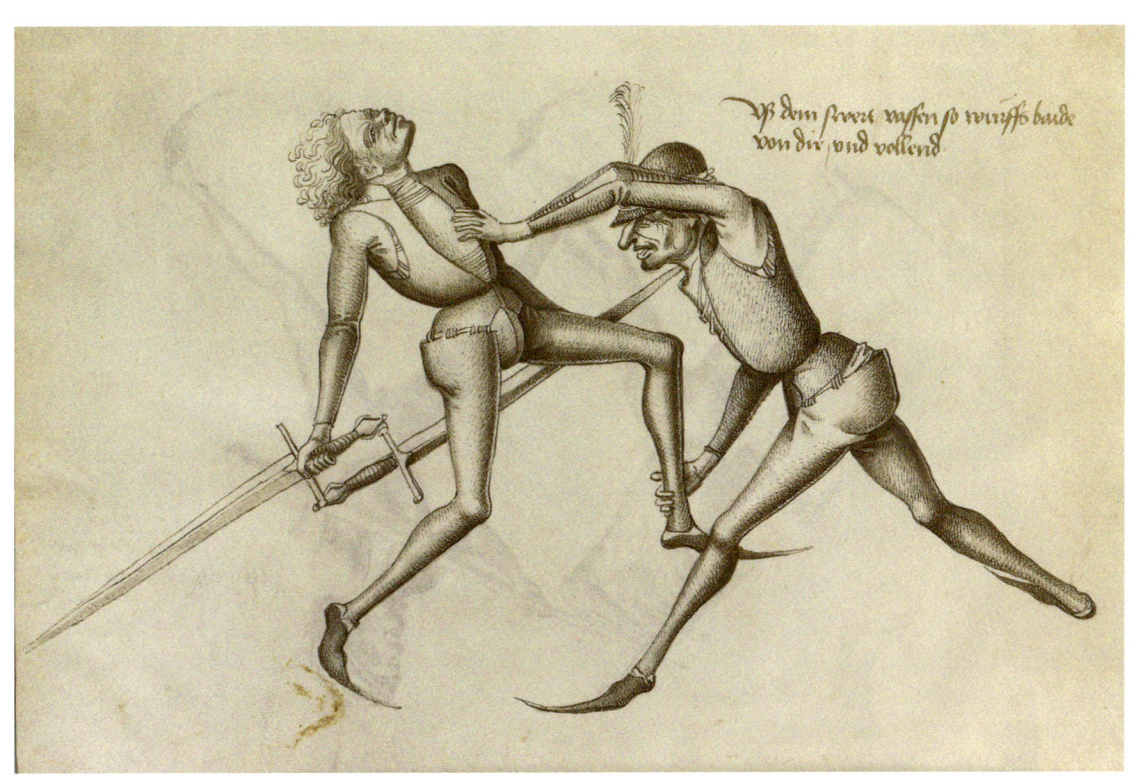

ABB. 17:
Talhoffer Tafel 1467/55. Deutlich zu erkennen ist beim rechten Kämpfer, wie das Hemd durch die heftige Bewegung des Kampfes aus dem Wamsausschnitt und dem Hosenbund herausquillt.

ABB. 18:

*Detail von Talhoffer 1467/206.
Der rechte Ringer zeigt an
seinen Schultern bereits die
auf das 16. Jahrhundert voraus
weisenden geschlitzten Arm-
kugeln, während der rechte
noch ein traditionelles Wams
des mittleren 15. Jahrhunderts
trägt.*

immer öfter auch in der Freizeit anbehalten und war bald bei allen Schichten als modisches Kleidungsstück beliebt. Typisch sind der funktionsbedingte, extrem enganliegende Schnitt von Corpus und Ärmeln, der das Wams von der oberflächlich ähnlichen Schecke unterscheidet. Diese besaß bei etwa gleicher Gesamtlänge als eigentliches Obergewand eine Vielzahl von Ärmelvarianten, bis hin zu leer herabhängenden Scheinärmeln. Ein weiteres sicheres Kennzeichen sind die bei der Schecke fehlenden Nestellöcher am Saum, die diese als Obergewand nicht benötigte. Statt dessen konnte das untere Schößchen von der Taille über den Schrittbereich hinweg halbrund zugeschnitten sein.

Da das Wams zunächst zur unsichtbaren Unterkleidung gerechnet wurde, war es meist aus naturfarbenem Leinen. Erst bedingt durch den Wandel zu einem Teil der sichtbaren Oberbekleidung wurden im fortgeschritteneren 15. Jh. auch farbige, kostbarere Stoffe verwendet, etwa besserer Wollstoff oder sogar Seide. Ab und zu ist ein Kämpfer durch seine farbige Kleidung hervorgehoben – gerne der siegreiche Gegner eines Zweikampfes. Dies lässt sich mit den Beischriften parallelisieren, die ebenfalls öfter bei dem Sieger einer Technik zu lesen sind. Auch echtes *mi-parti* ist gelegentlich nachgewiesen – allerdings war wohl nicht alles gewollt zweifarbig, was so aussieht: etwa zwei Kragenhälften in verschiedener Farbgebung, wie sie beim Manuskript 1459 öfters zu beobachten sind. Möglicherweise handelt es sich hierbei vielmehr um

die Angabe von Schatten, die, anstatt in grau oder schwarz, verwirrenderweise in der Farbe der Gewänder wiedergegeben wurden (vgl. auch Codex 1467/11, linker Kämpfer – hintere Körperpartie wirkt dunkler, ist aber wohl nicht als *mi-parti* gemeint). Bei anderen Tafeln desselben Codexes wurde die Schattierung »konventionell« durch Schraffierung erreicht (bes. Codex 1467/50).

Der Grundschnitt eines Wamses »zu vier Vierteln« bedingt zahlreiche Nähte an allen Seiten des Körpers, wie sie in den Illustrationen bei Hans Talhoffer häufig zu beobachten sind (z. B. Codex 1467/3). Auch die Konstruktion des auf der Rückenseite in ein Dreieck auslaufenden Stehkragens ist gut nachvollziehbar abgebildet (z. B. Codices 1459/80 verso oder 1467/3, Abb. 20, 19 c)). Manchmal ist in der spätesten Ausprägung der Wämser auf der Rückenseite eine sog. Kellerfalte eingearbeitet (Codex 1467/ 13.29.47.53), die bei heftigeren Bewegungen aufspringt und dem Träger so zusätzlichen Tragekomfort verschafft, der im Ruhezustand nicht benötigt wird. Die Wamsschöße verkürzten sich im Laufe des späten 14. und frühen 15. Jhs., bedingt durch die neue Tragweise der Hosen, immer mehr (vgl. Codices 1443/126, 1459/49 recto und 1467/3, Abb. 19 a–c)), denn die Beinkleider wurden jetzt nicht mehr an die Unterwäsche, sondern an die Unterkante des Wamses genestelt, wodurch dieses sozusagen als »Hosenhalter« (U. Lehnart) fungierte.

Der vordere Ausschnitt ist im MS 1467, wie oben schon erwähnt, nach »italienischer Art« weit V-förmig ausgeschnitten und variantenreich und kompliziert verschnürt, während die älteren Illustrationen auf den Codices von 1443 und 1459 ausschließlich hochgeschlossene, zunächst noch vernähte Wämser darstellen. Manche der Darstellungen zeigen zudem noch vertikale, ebenfalls geschnürte Schlitze parallel zur mittigen Öffnung, die ggf. zur genaueren Anpassung des Gewandes an den Körper gedient haben könnten (Codex 1467/48 li).

Die Ärmel sind entweder angeschnitten oder angenestelt (vgl. Codex 1467/5) – während beim linken Kämpfer eindeutig eine Naht um die Armkugel herum zu erkennen ist, wurden rechts separate, auswechselbare Ärmel mit Nestelbändern befestigt. Diese Darstellung belegt, dass beide Varianten zeitgleich vorkommen konnten und keine Entwicklungsstufen innerhalb der Tracht darstellen. Diese Ärmel sind im Codex von 1467 immer auf der Unterseite geschlitzt und verschnürt dargestellt, d. h. die Ärmelnaht wurde bis auf kurze Partien oben und unten nicht dauerhaft geschlossen. Zusätzlich weisen einige auf den späteren Tafeln des Codexes 1467 dargestellten Wämser Längsschlitze auf der Schulter auf (1467/206.208, Detail Abb. 18) und illustrieren so die jüngste bei Talhoffer faßbare Trachtentwicklung. Geschlitzte Wämser sind seit der 1. Hälfte des 15. Jhs. bekannt. Zunächst als einfache, geschnürte Schlitze gearbeitet, werden sie im 16. Jh. dann mit andersfarbigem Stoff unterlegt (Landsknechtsmode) – das Spiel mit den Farben und Qualitäten der Stoffe wird dann zum bestimmenden, beliebig kombinierbaren Modefaktor. Puffärmel, eine burgundische Spezialität, sind dagegen nur ausnahmsweise dargestellt (Codex 1459/131 recto + verso).

Der Verschluß des Wamses, aber auch der gleich zu besprechenden Hosen, bestand aus sogenannten Nesteln, also Schnüren aus Stoff- oder Lederbändern, die in allen möglichen Schnürungsvarianten angebracht sein konnten: parallel, im Zickzack oder über Kreuz. Oft sind sie auch nur zu zwei oder drei Stück gruppiert, während die übrigen Kanten frei bleiben. Farblich passen sie sich dem Gewand an oder sind in einer Signalfarbe gehalten wie die leuchtend roten Nesteln beim Porträt Talhoffers mit Kette (Abb. 9). Die Schnüre verliefen dabei entweder durch verstärkte Löcher im Stoff oder aber durch beidseits des Wamsrandes angebrachte Reihen von halbkreisförmigen Stoffösen (z. B. Codex 1467/1–3). Die Enden dieser Nestelschnüre sind entweder heraushängend gezeigt (Codices 1467/33 oder 1467/48) oder aber unsichtbar – wurden sie zum Kampf nach innen gesteckt? Ging es in den Nahkampf, konnten sich die Schnüre auch leicht lösen, so bei den Ringern auf Codex 1467/85–86.

Gürtel

Obwohl die bei Talhoffer gezeigten Fechter fast ausnahmslos eine ausgeprägte Wespentaille haben, ist bei der Fechtkleidung nicht eindeutig zu erkennen, ob diese durch den Schnitt des Wamses bedingt war oder ob ein Gürtel vorausgesetzt werden muss. Jedenfalls sind auf keiner Abbildung Schnallen oder Gürtelbeschläge zu erkennen, so dass diese Frage nicht zu beantworten ist. Allein der linke Kämpfer des linken Paares auf Codex 1467/198 trägt einen Dolch an einem schmalen, von der Taille herabhängenden Gürtel an der rechten Hüfte. Weitere Details sind nicht zu erkennen. Dagegen »schwebt« das Messer des rechten Kämpfers auf Codex 1467/20 quasi an der linken Hüfte, denn ein Gürtel, an dem er es befestigt haben könnte, ist nicht wiedergegeben. Die im 14. und 15. Jh. gut belegten metallenen Segmentgürtel kommen in den Talhoffer-Manuskripten nicht vor.

Hosen

Durch die bereits erwähnte Verkürzung des Obergewandes waren spätestens im 15. Jh. geschlossene Hosen (gancze Hosen) mit eigens angesetztem Hosenlatz notwendig geworden, die keine »unzüchtigen Einblicke« auf die knappen leinenen Unterhose (bruech) samt Inhalt mehr boten. Diese verbundenen Strumpfhosen waren mit einer mehr oder weniger ausgeprägten Schamkapsel (ein Hosenlatz mit Vertikalnaht) ausgestattet, die vorne an die Schrittpartie genestelt wurde. Da man schon bald dazu überging, diese Schamkapsel mehr als notwendig durch Ausstopfen oder Wattieren zu vergrößern, verwundert es nicht, dass sie im Laufe der Zeit als eigentliches männliches Attribut stilisiert wurde, mit dem man, lt. Ulrich Lehnart, eine »aggressiv-plakative Männlichkeit« zur Schau stellte. Dabei ist der Latz aufgrund des niedrig geschnittenen Hosenbundes funktional nicht einmal unbedingt nötig, was seine schnelle Abwandlung zu einem vor allem modisch genutzten Detail erklärt.

Ab 1380/1400 in Europa bekannt, kann man die genaue Einführung dieser Neuerung weder zeitlich noch regional genau eingrenzen. Zunächst wurden die neuen Hosen vor allem von der Oberschicht getragen, während Bauern und Handwerker aus praktischen Gründen den alten, geteilten Beinlingen treu blieben, die man bei großer Hitze lösen und herunterrollen konnte. Dargestellt sind sie außerdem oft bei Männern außerhalb der Gesellschaft, wie Henker, Schergen, nicht jedoch in den Talhofferschen Fechtbüchern, was unter Umständen einen Hinweis auf die Standeszugehörigkeit der Fechter zulassen könnte.

Diese Hosen wurden jetzt an der Unterkante des – stark verkürzten – Wamses angenestelt, nicht mehr an die bruech, bzw. an einem zweiten Gürtel. Die verschlungenen Bandenden sind häufig mittig am Rücken sichtbar. Dieser doppelte Nestelverschluss konnte für eine größere Beweglichkeit – wie sie zum Kämpfen nötig war – absichtlich gelöst werden bzw. löste sich im Eifer des Gefechtes unbeabsichtigt (z. B. Codex 1467/10 links). Oft sind die Hosen mit Stegen versehen: Als Beleg für den unter den Füßen durchgeführten Stoffsteg können beispielsweise Hinrichtungsszenen dienen, bei denen die Delinquenten keine Schuhe (mehr) tragen. Die andere gängige Hosenvariante hatte angeschnittene Füßlinge, deren Sohlen mit Leder verstärkt sein konnten. Im Freien wurden diese Hosen mit zusätzlichen Trippen (hölzernen Unterschuhen) getragen.

Da die Mode des 15. Jhs. die Beinpartie der Männer auf fast übertriebene Weise durch die Beinlinge betonen wollte, mussten diese so eng wie möglich anliegen. Das war in einer Zeit ohne elastische Stoffe zugegebenermaßen schwierig. Man behalf sich mit dem schnitttechnischen Trick, die Hosenbeine schräg zum Fadenlauf zuzuschneiden, um eine möglichst große Dehnbarkeit des Materials zu erreichen. Nur so konnte man auch aus eher starren (Leinen-)stoffen figurbetonte Beinkleider schneidern. Diese Drehung des Schnittmusters um 45° ist allerdings sehr materialintensiv und wurde daher nur für solche Teile verwendet, die sich unbedingt dehnen mussten, während andere, etwa die Wamsärmel oder der Hosenlatz, wie üblich parallel zum Fadenlauf geschnitten wurden. Oft sind diese Hosen auch mi-parti gehalten, also ein Bein einfarbig, das andere geteilt mit einer zweiten Farbe kombiniert (vgl. Porträt Talhoffer mit Schriftband auf Codex 1459/101 verso).

Haartracht und Kopfbedeckungen

Die meisten abgebildeten Kämpfer sind barhäuptig und mit unterschiedlichen Frisuren wiedergegeben. Im Manuskript von 1459 tritt der größte Variantenreichtum vor Augen, darunter auch kurzgeschnittene Haare und eine möglicherweise mit einer Bemalung oder Tätowierung versehene Glatze (Codex 1459/75). Viele der Dargestellten sind durch ihr längeres und lockiges Haupthaar als jüngere Männer gekennzeichnet. Diese spezielle Mode, bei der die Haare sogar gebleicht und künstlich gekräuselt werden konnten, war besonders im 15. Jh. in Süddeutschland beliebt und passte in ihrer stark stilisierten Art gut zur Herrenmode mit vorne offenen, kurzen Wämsern und engen Hosen. Manche dieser Jünglinge tragen zudem das sog. »Schapel«, einen metallenen Haarreif, der bereits seit dem Hochmittelalter von beiden Geschlechtern verwendet wurde (Abb. 15). Manchmal konnten in diesen Reif noch Federbuschen oder Blüten gesteckt sein (Abb. 21 c).

Im späten Mittelalter begegnen erstmals in größerem Variantenreichtum Kappen und Hüte aus Fell oder Filz. Die »mittelalterlichste« unter diesen Kopfbedeckungen und gleichzeitig die bei Talhoffer am häufigsten abgebildete ist ein turbanartiger Kopfputz, die Wulsthaube oder der Chaperon. Angeblich aus der quer herum aufgesetzten Gugel entstanden, wurde deren langgezogenes Ende elegant um den Hals drapiert oder hochgesteckt. Ab dem 15. Jh. wurde sie dagegen gleich als fester Turban mit Wulstring (Sendelring) konstruiert. Es ist daher müßig, die zahllosen Varianten aufzuzählen, in denen diese Haube gestaltet sein konnte. Auch Zaddelungen sind überliefert (ital. Bezeichnung: foggia, vgl. Codex 1459/91 verso). Öfters läuft diese Kappe auch in Bändern oder regelmäßigen Fransen aus (Codex 1467/11 u. a.) und ähnelt damit sehr dem gleichzeitige »Gefrens« der Frauen.

ABB. 19:
Ms. Thott 1459 / fol. 89 verso.
Beide Kämpfer tragen unterschiedliche Varianten von »Biberhüten«, die sowohl durch ihre Farbe als auch die pelzartige Oberflächenstruktur als solche kenntlich gemacht sind.

Der Biberhut ist ein vom Aussehen her durchaus moderner Hut, der aus Biberhaaren gefilzt wurde und im 15. Jh. einen zylindrischen Körper und eine gleichmäßig (Codices 1459/89 verso.124 verso.125 recto; 1467/265–266) oder aber unregelmäßig aufgebogene Krempe (Codex 1459/78 verso.89 verso, vgl. Abb. 19) besitzen konnte. Auf den Abbildungen dienen der Fellcharakter sowie die dunkle Farbe zu seiner Charakterisierung. Auch dieser Hut konnte mit Federn besetzt werden. Nahe verwandt ist ein spitz zulaufender Filzhut mit dreieckiger Krempe, die ggf. vorne hochgerollt wurde (Codex 1459/71 verso.72 recto; 1467/8.16.49.55.60-62.180.190). Gerne wurde er durch ein darumgeschnürtes Stoffband festgebunden (Codex 1467/33 u. 46), damit er beim Kampf nicht herunterfiel, wie in so vielen anderen Abbildungen gezeigt ist.

Häufig sind zudem fesartige konische oder amorphe Filzkappen zu erkennen, die im 15. Jh. bereits in großem Variantenreichtum vorkommen. Auch sie können, wie die Hüte, mit Federn besetzt sein (Pfauenfedern? Codex 1459/138 recto). Die klassische Kopfbedeckung des Hochmittelalters, die Bundhaube, ist dagegen nur noch ausnahmsweise abgebildet (Codex 1459/78 recto).

Fußbekleidung

Im Manuskript von 1443 sind die Kämpfer mit knöchelhohen Halbstiefeln ausgestattet, die innen oder außen geschnürt sein können. Diese simple Schuhform war überaus gängig und ist während des gesamten Mittelalters zahlreich belegt. In den beiden späteren Manuskripten tragen die Kämpfer – mit Ausnahme der Streiter im Gottesurteil, die laut Vorschrift barfüßig sein mußten – allesamt »gemäßigte« Schnabelschuhe (dt. Kranich, frz. *poulaine*) mit etwa 10–20 cm weit ausgezogener, ausgestopfter Spitze. Die Länge dieser Schuhspitzen war vom Stand der Träger abhängig und in den diversen Kleiderordnungen geregelt. Ihre extreme Ausprägung, die hochgebogen und oben wieder am Schuh befestigt werden musste, war dagegen nicht alltagstauglich und kommt daher nur selten im höfischen Umkreis vor. Oft weisen diese Schnabelschuhe andersfarbige Umschläge auf, was auf ein Futter oder einfach eine andersfarbige Lederunterseite hinweisen könnte. Gelegentlich wurden sie auch nicht genau gezeichnet: Auf Codex 1467/26–28 sehen die Füße aus, als steckten sie in an die Hosen angeschnittenen Füßlingen, was aber bei überlängten Spitzen nicht nachweisbar ist. Die »normalen« Beinlinge mit integrierter Ledersohle sind dagegen bei Talhoffer nirgends nachzuweisen.

Auf Tafel 1459/13 verso, die möglicherweise Kampfvorbereitungen oder Lagerleben wiedergibt, trägt einer der Beteiligten »Trippen«. Diese hölzerne Unterschuhe dienten zum Schutz gegen Straßendreck und Nässe und hatten meist wie die Schuhe lang hervorstehende Spitzen. Sie begegnen ab Mitte des 14. Jhs. in Europa, wohin sie durch die Kreuzzüge aus dem Orient gelangt waren.

Eingenäht – Spezielle Bekleidung für Gottesurteile

Sollte es in den Vorschriften des Gottesurteils vorgeschrieben sein, so mussten sich die Kontrahenten in speziellen, hautengen Anzügen dem Kampf stellen. Diese konnten einteilig (Codex 1459/11 verso) oder mehrteilig sein. Da alle Kämpfer gleiche Voraussetzungen haben sollten, durften diese nur aus Leinen bestehen, das höchstenfalls mit Leder verstärkt werden konnte. Angeblich wurden sie darin eingenäht, was sich aber bei keinem Talhoffer-Manuskript erkennen lässt – alle Streiter tragen dort soweit erkennbar »richtige« Kleidungsstücke, keine auf die Person genähten zukünftigen »Totenhemden«. Die im Sachsenspiegel vorgeschriebenen dünnen Schutzhandschuhe sind ebenfalls auf keiner der Talhofferschen Abbildungen wiedergegeben, während die Barfüßigkeit der Kämpfer eindeu-

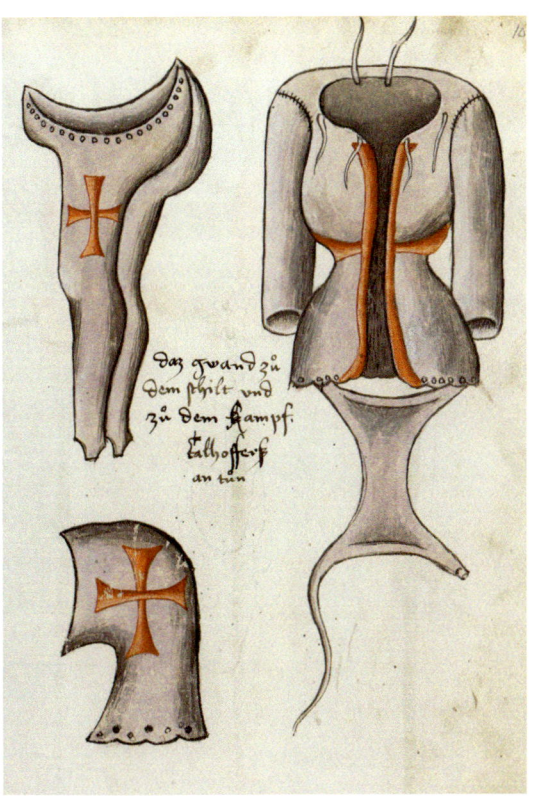

ABB. 20:
Ms. Thott 1459 / fol. 107 recto. Herauszeichnung der Bestandteile eines Gerichtskampfanzuges, hier eindeutig aus mehreren Einzelkleidungsstücken bestehend. Man beachte die am Oberteil befestigte knappe Bruche sowie die zahlreichen Nestellöcher.

tig erkennbar ist. Sowohl im Kopenhagener Manuskript von 1459 als auch im Münchner Codex von 1467 sind solche Gerichtskampfszenen, unter anderem auch zwischen Mann und Frau, dargestellt. Die Frauen trugen dabei meist die identische Kleidung wie die Männer, selten dagegen sogar ein Kleid (vgl. Solothurner Fechtbuch, MK 1 Abb. 7). Dazu konnte am Anfang des Kampfes als zusätzliche Kopfbedeckung über der Kapuze eine Art gedrehter »Sendelring« kommen (Codex 1459/80 recto).

Im Codex von 1459 ist quasi ein »Schnittmuster« für einen solchen mehrteiligen Gerichtskampf-Anzug abgebildet (Codex 1459/107 recto, Abb. 20). Die kapuzenartige Haube weist an ihrem unteren Rand Nestellöcher auf, deren Entsprechungen am Halsausschnitt des Oberteils jedoch fehlen. Das Oberteil besitzt, wie heutige Jacken, vorne eine – auf den restlichen Abbildungen nicht sichtbare – Öffnung, die mittig durch das aufgebrachte Kreuz verläuft. Über die Herstellungsweise dieser Kreuze, die in den verschiedenen Manuskripten unterschiedliche Formen haben können, ist nichts bekannt – sie könnten entweder appliziert oder aber aufgemalt gewesen sein. Abgesehen vom Oberkörper trugen auch der Kopf und – selten – die Oberschenkel solche Kreuze als Sinnbild der Urteilskraft Gottes. Am unteren Rand besitzt die Jacke Nestellöcher und eine daran befestigte kurze sanduhrförmige Unterhose (Bruche, vgl. oben). Die separate Hose hatte Stege an den Füßen und ebenfalls eine Reihe Nestellöcher am Rand. Selten ist ein Strick als Gürtelersatz angegeben (Codex 1459/80 recto).

Zusammenfassender Überblick

In den drei Codices aus den Jahren 1443, 1459 und 1467 des Hans Talhoffer lässt sich folgende chronologische Entwicklung der Herrenmode im Verlauf des 15. Jhs. nachvollziehen (Abb. 21 a–c):

Codex 1443 (Abb. 21 a) – Die Kämpfer tragen lange, hochgeschlossene, taillierte Wämser, die über die Hüften hinunter reichen und in der Mitte vorne jeweils dreieckig verlängert erscheinen. Hemden sind nicht zu erkennen, aber der Hosenlatz der verbundenen Beinlinge. Nesteln fehlen, auch die Ärmel sind angeschnitten, nicht angenestelt. Die Haare sind meist schulterlang und lockig, sehr selten sind Kopfbedeckungen dargestellt, darunter die fesartige Filzkappe. Die Fußbekleidung besteht aus knöchelhohen, geschnürten Stiefeletten.

Codex 1459 (Abb. 21 b) – Auch hier sind die Wämser noch hochgeschlossen, wenn auch mit großen Ärmellöchern und gelegentlich zweifarbig (u. a. echtes mi-parti). Die Hosen haben einen deutlichen Latz vorne und sind mit (Gruppen von) Nesteln am Wams befestigt. Haartrachten und Kopfbedeckungen begegnen in großer Auswahl. An den Füßen tragen die Kombattanten Schnabelschuhe mit Umschlag und lang ausgezogenen Spitzen.

Codex 1467 (Abb. 21 c) zeigt die entwickelte Mode des 15. Jhs. mit Wämsern nach »italienischer Art«, also auf der Brust weit ausgeschnitten und an den Ärmeln geschlitzt. Nesteln begegnen in vielen

ABB. 21 A–C:
Überblick über die in den drei Talhofferschen Manuskripten abgebildete »Männermode«.

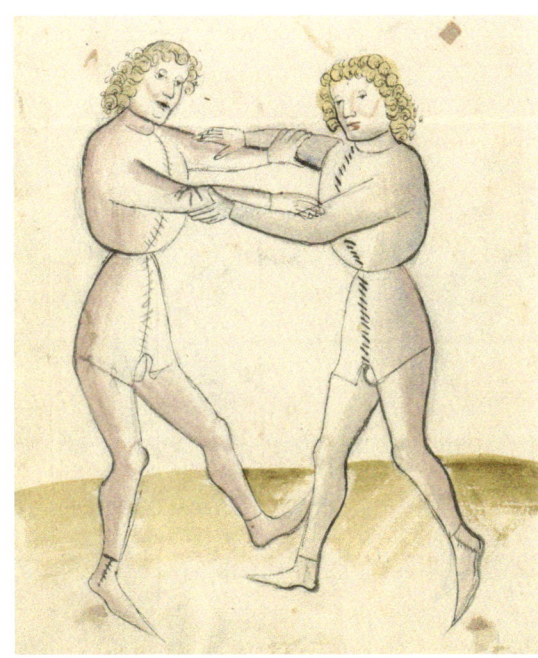

Abb. 21 a

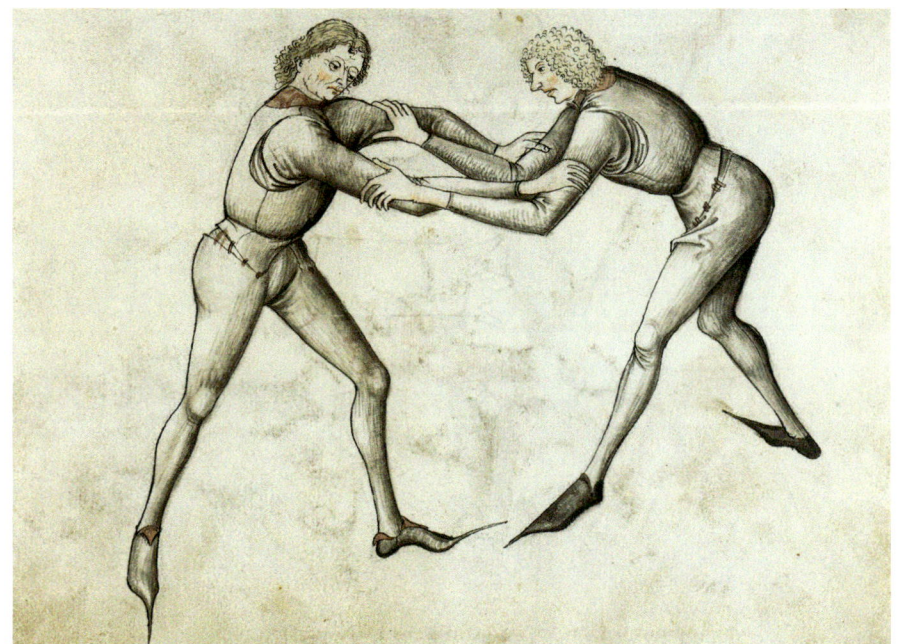

Abb. 21 b

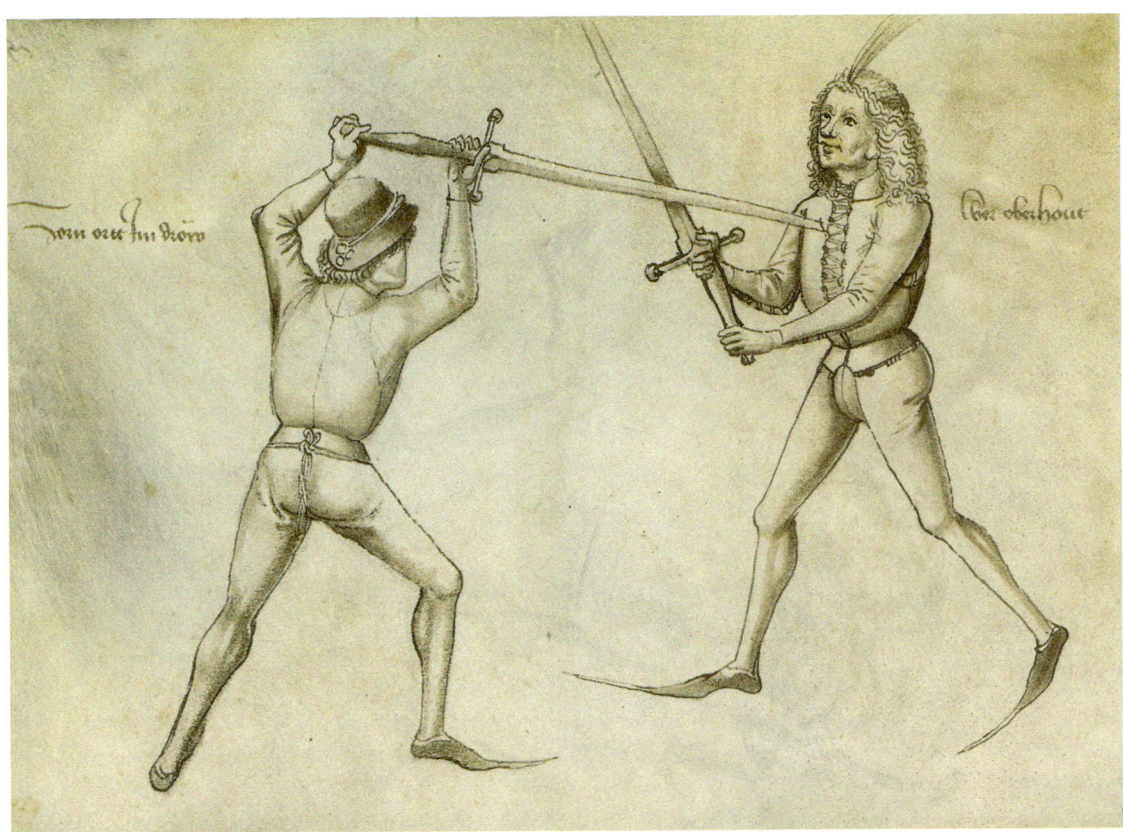

Abb. 21 c

Ausprägungen, das Unterhemd ist an mehreren Stellen durch die Schnürung hindurch sichtbar. Kopfbedeckungen sind wieder seltener als noch im Codex 1459, dafür haben viele der Dargestellten wallendes, lockiges Haupthaar, das sie als Männer jüngeren Alters ausweist. Auch diese Kämpfer tragen Schnabelschuhe mit überlängten Spitzen.

Mi-Parti, also das Kombinieren von zwei Grundfarben in ein und demselben Kleidungsstück, ist ebenfalls, vor allem in Codex 1459, öfters nachgewiesen; besonders oft an Beinkleidern, wodurch der Blick der Betrachter noch zusätzlich zum engen Schnitt auf die Beinpartie des – hoffentlich – gutgebauten Trägers gelenkt wurde.

Grundlagen und Erfahrungen
beim Nacharbeiten der Kleidung

Schon früh im Projekt »Mittelalterliche Kampfesweisen« stellte sich die Frage nach der Machbarkeit historisch korrekter Kleidung. Es war von vornherein klar, dass das Hauptgewicht der Bände auf der Rekonstruktion der Talhofferschen Kampftechnik gelegt werden würde und nicht auf hundertprozentige Authentizität in allen Bereichen. Deshalb wurde für Band 1 »normale« Mittelalterkleidung von

der Stange verwendet. Für die Gerichtsbarkeits-Einteiler haben wir uns dann entschlossen, zumindest auf optisch gute Entsprechungen abzuzielen. Deshalb erwarben wir einen geeignet erscheinenden dehnbaren Bündchenstoff. Dadurch ist zwar die optische Entsprechung gegeben, nicht aber die reale, denn die damaligen Anzüge bestanden aus Leinen. Da unsere »Fotomodelle« jedoch in angemessener Zeit wieder aus den »Schläuchen« befreit werden wollten, wurde nach einer anderen Lösung gesucht und mit dem Bündchenstoff auch gefunden.

Die hier in Band 2 gezeigte Kleidung der Fußkämpfer wurde schließlich nach historischen Vorlagen nachgeschneidert, allerdings mit einigen funktional bedingten Einschränkungen und unter Verwendung einer Nähmaschine. Auch besteht die Oberbekleidung nicht aus reinem Wollstoff, sondern aus Gründen der Waschbarkeit aus Wollgemisch (dazu wäre anzumerken, dass schon das späte Mittelalter vergleichbare Mischgewebe kannte, die aus Wolle über eine Leinenkette hergestellt worden waren), die Unterhemden dagegen völlig korrekt aus Leinen. Auf eine Fütterung von Wams und Hose wurde verzichtet, um die Darsteller nicht unnötig ins Schwitzen zu bringen – selbst wenn dies unter Umständen eine etwas andere Drapierung der Gewänder zur Folge haben sollte. Als

Nestelbänder wurden baumwollene Schnürsenkel verwendet, um eine gewisse Dehnbarkeit zu gewährleisten. Dünne Lederbänder stellen ebenfalls eine praktikable Alternative dar. Hier noch kurz zur angewandten Methodik:

1. Schritt:

Versuch, möglichst viele Informationen und technische Details aus den Talhoffer-Tafeln selbst zu entnehmen. Schwerpunkt war natürlich Codex 1467, aber auch insbesondere das Kopenhagener Manuskript von 1459, da dort die Farbigkeit und Detailgenauigkeit am größten ist. Verifizierung der identifizierten Kleidungsstücke und Accessoires anhand der kostümgeschichtlichen und archäologischen Literatur, Abgleich der Datierungsvorschläge.

2. Schritt:

Umsetzung in Schnittmuster mit Hilfe der Schneidermeisterin Edith Walter und des Handbuchs von Sarah Thursfield. Anpassung der Schnitte auf die Träger, parallel dazu Verifizierung der gefundenen Informationen durch Vergleiche mit anderen bildlichen Denkmälern des 15. Jhs. (z. B. die Arbeiten des Hausbuchmeisters).

3. Schritt:

Nähen eines »Probestückes« aus billigerem Stoff, um die Umsetzbarkeit des Schnittes auf heutige Träger zu überprüfen, Anpassen dieses Schnittes. Erneutes Nähen und Anpassen aus teurerem Wollstoff. Ausführen der Detailarbeiten wie Nestellöcher nach Vorlage Thursfield. Bundpartie der Hosen und andere mit Nestellöchern versehene Kanten wurden – wie es auch im Mittelalter schon üblich war – durch eine zweite Stofflage, in diesem Fall durch Nahtband, verstärkt. Dies geschah insbesondere im Hinblick auf die zu erwartende hohe Belastung der Löcher durch die Nachstellung des Kampfgeschehens.

Noch eine kleine Anmerkung zum Schluß dieser kostümgeschichtlichen Ausführungen: Trotz realistischer Wiedergabe des Kampfgeschehens mittels roter Blutspritzer und abgeschlagener Extremitäten in den Codices erscheint das grausame Handwerk der Kämpfer in Punkto Kleidung bemerkenswert klinisch und sauber. Einzig auf einer Tafel, Codex 1459/94 recto, haben die beiden Männer, die den Toten in den Sarg betten, zerrissene Beinlinge – eigentlich müßte man angesichts der Thematik viel häufiger solche Darstellungen erwarten.

AR

Die stählerne Haut des Ritters, die Plattenrüstung

Entwicklung und Entstehung

Jede Rüstung – wie auch jede Waffe – war grundsätzlich für einen bestimmten Zweck konstruiert. Abhängig von diesem Zweck wies der Harnisch bestimmte Besonderheiten und Spezialisierungen auf. Stil, Mode, persönlicher Geschmack und grundsätzliche Art der Verwendung spielten dabei eine Rolle. Doch zunächst sei nur auf die spezielle Verwendung im Kampf eingegangen. Altbekannt ist das Wettrüsten, der Rüstungswettlauf zwischen Schutz- und Trutzwaffen, zwischen Rüstung und Angriffswaffen – besonders markant im Hoch- und Spätmittelalter. Jede Weiterentwicklung bzw. Verbesserung im Bereich der Angriffswaffen erzwang notwendigerweise eine Weiterentwicklung bzw. Verbesserung im Bereich der Rüstung, und umgekehrt! Waffen und Rüstungen entwickelten sich innerhalb gewisser technischer, technologischer, ideologischer/religiöser, wirtschaftlicher, sozialer, kultureller und stilistischer Parameter bzw. Faktoren. Diese bestimmten, welche Rüstungen (aus welchem Material, welche Qualität usw.) in welcher Menge hergestellt wurden, wie weit Rüstungen verbreitet waren, wer sie trug (tragen durfte, sich leisten konnte), wie sie aussahen und wie sie eingesetzt wurden. In weiten Teilen des mittelalterlichen Europa dominierte eine feudale Staats- und Heeresverfassung. Innerhalb dieser entstand um die Jahrtausendwende die Panzerreiterei (mit eingelegter Lanze) als dominierende Waffengattung. Gestellt wurde diese Panzerreiterei vorrangig (aber nicht ausschließlich) von Adligen. Der sogenannte Ritter (*miles*), der adlige Reiterkrieger, galt als der archetypische Kämpfer jener Zeit. Dass Ritter tatsächlich nur einen kleinen Teil der mittelalterlichen Heere ausmachten, neben Rittern auch Sergenten, Reisige Panzerreiter stellten und der Großteil Fußtruppen (mit Nahkampfwaffen und Fernwaffen) waren, spielte bloß eine untergeordnete Rolle. Der Adel als Stand beherrschte (neben dem hohen Klerus, der ebenso dem Adel entstammte) die europäische Gesellschaft wirtschaftlich, sozial, kulturell und militärisch. Von diesen Voraussetzungen muss man ausgehen, wenn man das mittelalterliche Kriegswesen verstehen will. Und im Zusammenhang mit dem Kriegswesen ist die Kriegsrüstung, die Rüstung des Kämpfers zu sehen. Gemäß dem Stereotyp fochten in den (seltenen) Schlachten und sonstigen Kämpfen Ritter entsprechend dem ritterlichen

Codex gegeneinander, wobei sie versuchten, den Gegner zu überwinden und gefangenzunehmen, ohne dass dieser dabei getötet wurde, denn ein gefangener Ritter versprach reiche Beute (Waffen, Rüstung, Pferde usw.) und Lösegeld. Die Verluste an Rittern waren in mittelalterlichen Schlachten darum erstaunlich gering.

Hohe Verluste hatte statt dessen das gemeine Fußvolk zu beklagen, das nicht durch den ritterlichen Codex geschützt war und infolgedessen auch selbst nicht dementsprechend kämpfte. Somit ging für die Ritter die eigentliche Gefahr vom Fußvolk aus – trotz der Möglichkeit von Lösegeldforderungen. Kämpfen (in Turnieren, Scharmützeln, Schlachten) zählte zu den standesgemäßen Hauptbeschäftigungen eines Ritters. Dementsprechend und aufgrund der unterentwickelten medizinischen Wundversorgung jener Zeit, war es für Ritter unumgänglich ihrer »Profession« entsprechend gerüstet zu sein. Ihre Rüstung musste sie vor ritterlichen Waffen (Lanze, Schwert, Streitkolben, -hammer, Dolch/Panzerstecher) und den Waffen des Fußvolks (Stangenwaffen, Wuchtwaffen, Spieße usw., sowie vor Armbrustbolzen und Pfeilen) schützen. Daraus folgt das Bestreben nach der Entwicklung einer entsprechend optimalen Schutzrüstung. Mit dem Niedergang der feudalen Heeresverfassung im Spätmittelalter und dem Aufstieg von Söldnerwesen und Milizen wurde die ritterliche Rüstungstradition von den neuen Trägern übernommen und an ihre jeweiligen Anforderungen angepasst. Durch die Vielzahl neuer Träger, den hohen Bedarf an Rüstungen, durch viele Kriege sowie Verbesserungen in der Herstellung von Plattenrüstungen entstanden die vielen unterschiedlichen Rüstungen (komplette Harnische, knechtische Harnische, Harnischteile usw.), die nunmehr relativ preiswert und weit verbreitet waren, sich aber bis in unsere Tage in der Regel nicht erhalten haben, sondern nur mehr in Bildquellen und dergleichen überliefert sind.

Als Höhepunkt der Entwicklung von Körperrüstungen gilt der vollständige Plattenharnisch (Abb. 22). Um 1420/25 war seine Entwicklung in Italien im Wesentlichen abgeschlossen, in den darauf folgenden Jahrzehnten wurden allerdings weitere Veränderungen bzw. Verbesserungen vorgenommen. Das älteste komplett erhaltene Exemplar wird auf das Jahr 1435 datiert. Von Italien aus begann seine Verbreitung ins restliche Europa, ins Deutsche Reich, nach Burgund, Frankreich, England usw., wo er sich stilistisch und technisch an die lokalen Bedürfnisse, Traditionen und den Modegeschmack anpasste. Als klassisches Gegensatz-

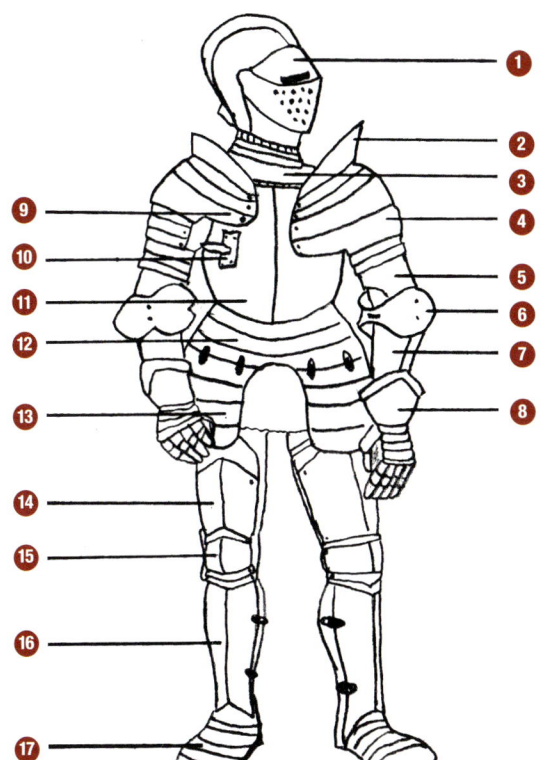

ABB. 22:
Harnisch des 16. Jhs.
nach Störmer
1: Helm (hier: Armet)
2: Brechrand
3: Panzerkragen
4: Schulterteile/-geschübe
5: Oberarmröhre
6: Arm- oder Ellenbogenkachel
mit Mäusel
7: Unterarmröhre
8: Panzerhandschuhe
9: Vorderflug
10: Rüsthaken
11: Brust
12: Bauchreifen
13: Beintaschen
14: (Ober)Diechlinge
15: Kniekacheln mit Muschel
16: Beinröhren
oder Unterschenkelröhren
17: Panzerschuhe

paar werden üblicherweise der (ältere) italienische und der (jüngere) deutsche gotische Harnisch herangezogen. Um die Mitte des 15. Jhs. zeigten sich folgende Besonderheiten und Unterschiede: Der italienische Harnisch war grundsätzlich für den Kampf mit eingelegter Lanze zu Pferd ausgelegt, insgesamt wuchtiger und sachlicher. Er verfügte über große asymmetrische Schultern mit linksseitig (seltener auch rechtsseitig) aufgesteckter Zusatzplatte (Schiftung) mit aufgebogenem Brechrand, wobei die rechte Schulter – aus Gründen höherer Beweglichkeit im Kampf – in der Regel über ein Geschübe mehr verfügte. Die Hände wurden durch Hentzen geschützt, die sich von den deutschen Pendants dadurch unterschieden, dass die Finger durch zwei bewegliche Folgen gedeckt wurden. Als Helm trug man eine Barbuta, eine italienische Schaller (cellata) oder einen Visierhelm/Armet (elmetto), letzteren oft mit aufgenieteter Stirnverstärkung und einer Stielscheibe auf der Rückseite.

Das Visier war mittels absteckbarer Drehbolzen befestigt, der Hals wurde durch einen Vorschnallbart geschützt. Häufig befanden sich am unteren Rand des Armet Kloben, um Kettengeflecht zu befestigen. Die Harnischbrust war zweiteilig geschiftet, der Harnischrücken war zwei- bis mehrteilig aufwärts geschiftet – charakteristisch mit dem außen liegenden Schnallriemen. Das Armzeug bestand aus einer Oberarmröhre (innen offene Dreiviertelröhre), Mäusel und einer geschlossenen

Unterarmröhre. Die Teile des Armzeugs waren untereinander durch Gleit- und Drehnieten verbunden, aber von den Harnischschultern getrennt. Die Armkacheln waren zusätzlich verstärkt, rechts mit einer aufgenieteten kleineren Platte, links mit einem mächtigen, zweckmäßig ausgeformten Teil. Das Becken wurde durch mehrere (maximal sechs; oft weit heruntergezogen) bewegliche (geschobene) Bauch- und Rückenreifen (Harnischrock) geschützt. Am Harnischrock hingen vorne (und ausschließlich vorne) zwei mächtige, bogenförmig ausgeschnittene, unten spitz zulaufende Beintaschen. Das Beinzeug setzte sich aus einfach geschobenen Diechlingen mit seitlichen Streifschienen, angenieteten Kniekacheln, Muscheln und geschlossenen Unterschenkelröhren zusammen. Harnischschuhe waren unüblich, statt dessen wurde ein Ringelgeflecht, am unteren Rand der Schienbeinschienen befestigt, zum Schutz des Fußrückens getragen. Immer wieder befand sich auch ein schmaler Streifen Kettengeflecht am unteren Gelenkstreifen der Kniepanzerung – allerdings ohne Schutzfunktion, sondern aus ästhetischen bzw. stilistischen Gründen. Das Zentrum der italienischen Plattnerkunst war Mailand.

Der deutsche Plattenharnisch machte um die Jahrhundertmitte (1440–1460) eine Wandlung durch. Bis zu jener Zeit war folgende Form des deutschen Harnischs verbreitet bzw. modern: Am Kopf trug man eine Hundsgugel mit Helmbrünne aus Kettengeflecht, später einen Visierhelm des Bicoque-Typs. Der Torso wurde durch eine Kastenbrust (meist glatt, aber auch mit fächerförmig angeordneten Graten, Wülsten und Kehlungen), später auch einfach geschift, sowie durch einen einfach geschobenen Plattenrücken geschützt. Der Plattenrock, auf der Vorderseite gegratet und gekehlt, anfangs noch ein Tonnenrock und wie beim italienischen Harnisch lang heruntergezogen, wurde immer kürzer und knapper. Das Schultergeschübe war schmächtig ausgeprägt, die Achseln wurden durch einfache runde Schwebescheiben gedeckt. Die Kacheln des Armzeugs (Oberarmröhre bzw. -platte und Unterarmröhre) waren klein und wenig ausgeprägt. Als Handschutz dienten gefingerte Panzerhandschuhe mit kurzer Stulpe. Das Beinzeug bestand aus einfach geschobenen Diechlingen, Kniekacheln mit Muschel, Unterschenkelröhren und Panzerschuhen. Unter der Plattenrüstung wurde üblicherweise noch das vollständige Kettenhemd getragen.

In der Zeit zwischen 1460 und 1465 nahm der deutsche Harnisch seine klassische spätgotische Form an. Charakteristisch, typisch deutsch, waren

seine Gratbündel, gezackte Ränder, spröde Konturen und lilienförmige Randdekorationen bei Brustschiftung und Rückengeschübe. Bis auf die Unterschenkelröhren wurden sämtliche glatte Flächen mehr oder weniger reich dekoriert, Kanten mit Messing beschlagen, Nieten aus Messing oder mit Messing geschmückt. Als Kopfschutz trug man eine deutsche Schaller, dazu Collier mit Bart bzw. einen Vorschnallbart. Die Schulterpanzerung wurde verfeinert, die Vorder- und Hinterflüge waren vom Oberarmgeschübe abgesetzt. Die Ellenbogenkacheln waren nunmehr ausgeprägter, aber nicht wuchtig. Die Panzerhandschuhe waren vielfach und fein geschoben. Vom Plattenrock blieb nur mehr ein Röckchen mit drei bis vier Lamellen übrig. Beintaschen trug man nicht nur vorne, sondern auch seitlich und hinten. Waren die Oberdiechlinge besonders hochgezogen, verzichtete man ganz auf Beintaschen. Hochgezogene Oberdiechlinge waren vielfach geschiftet, die Panzerschuhe ebenso. Diese liefen – wie die modischen Schnabelschuhe – in weite Spitzen aus, die z. T. abgenommen werden konnten. Wo der kulturelle Einfluß aus Italien stärker war, gab es stilistische Vermischungen. Zentren der deutschen Plattnerkunst waren Landshut, Augsburg und Innsbruck.

Aufbau und Verwendung

Der Plattenharnisch setzte sich aus massiven Eisenplatten zusammen, die bei qualitativ hochwertigen Rüstungen verstählt sein konnten, verbunden durch Geschübe und Gelenke aus einander überlappenden Lamellen. Der Harnisch hüllte den menschlichen Körper fast vollständig ein, gepolsterte Unterkleidung und Kettengeflecht trug man halbverborgen darunter, die massiven Platten wurden als äußerste Schicht offen zur Schau gestellt. »Die den menschlichen Körper nachformende Plastizität seiner Teile ist ebenso [… einem] neuen Realitätssinn zuzuschreiben wie die Bereitwilligkeit, Konstruktionsprinzipien und technische Details offenzulegen.« Der Plattenharnisch war von der Funktion her ein Exoskelett, das den Körper im Kampf stützte und vor Gewalteinwirkung schützte. Die einzelnen Teile wurden an der Unterkleidung angenestelt, die Einzelteile untereinander wurden, so sie verbunden waren, durch Nieten (Gleit- und Drehnieten) und Lederriemen zusammengehalten. Die Plattenteile stützten einander ab und boten bestmöglichen Schutz gegen Waffenwirkung. Die Wucht auftreffender Hiebe, Stiche und Stöße wurde von den Platten abgefangen und verteilt. Geschübe und Gelenke sorgten für ausreichende Bewegungsfreiheit, wobei das schwierigste Problem die Konstruktion der Harnischschultern war (die Schultern waren das letztentwickelte Puzzlestück des vollständigen Plattenharnischs), da im Kampf die Arme, durch Kugelgelenke in den Schultern verankert, viel Bewegungsfreiheit brauchten, die Schulterpartie gleichzeitig jedoch sehr exponiert und anfällig für Schadenswirkung war. Somit war der Umfang der Panzerung der Harnischschultern entscheidend für die Beweglichkeit des Kämpfers. Die eigentliche waffentechnische Innovation war jedoch die Außenwölbung des Brustteils des Harnischs. Sie sorgte einerseits für ein leichteres Abgleiten der Hiebe und Stöße, andererseits hatten schwere Treffer, Eindellungen und sogar Durchstöße manchmal keine Auswirkungen auf den Träger, da sie dessen Körper nicht erreichten, weil sich zwischen Panzerplatte und Brust ein Zwischenraum befand. Außerdem brauchte die Unterkleidung nur an den Stellen besonders gepolstert sein, an denen die Platten am Körper auflagen. Vom Verwendungszweck her gab es drei Arten von Plattenharnischen (die Teilung in diese drei Arten erfolgte erst im Laufe der zweiten Hälfte des 15. Jhs. und war besonders markant im 16. Jh.):

1. Kriegsharnische – bestmögliche Kombination von Schutzwert und Beweglichkeit. Kriegsharnische sind wiederum zu unterteilen in ritterliche Harnische (schwerere Panzerung, vor allem für den berittenen Lanzenkampf) und knechtische Harnische (leichtere Panzerung, bequemer zu tragen, vor allem für den Kampf zu Fuß).

2. Harnische für das Turnier – Spezialharnische für das sportliche »Tjosten« und den Turnierkampf zu Fuß. Bei beiden wurde besonderes Augenmerk auf den optimalen Schutz gelegt, was in der Regel zu Lasten der Beweglichkeit ging und in einem beträchtlich höheren Gesamtgewicht (bis zu 70 kg) resultierte. Es war nicht unüblich, dass Kriegsharnische mit zusätzlichen Platten verstärkt wurden, um für das Turnier geeignet zu sein.

3. Pracht- bzw. Prunkharnische – besonders aufwendig gefertigt und verziert. Für Paraden, Darstellungen auf Gemälden und dergleichen, aber genauso auch für den Kampf verwendbar.

Unmittelbar auf den Schutzwert der Rüstung und die Behinderung wirkte sich die Stärke der Platten aus: Sinnvollerweise waren die Platten an exponierten Stellen dicker, während weniger exponierte Stellen dünner gehalten wurden. Beispielsweise konnte ein Brustharnisch in der Mitte mehrere Mil-

limeter stark sein, zu den Rändern hin nahm die Stärke dann kontinuierlich auf minimal ein bis zwei Millimeter ab. Auf diese Weise konnte hoher Schutz bei gleichzeitig geringem Gewicht erreicht werden. Kriegsharnische des späten 15. Jhs. für einen Träger durchschnittlicher Größe wogen im Durchschnitt, inklusive Kettengeflecht, nur knapp 25 kg, wobei das Gewicht auf den Körper verteilt war, die Hauptlast jedoch auf den Schultern lag. Passte der Plattenharnisch wie angegossen, war die Beweglichkeit erstaunlich hoch. Vor allem Träger aus dem Adel und dem reichen Bürgertum konnten sich solche vollständigen Harnische leisten, bei denen nichts klemmte oder sich verhakte. Bei weniger vermögenden Kämpfern, Soldknechten usw. konnten für eine hohe Beweglichkeit passende Einzelteile entsprechend kombiniert werden. Zwar gab es noch keine Standardisierung im modernen Sinne, dennoch war es in der Regel problemlos möglich, bei Bedarf mit etwas Nachbearbeitung durch einen Schmied oder durch eigene Hand, nicht zusammengehörige Harnischteile kombiniert zu tragen. Zusätzlich zur Behinderung durch das Gewicht und zur Bewegungseinschränkung durch die starren Platten kam noch die thermische Belastung hinzu. In der Sonne heizten sich die Metallplatten auf, in der darunter getragenen gepolsterten Unterkleidung speicherte sich die Hitze, womit der Träger in einem isolierten Backofen eingeschlossen war. Hinzu kam noch die durch die körperliche Aktivität entstehende Muskelwärme, was die Einsatzfähigkeit und vor allem Einsatzdauer im Kampf der Schwergepanzerten erheblich einschränkte. Ein länger dauerndes ununterbrochenes Kämpfen in Schlachten war absolut ausgeschlossen, was ein Mitgrund für eine Schlachtordnung in mehreren Treffen war. Berittene Schwergepanzerte hatten den Vorteil, daß ihr Pferd sie über das Schlachtfeld transportierte, während schwergepanzerte Fußtruppen jegliche taktische Bewegung aus eigener Kraft und mit eigener Ausdauer durchführen mussten.

Zum Einsatz kamen unterschiedliche Harnische für Berittene und Fußkämpfer. Harnische für Fußtruppen unterschieden sich von Reiterharnischen in folgenden Aspekten: Schulterpanzerung – es war keine rechtsseitige Aussparung für das Einlegen der Lanze nötig, Brechränder mussten nicht so ausgeprägt sein bzw. waren ganz unnötig. Die Schulterpanzerung und Ellenbogenmäusel bzw. –kacheln konnten symmetrisch, auf beiden Seiten gleich stark ausgeprägt, sein, da es keine eindeutige »Feindseite« wie beim Lanzenangriff gab. Rüsthaken am Brustpanzer waren sinnlos. Die Bauchreifen waren eher zu Tonnenröcken (vor allem bei entsprechenden Turnierharnischen) ausgebildet, so dass der Becken- und Gesäßbereich, der beim Reiter durch den Sattel gedeckt wurde, rundum geschützt war. Zur Erhöhung der Beweglichkeit konnten vom Fußkämpfer kleinere Schulterpanzer verwandt und/oder Teile der Panzerung, wie Beinpanzerung, Armpanzerung und Panzer(hand)schuhe weggelassen oder nur zum Teil getragen werden.

Insgesamt war der Plattenharnisch das beste Einmannschutzsystem für den Einsatz im Kampf, vor allen in Schlachten. Im chaotischen und wilden Schlachtengetümmel, mit Hieben, Stößen und eventuell sogar Beschuß von mehreren Seiten, bot er den Schutz, den der Träger sich von ihm erwarten konnte bzw. für den dieser konzipiert war. Selbstverständlich hatte er auch (die angesprochenen) Schwächen, kein Vorteil ohne Nachteil, doch diese konnten durch entsprechende Verwendung zumindest zum Teil kompensiert werden.

Der erheblich gestiegene Bedarf an Harnischen im 15. Jh. hatte seine Ursachen nicht nur in den zahlenmäßig immer stärker anwachsenden Heeren, sondern auch in der gesteigerten Wirkung der Angriffswaffen, vor allem der Fernwaffen. Und die, gemäß den mittelalterlichen, rüstungstechnischen Denkprinzipien, entsprechende Antwort darauf war die intensive und verbreitete Verwendung von Plattenharnischen bzw. zumindest Teilen davon.   MD

Das Schwert aus der Sicht
des Schmiedes – über Mythen
und archaische Technologie

Man hört ja so einiges über die angeblichen Eigenschaften alter Klingenwaffen. Insbesondere bei den Schwertern, deren Faszination sich viele bis heute nicht entziehen können, stößt man auf die wildesten Geschichten und Berichte.

Was ist aber nun wirklich dran? Kann ein Schwert Stein oder Eisen schneiden? War es scharf oder stumpf, spröde oder weich, elastisch oder steif? Was bringt das »Falten«? Im Folgenden möchte ich den Versuch unternehmen, diese Zusammenhänge einmal aus einer anderen Perspektive, nämlich aus der Sicht des Schmiedes, zu beleuchten.

Stahlherstellung

Selbstverständlich ist die Güte des verwendeten Stahls mitverantwortlich für die Qualität der fertigen Klinge. Um verstehen zu können, was für

Stähle bei den Waffen unserer Vorfahren zum Einsatz kamen, muss man sich mit der Stahlherstellung auseinandersetzen.

Während heute das »Roheisen« in großen Mengen in flüssiger Form im Hochofen erschmolzen und danach aufwendig zu Stahl weiterverarbeitet wird, kamen vor Beginn der Neuzeit hauptsächlich sog. Rennfeuerverfahren zum Einsatz, bei denen Stahl in meist kleinen, einfachen Öfen aus Lehm und Ziegeln direkt, ohne Umweg über die Schmelze, in schmiedbarer Form gewonnen werden konnte. Dieses Material ist allerdings recht stark mit Schlacke und Holzkohleresten verunreinigt. Auch ist der Kohlenstoff, das für die spätere Härtung wichtigste Element, nicht gleichmäßig im Rohstahl, der sog. Luppe, verteilt (Abb. 23).

Das Material musste also zunächst gereinigt und homogenisiert werden. Es wurde deshalb in kleinere Stücke zerbrochen, optisch auf Verunreinigungen und Homogenität untersucht und sortiert. Erst danach begann der eigentliche Schmiede- oder besser »Raffinier- (= Reinigungs-)Vorgang«.

Die Bruchstücke wurden dazu zu Paketen zusammengefasst, im Feuer auf etwa 1200° C erhitzt und mit vorsichtigen Hammerschlägen miteinander verschweißt. Da die von den Verunreinigungen gebildeten Schlacken einen niedrigeren Schmelzpunkt haben als der Grundwerkstoff Stahl, können sie größtenteils in flüssiger Form aus dem Paket herausgetrieben werden. Wiederholt man diesen Vorgang durch Ausrecken, Einspalten, Falten und erneutes Verschweißen des Stahlklotzes, lassen

ABB. 23:

Luppe aus einer modernen
Rennfeuerverhüttung hergestellt
von Konrad Stoll. Das Material
ist in diesem Zustand noch sehr
inhomogen und mit Luftblasen
und Holzkohleeinschlüssen
durchsetzt.

sich so durchaus mit unseren heutigen Stählen vergleichbare Reinheitsgrade erzielen, vor allem in Bezug auf stahlschädliche Elemente wie Phosphor und Schwefel. Meine eigenen Untersuchungen an einer frühmittelalterlichen Spathaklinge zeigten sogar Anteile von Phosphor und Schwefel, die um das zehnfache niedriger lagen als bei den normalen, modernen Qualitäten. Auch bei vielen anderen Untersuchungen dieser Art, die bereits an alten Klingen vorgenommen wurden, fallen solche hohen Reinheitsgrade auf. Technisch betrachtet ist das auch wenig verwunderlich. Niemals können mehrere Tonnen Stahl auf einen Schlag innerhalb weniger Minuten, wie es heutzutage aus Gründen der Wirtschaftlichkeit üblich ist, derartig »gereinigt« werden, wie es der Schmied im Schweiße seines Angesichts und einem Arbeitsaufwand von etwa zehn Stunden für eine kleine Menge Material bewerkstelligen konnte. Allerdings: Heute können diese Prozesse viel genauer gesteuert und überwacht werden. Durch Zuschlagstoffe und sauberes Abziehen der Schlacke von der Schmelze können Schlackeneinschlüsse auf ein Minimum reduziert werden, weshalb letztlich die modernen Stähle ihre »primitiveren« Vorläufer durchaus in ihrer Leistung in einigen Teilbereichen übertreffen können. Der Arbeitsaufwand des Raffinierens und die zur Erzeugung eines homogenen Stahls nötige Erfahrung sind nicht zu unterschätzen. Sicherlich stand man den Ergebnissen, die in den Augen des Laien geradezu an ein Wunder gegrenzt haben dürften, mit dem gehörigen Respekt gegenüber, wie es sich noch heute bei den Werken der hervorragenden japanischen Schwertschmiede beobachten lässt.

Schmieden

Das eigentliche Schmieden einer Schwertklinge ist also ein Vorgang, welcher ein bereits durch Schmieden vorbereitetes, sauberes und homogenes Ausgangsmaterial voraussetzt. Ein großes Problem sind dabei die notwendigen, nicht zu unterschätzenden Dimensionen eines solchen Rohstahlstückes. Das beim Schmieden und speziell beim Raffiniervorgang mehrfach dem Feuer und der Umgebungsluft ausgesetzte Material übersteht nämlich diese langwierigen Vorgänge nicht gänzlich unbeeinflusst. Die Einwirkung des Sauerstoffes aus der Luft sorgt in Verbindung mit den erforderlichen, hohen Temperaturen für einen relativ hohen Materialverlust in Form von so genanntem »Schmiedezunder«, einer Eisenoxidschicht, welche bei der Bearbeitung immer wieder vom Werkstück abplatzt

und somit verloren ist. Man rechnet bei solchen Arbeiten mit bis zu 60 % Materialverlust! Hinzu kommen außerdem noch weitere Verluste bei der Nacharbeit durch Feilen und Schleifen. Um also eine Schwertklinge mit einem Gewicht von etwa 800 g im Fertigzustand herzustellen, mussten 2 bis 2,5 kg Rohmaterial verarbeitet werden.

Derart große Stahlstücke sind mit dem Handhammer allein nicht mehr sinnvoll zu bearbeiten. Es mussten also entweder mehrere Helfer mit schweren Vorschlaghämmern oder, sofern verfügbar, mechanische Hammerwerke mit Wasser- oder Windkraftantrieb zum Einsatz kommen. Den Ablauf des eigentlichen Schmiedevorganges darf man sich so vorstellen:

- Ausschmieden eines Stahlstückes mit den erforderlichen Dimensionen.
- Ggf. Einlegen eines »Kernes« aus weicherem, billigerem Material.
- Ausschmieden zu einem länglichen Rohling, welcher kürzer und dicker als die fertige Klinge ist.
- Feinschmieden: Ggf. leichtes Vorschmieden einer Hohlkehlung, Ausschmieden der Schneiden.
- Optische Kontrolle und »richten« (Geradebiegen) der rohen Schwertklinge.

Berücksichtigen muss der Schmied außerdem einen gewissen Verlust an Kohlenstoff, welcher ebenfalls durch die Einwirkung von Wärme und Luftsauerstoff zustande kommt. Soll eine hochwertige Klinge entstehen, muss also schon die Qualität des Rohstahles aus dem Rennofen möglichst genau eingeschätzt werden. Selbst beim Einsatz mechanischer Hämmer oder mehrerer Helfer benötigt ein erfahrener Schmied für den gesamten Vorgang, ausgehend von einem bereits homogenisiertem Stück Rohstahl, zwischen fünf und 15 Arbeitsstunden – je nach Dimension und Aufbau der Klinge. Damit ist aber zunächst nur die Vorarbeit geleistet. Der Rohling ist nach wie vor zu dick, zu schwer, stumpf, uneben und natürlich auch zu weich.

Nachbearbeitung

Um die Spuren des Schmiedens zu beseitigen und der Schwertklinge nahezu ihre endgültige Gestalt zu geben, musste also ausgiebig nachgearbeitet werden. Hierzu standen im Wesentlichen die folgenden einfachen, aber wirksamen Werkzeuge zur Verfügung:

- Feilen

- Schabemesser aus gehärtetem Stahl (für Europa allerdings leider bisher nicht eindeutig nachgewiesen)
- Grobe Schleifsteine unterschiedlichster Art

Zunächst muß die Klingenkontur, also der äußere Umriss der Klinge und der Angel, »zugerichtet« werden. Hierfür bieten sich große, grobe Feilen an. Feilen wurden, wie auch die Klingen, nur aus dem besten Stahl hergestellt (nur dieser kann den hohen Belastungen beim Feilen lange genug standhalten) und waren sehr wahrscheinlich entsprechend teuer. Auch zum Entfernen des Schmiedezunders und zum Glätten der Schneidenflächen kamen sie zum Einsatz. Spezielle Schaber, ebenfalls hergestellt aus gehärtetem Raffinierstahl, könnten ebenfalls zur Anwendung gekommen sein. Sie sind einfacher herzustellen als Feilen, nicht weniger effektiv und gerade für das Versäubern von Hohlkehlungen sehr gut geeignet. Zum Glätten letzter Unebenheiten und zum Anlegen einer gleichmäßigen Geometrie standen grobe Schleifsteine, wohl meist aus Sandstein, in Form von Blocksteinen für den Handgebrauch als auch in Form von runden, drehbar gelagerten Schleifscheiben zur Verfügung. Damit die Klinge die anschließende Härtung gut überstehen konnte, ließ der Schmied an den Schneiden allerdings noch etwas Material stehen.

ABB. 24:
Winzige, blasenartige Schlacken-einschlüsse (schwarz) bei einem modernen, weitgehend entkohltem Raffinierstahl mit etwa 3 Millionen Lagen.

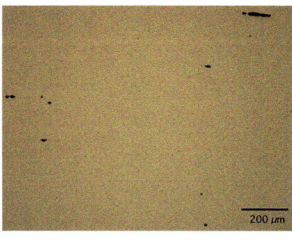

ABB. 25:
Auch moderne Stähle zeigen üblicherweise Einschlüsse. Hier ein C 60 Kohlenstoffstahl im Lieferzustand (ungeätzter Schliff). Die längliche Form der Einschlüsse weist auf die Bearbeitung des Rohmateriales im Walzwerk hin.

Schmiedefehler

Beim Schmieden und Raffinieren des Rohmaterials können sich sehr leicht Fehler einschleichen. Diese Arbeit ist auch unter Zuhilfenahme mechanischer Hämmer sehr anstrengend und verlangt vom Schmied ein hohes Maß an Erfahrung und Aufmerksamkeit. Beim Raffinieren auf dem traditionellen Weg werden sich Schlackeneinschlüsse und Bindefehler niemals ganz vermeiden lassen. Mit dem Mikroskop sind solche Fehlstellen sehr leicht nachzuweisen. Glücklicherweise ist die Auswirkung solcher Mängel auf die Qualität einer Klinge nicht sehr groß, solange sich Anzahl und Größe in gewissen Grenzen bewegen (Abb. 24, 25).

Im Gegenteil: Winzige, nur wenige Mikrometer große Schlackeneinschlüsse im Bereich der fein ausgeschliffenen Schneide führen zu einer Art natürlichen, mikroskopischen Schartigkeit, welche sich durchaus positiv auf die Schneidleistung im Zugschnitt auswirken kann. Ebenso können kleine Bindefehler zu einer erhöhten Bruchresistenz führen, da sich die bei Belastung auftretenden Kräfte entlang dieser Fehlstellen ausbreiten und sich dabei »aufbrauchen«. Dieser Zusammenhang konnte be-

reits mehrfach in Laborversuchen nachgewiesen werden. Die Auswirkungen beider Effekte dürfen allerdings auch nicht überbewertet werden. Sehr reine, moderne Stähle können durchaus höher belastbar sein und sorgen für nahezu mikroscharten-freie, »geschlossene« Schneiden, welche im feinen Druckschnitt kaum zu übertreffen sind. Was aber auch heute noch sehr saubere Arbeit voraussetzt. Zum größten Teil bestimmt immer der »Faktor Mensch«, welches Potential sich letztlich aus einem Werkstoff »herauskitzeln« lässt. Weder alte noch moderne Werkstoffe dürfen also als »Wundermittel« angesehen werden.

Härten

Weit wichtiger für die endgültige Qualität einer Klinge als der verwendete Stahl ist die Wärmebehandlung, zusammenfassend meist schlicht »Härtung« genannt.

Hierzu sind geradezu an Wunder grenzende Geschichten im Umlauf, und es scheint schwer verständlich, wie die Schmiede unserer Vorfahren überhaupt dazu in der Lage gewesen sein sollen, eine vernünftige Qualität zu erzeugen; verfügten sie doch über keine wissenschaftlichen Methoden zur Untersuchung der Vorgänge im Stahl, wie sie heute so selbstverständlich sind.

Um diese Zusammenhänge zu verstehen, ist es zunächst einmal von großer Bedeutung zu wissen, dass früher naturgemäß fast ausschließlich reine Kohlenstoffstähle, also ohne Zusätze von z. B. Chrom oder ähnlichen »Stahlveredlern« zum Einsatz kamen. Dieser Umstand macht die Stahlmetallurgie alter Klingen glücklicherweise deutlich überschaubarer. Es bedeutet nämlich, dass die alten Schmiede zwangsläufig weniger Fehler machen konnten. Während moderne, legierte Stähle oft sehr aufwendige Härteverfahren und ein sehr genaues Einhalten von Zeiten und Temperaturen schon bei der Bearbeitung erfordern, sind reine Kohlenstoffstähle, zumindest für den erfahrenen Schmied, wesentlich »gutmütiger« in der Handhabung. Speziell das Feuerschweißen stellt eine deutlich geringe Herausforderung dar. Nicht ohne Grund beginnen auch moderne, wissenschaftliche Abhandlungen über die Stahlmetallurgie mit den reinen Eisen-Kohlenstofflegierungen. Auch heute noch ist der Kohlenstoff das mit Abstand wichtigste Legierungselement im Stahl. Dieser ist nämlich verantwortlich dafür, dass sich Stahl überhaupt durch Abschrecken härten lässt, indem er das Kristallgitter des Stahles physikalisch »verspannt«. Diese Spannungen auf molekularer Ebene äußern sich dann makroskopisch in Form einer deutlich gesteigerten Härte.

Kohlenstoff ist ein natürlicher »Stahlbegleiter«. Er wurde und wird in großer Menge als Brennstoff und Reduktionsmittel bereits bei der Stahlgewinnung benötigt und reichert sich, je nach Verfahren, unterschiedlich stark im Eisen an. Bei im Rennfeuer erzeugtem Rohmaterial schwankt der Kohlenstoffgehalt etwa zwischen 0 und 2 %. Bei modernem Hochofenroheisen, welches in flüssiger Form direkten Kontakt mit dem Brennstoff hat, beträgt der Gehalt bis zu 5 %. Sinnvoll zu Schmieden und zu Härten sind lediglich homogene Qualitäten mit zwischen 0,4 und 1,5 % Kohlenstoffgehalt. Die hohe Kunst der Schmiede bestand also in erster Linie darin, einen Stahl mit homogen verteiltem und entsprechend der geplanten Anwendung angepasstem Kohlenstoffgehalt zu erzeugen. Hierfür standen den »Alten« keinerlei moderne Hilfsmittel, wie etwa Mikroskope oder chemische Analyseverfahren zur Verfügung. Somit scheint es zunächst unmöglich, eine auch nur halbwegs brauchbare Stahlqualität erzeugen zu können.

Tatsächlich sind aber alle notwendigen Parameter mit den damals vorhandenen Mitteln und vor allem mit den dem Menschen gegeben Sinnen, eine gewisse Beobachtungsgabe vorausgesetzt, zu erfassen. Zusätzlich konnte auch der Schmied im Mittelalter einfache, aber aufschlussreiche Tests mit seinem Material durchführen (Abb. 26–28):

◆ **Biegeproben:** Ist das Material zäh, elastisch oder weich?
◆ **Bruchtest:** Wie sieht die Bruchfläche aus, erscheint sie rauh, strähnig oder feinkörnig, hell oder dunkel?
◆ **Feilproben:** Ist es hart oder weich, enthält es Einschlüsse oder ist es homogen?
◆ **Schmiedeproben:** Wie lässt es sich schmieden, neigt es zum Bröckeln oder Reißen?
◆ **Härteproben:** Wie groß ist die Neigung zum Reißen, härtet es gleichmäßig, wie muss nachbehandelt werden?

Spezielle Härteverfahren

Über den genauen Ablauf der Wärmebehandlung einer Schwertklinge schweigen sich die historischen Quellen bis heute beharrlich aus. Es gibt allerdings einige recht interessante Hinweise. So etwa die bekannte Sage von Wieland dem Schmied, der Stahlspäne an seine Gänse verfütterte, um daraus sein sagenhaftes Schwert »Mimung« zu schaffen.

ABB. 26:
Feuerschweißen eines Klingenkörpers mit dem Handhammer. Das durch flüssiges »Schweißpulver« geschützte Material verbrennt an der Luft kaum und bildet trotz hohen Kohlenstoffgehaltes um 1 % kaum »Sternchen«.

ABB. 27:
Ein leicht überhitzter, ungenügend geschützter Stahl mit ca. 0,75 % C verbrennt beim Schmieden an der Luft unter Bildung eines Funkenregens mit vielen kleinen »Sternchen«, auch »Kohlenstoffexplosionen« genannt.

ABB. 28:
Ein hier absichtlich überhitzter, ungeschützter Baustahl (St 37 mit nur etwa 0,2 % C) verbrennt beim Schmieden an der Luft in lebhaftem Funkenregen mit jedoch nur wenigen »Kohlenstoffexplosionen«.

Natürlich klingen solche Andeutungen zunächst einmal völlig absurd. Wie es jedoch häufig bei alten Geschichten der Fall ist, beinhalten sie aber tatsächlich, bei genauerer Betrachtung gewisse Wahrheiten. Wie man heute weiß, wirkt auch der in Exkrementen in großer Menge enthaltene Stickstoff in Verbindung mit Eisen ganz ähnlich wie Kohlenstoff. Er wirkt sich außerdem günstig auf die Korrosionsbeständigkeit aus. So wurden bereits Versuche unternommen, Eisen mit Hilfe von Gänsekot in härtbaren Stahl zu »verwandeln«. Und wie die moderne Metallurgie bereits in Aussicht stellte, waren diese Versuche tatsächlich erfolgreich. Noch heute wird dieses Verfahren in industriellem Maß-

ABB. 29:
*Polierte Lanzenspitze mit
Härtelinie: Frühmittelalterliche
Lanzenspitze ohne Fundort,
poliert nach der japanischen
Methode. Selbst diese relativ
einfache und frühe Klinge zeigt
eine deutliche »Härtelinie«,
die durch die spezielle Poliermethode sichtbar gemacht werden
konnte. Solche Teilhärtungen
ergeben sich beim Härten im
Schmiedefeuer meist von selbst
und auch ohne die Anwendung
von isolierenden Lehmüberzügen.*

stab unter der Bezeichnung Nitrieren durchgeführt. Allerdings hat man die armen Gänse schon lange aus ihrem unfreiwilligen Dienst entlassen und verwendet stattdessen gasdichte Öfen, worin die Werkstücke einige Stunden z. B. in einer Ammoniakathmosphäre (auch Ammoniak ist eine Stickstoffverbindung) geglüht werden. Kein modernes Kraftfahrzeug würde ohne solche »archaischen« Verfahren sehr weit kommen …

Ein Problem bleibt dabei allerdings: So leicht man den Stickstoff in den Stahl einbringen kann, so leicht verflüchtigt er sich auch wieder. Schon wenige »Hitzen« im Schmiedefeuer würden dafür sorgen, dass fast kein Stickstoff mehr im Material übrig bleibt, der für eine merkbare Veränderung der mechanischen Eigenschaften sorgen könnte. Stickstoffhaltige Stähle sind zwar sehr hart, aber auch relativ spröde. In Bezug auf die Wielandsage bleibt also übrig, dass nur ein »Aufsticken« der bereits fertigen Klinge, etwa durch längeres Glühen derselben in Gänsekot, als sinnvolles Verfahren in Frage kommt. Das Ergebnis dürften sehr harte und schlecht zu schleifende, aber leider auch relativ empfindliche Schneiden gewesen sein. Dennoch führt diese Anekdote deutlich vor Augen, welch große Bemühungen auf der Suche nach der optimalen Leistung von unseren Vorfahren bereits vor mehr als 1000 Jahren unternommen worden sind.

Ferner finden sich Hinweise auf die Schneidleistungen alter Klingen: Da werden in Flüssen treibende Filzhüte oder Vogelfedern durchtrennt oder gar ganze Steine oder Ambosse gespalten. Hier muss man natürlich ebenfalls ein gewisses Maß an Dichtung abziehen. So ist z. B. das Zerteilen von in Wasserläufen treibenden Gegenständen physikalisch selbst mit der schärfsten Schneide fast unmöglich, die zur Verfügung stehenden Kräfte sind einfach zu gering. Ambosse oder Felsbrocken sind schlicht zu massiv, keine noch kampftaugliche Klinge würde einen solchen Versuch unbeschadet überstehen.

Allerdings ist es durchaus möglich, mit einer gehärteten, in Bezug auf die Geometrie etwas gröber angeschliffenen Klinge, Eisenteile wie etwa Nägel zu durchtrennen, ohne dass die Schneide Schaden nimmt. Diese einfache Technik zur Qualitätskontrolle hat sich bis heute gehalten und erfreut sich unter der Bezeichnung »Nageltest« bei einigen Messerschmieden großer Beliebtheit, zeigt sie doch sehr eindrucksvoll die Qualität der Wärmebehandlung einer Klinge auf. Man darf nur nicht vergessen, dass der Schmied erst anschließend den endgültigen, feineren Schliffwinkel anbringt und die fertige Klinge in der Regel nicht mehr in der Lage

sein wird, den Test gänzlich unbeschadet zu überstehen. Außerdem wird er normalerweise nicht als »Hieb« ausgeführt (wobei sogar dies mitunter möglich ist), vielmehr wird die Klinge auf den Nagel gesetzt und mit leichten Schlägen auf den Klingenrücken hindurchgetrieben. Wer nun glaubt, dies sei nur dank unserer modernen Werkstoffe und computergenauer Wärmebehandlung möglich, ist auf dem Holzweg. Diese Tests finden gerade bei handgeschmiedeten Klingen, meist aus einfachen Kohlenstoffstählen, in traditionsbewusst arbeitenden Schmieden Anwendung, die nicht über teure Prüfeinrichtungen oder Härteöfen verfügen.

Für einen Kämpfer, also einen Anwender eines Schwertes im Mittelalter, bedeutete das schlicht: Wenn er in der Lage sein möchte, z. B. den Helm oder das Kettenhemd seines Gegners mit einem Schwerthieb zu durchdringen, wie es auf Abbildungen aus dem Hochmittelalter sehr häufig dargestellt ist, wird er sein Schwert ganz einfach mit etwas größeren Schneidenwinkeln versehen lassen. Rechnet er hingegen eher mit ungerüsteten Gegnern, wird er ein Schwert mit einer möglichst feinen Schneide bevorzugen. Ich bin überzeugt davon, dass auch unsere Vorfahren bereits in der Lage waren, diese einfachen Zusammenhänge zu erkennen und praktisch umzusetzen.

Nachbehandlung und Gebrauchshärte

Üblicherweise werden frisch gehärtete Werkstücke nie »so, wie sie sind« eingesetzt, da gerade höher C-haltige Stähle in diesem Zustand schlicht zu spröde wären. Nach dem Härten muss also eine weitere Wärmebehandlung, das sogenannte »Anlassen« erfolgen. Dies ist eine erneute, leichte Erwärmung des gehärteten Bauteiles, welche, je nach Höhe der einwirkenden Temperatur, die Härte zwar wieder etwas senkt, die Zähigkeit und Elastizität dagegen stark erhöht. Die danach erreichte, endgültige Härte bezeichnet man als »Gebrauchshärte«. Die Bezeichnung »Anlassen« bezieht sich dabei auf hauchdünne, lichtdurchlässige Oxidschichten, die sich bei der Erwärmung des blanken Stahles an der Luft auf dessen Oberfläche bilden. Das Werkstück »läuft an«. Je nach Höhe der einwirkenden Temperatur treten also unterschiedliche Farben auf, welche sich von hellem Gelb über Braun bis hin zu dunklem Blau und später auf ein wieder helleres Grau erstrecken. Über diesen natürlichen Vorgang erhält der Schmied wichtige Informationen über die Temperatur. Ohne eine solche Nachbehandlung wären feine, leistungsfähige Schwertklingen unmöglich herzustellen gewesen. Leider ist es noch immer sehr schwer nachvollziehbar, wie unsere Vorfahren, etwa zu Hans Talhoffers Zeiten, dabei im Einzelnen vorgegangen sind. Eine auch im fernen Japan genutzte Möglichkeit ist das Anlassen mit Restwärme. Dabei wird die glühende Schwertklinge so lange im Abschreckbad gehalten, bis sie eine bestimmte Temperatur (etwa 200 bis 400° C) erreicht hat und dann sofort wieder entnommen. Die in der Klinge verbliebene Restwärme erledigt das Anlassen dann von selbst, bis sie gänzlich auf Zimmertemperatur abgekühlt ist. Dieses Verfahren erfordert ein Höchstmaß an Erfahrung und Aufmerksamkeit und kommt deshalb auch in Japan nicht oft zum Einsatz.

Auch das Erwärmen der Klinge auf im Feuer auf Rotglut erhitzten, starken Metallblöcken ist zum gleichmäßigen Einbringen der Wärme sehr hilfreich und wird von vielen traditionell arbeitenden Schmieden, vor allem in Nordeuropa, genutzt. Als Anzeiger für das Erreichen der erforderlichen Temperatur dienen auch dabei die Anlassfarben. Bereits im Hoch- und Spätmittelalter kann außerdem die Verwendung von Öfen nicht ausgeschlossen werden. Es genügen hier sehr einfache Modelle, wie sie auch zum Backen von Brot seit jeher Verwendung fanden. Die Temperatur im Ofen konnte z. B. mittels eines blanken Stahlstückes ebenfalls über die Anlassfarben recht genau kontrolliert werden (Abb. 29).

Erreichbare Härtewerte

Bereits zu Beginn des 20. Jhs. wurde eines der ersten Verfahren zur labormäßigen wissenschaftlichen Bestimmung der Härte von Stahlwerkstoffen entwickelt. Dabei diente und dient auch heute noch ein Diamantkegel als Prüfkörper, welcher mit einer bestimmten Kraft in das Werkstück gepresst wird. Aus der Tiefe des Abdruckes ergeben sich die Härtewerte, die mit der Abkürzung »HRC« (engl.: H = *hardness*, R = Rockwell [nach dem Namen des Erfinders], C = *cone* [der Diamant ist kegelförmig geschliffen] als Einheit versehen werden. Es handelt sich dabei um reine Vergleichswerte, die sich also nicht unmittelbar im mathematischen Sinne weiter verarbeiten lassen. Welche Härtewerte sind nun bei einer Schwertklinge sinnvoll, welche waren mit den alten Werkstoffen bereits erreichbar? Diese Fragen lassen sich nur beantworten, wenn zuvor Näheres über die Stahlzusammensetzungen bekannt ist. Glücklicherweise ist mittlerweile, wie bereits erwähnt, als gesichert anzunehmen, dass in Europa ausschließlich reine Eisen-Kohlenstoffverbindungen eingesetzt worden sind. Unter genormten Laborbedingungen durchgeführte Versuchsreihen an

solchen Stählen mit unterschiedlichem Kohlenstoffgehalt wurden bereits ebenfalls zu Beginn des 20. Jhs. durchgeführt und akribisch dokumentiert. Die dabei in Tabellenform zusammengefassten Werte und Erfahrungen dienen noch heute als Maßstab.

Es scheint somit also recht einfach, klare Aussagen über die Härten alter Klingenwerkstoffe machen zu können. Alles, was man dafür benötigt, ist eine möglichst genaue Bestimmung des Kohlenstoffgehaltes. Leider ist aber eben dies selbst mit modernsten Mitteln mit großen, messtechnischen Schwierigkeiten verbunden. Dennoch wurden solche Untersuchungen an alten und auch jüngeren Klingen immer wieder vorgenommen. Wir gehen der Einfachheit halber im Folgenden davon aus, dass die ermittelten Werte zuverlässig sind. Warum man sich diese Vereinfachung durchaus leisten kann, wird sich ebenfalls noch zeigen. Die an historischen Klingen gemessenen Werte des C–Gehalts an leistungsrelevanten Bereichen, also den Schneiden, bewegen sich zwischen 0,45 und 1,1 %. Was lässt sich nun daraus ableiten? Wir bedienen uns eines modernen Nachschlagewerkes, in welchem die Werkstoffeigenschaften tabellarisch dargestellt sind: Dem »Stahlschlüssel«. Ihm ist zu entnehmen, dass z. B. einem modernen Stahl mit 0,45 % (C 45) Kohlenstoff eine Härteannahme von ca. 58 HRC zuzuordnen ist. Ein höher kohlenstoffhaltiger Stahl, etwa mit 1,1 % hingegen (C 105 W1) wird mit 65 HRC angegeben. Entsprechend groß ist die Bandbreite der Stähle, die im C-Gehalt dazwischen liegen (Abb. 30).

Nun ist es aber von sehr großer Bedeutung, die Bezugsgrößen für diese Laborwerte zu kennen.

ABB. 30:

Stuttgarter Psalter: Bewusstes Zerstören der Härtung einer Schwertklinge beim Grabritual. Während »einfachere« Waffen schlicht verbrannt oder zerbrochen werden, wird hier nur die Härtung des Schwertes durch Wärmeeinwirkung zerstört. Um den Griff scheint ein, wahrscheinlich feuchtes, Tuch gewunden zu sein, um den Griff vor dem Verbrennen zu bewahren. Ein sehr früher und wichtiger Beleg dafür, dass unsere Vorfahren über die Auswirkungen unterschiedlicher Wärmebehandlungen Bescheid wussten.

*Randentkohlung: Schliffbild
des Randbereiches eines geschmiedeten, modernen Stahles mit
0,6 % Kohlenstoff. Der heller
erscheinende Rand zeigt einen
deutlichen Kohlenstoffverlust
durch Wärme- und Sauerstoff-
einwirkung an. Während dieser
Bereich nach dem Feinschmieden
einer Schwertklinge wieder
abgefeilt oder geschliffen wird,
kann er sich bei feinen Klingen,
die z. B. längere Zeit in einem
Scheiterhaufen bei der Leichen-
verbrennung gelegen haben,
durchaus durch den gesamten
Querschnitt erstrecken und heute
den Eindruck erwecken,
die Klinge wäre aus reinem Eisen
hergestellt worden.*

Diese Härtewerte werden nämlich an genormten, relativ starken Querschnitten (1 Zoll, also ungefähr 25 mm Vierkant) ermittelt, da dies ganz einfach den Abmessungen für moderne Anwendungen am nahesten kommt. Verwendet man stattdessen weit feinere Querschnitte, etwa die für Klingen üblichen 4 bis max. 8 mm, so fallen die Härtewerte erheblich höher aus. Das liegt daran, dass zum einen keine »Restwärme« aus dem Kern der Abschreckwirkung am Rande entgegenwirkt und zum zweiten schlicht daran, dass natürlich auch insgesamt eine deutlich geringere Wärmemenge vom Abschreckmedium abgeführt werden muß. Naturgemäß kommt dieser Effekt gerade an den vor dem Härten nur 0,5 bis 2 mm starken Schneiden noch stärker zum Tragen.

So konnte ich selbst bei einem Stahl mit nur 0,45 % C und immerhin 6 mm Stärke gänzlich ohne moderne »Tricks«, nur mit Hilfe des Schmiedefeuers, Härteannahmen von 64 HRC problemlos erreichen.

Zwar lässt sich das nicht bis ins Unendliche steigern, da die erreichbare Höchsthärte bei einfachen C–Stählen physikalisch bedingt die 67 HRC Grenze nicht deutlich überschreiten kann. Allenfalls können feine Karbidausscheidungen, die bei Stählen mit C–Gehalten über etwa 0,8 % naturgemäß immer vorkommen, die Verschleißfestigkeit und damit auch die Schnitthaltigkeit steigern, was allerdings mit einer etwas erhöhten Sprödigkeit (Schockempfindlichkeit) »erkauft« werden muss. Diese ließ sich wiederum durch entsprechende Gegenmaßnahmen wie etwa eingeschweißte, weichere Kerne oder Teilhärtungen nachweislich gut in den Griff bekommen.

Alles in allem heißt das: Schon sehr frühe Stahlklingen, etwa die der Kelten, mit nur geringem Kohlenstoffgehalt, konnten durchaus »taugliche« Gebrauchseigenschaften aufgewiesen haben. Gebrauchshärtewerte im 60 HRC Bereich, die noch heute als »hoch« gelten, waren bereits mit den einfachsten Werkstoffen und Werkzeugen problemlos zu erreichen. Es wäre im Gegenteil sogar eher schwierig gewesen, hohe Härteannahmen bewusst zu verhindern!

Dass sich solch hohe Härten nun allerdings bei den meisten Originalen leider nicht mehr eindeutig nachweisen lassen, hat viele Gründe. Einer der wichtigsten, gerade bei frühen Klingen, ist die bekannte Tatsache, daß diese beim Bestattungsritual sehr häufig ganz bewusst auch durch Hitzeeinwirkung, etwa bei Feuerbestattungen, »entseelt«, also unbrauchbar gemacht wurden. Diese Einwirkung des Feuers zerstört die »Härtung« des Materials, so dass sich metallographisch häufig nur noch »Weichglühgefüge« nachweisen lassen. Auch der ursprüngliche Kohlenstoffgehalt kann durch die sauerstoffreichen Verbrennungsgase bis hin zum reinen Eisen verringert werden (Abb. 31). Die Untersuchungen sind meist nicht zerstörungsfrei, Originalklingen aus Talhoffers Zeiten relativ selten und entsprechend wertvoll. Museumsbrände und unsachgemäße Restaurierungsarbeiten tun ein Übriges. Soll also ein Original auf dessen Härte hin untersucht werden, so ist es unumgänglich, metallographische Untersuchungen vorangehen zu lassen und diese auch fachmännisch zu interpretieren. Auf diesem Gebiet kompetente Fachleute sind sehr dünn gesät und stehen meist nicht zur Verfügung. In den allermeisten Fällen werden die Ergebnisse aus unserer Erfahrung und auch auf Grund messtechnischer Schwierigkeiten unbefriedigend oder zumindest nicht repräsentativ ausfallen. Solche Untersuchungen berühren generell den Grenzbereich der Möglichkeiten der derzeit zur Verfügung stehenden wissenschaftlichen Analysemethoden.

Teilhärtungen

Wie bereits erwähnt, konnten auch nach Art der berühmten japanischen Schwerter ausgeführte Teilhärtungen schon an frühmittelalterlichen Klingen eindeutig nachgewiesen werden. Es ist unwahrscheinlich, dass diese Techniken im Lauf der Jahrhunderte wieder verloren gingen. Warum? Ganz einfach: Entgegen der weit verbreiteten Meinung sind dazu weder Lehmüberzüge noch besondere Verfahren beim Härten selbst notwendig. Auch hier helfen die Natur bzw. die Physik und die Geometrie: Wird eine vorgearbeitete Klinge zum Härten im Schmiedefeuer erhitzt, werden erfahrungsgemäß die gegenüber dem Klingenkörper weit feineren Schneidenbereiche immer etwas wärmer werden und schneller die nötige Temperatur erreichen, als dickere Stellen, etwa in der Klingenmitte oder am Rücken. Es ist sogar so, dass sich diese Vorgänge, solange nur mit Hilfe des offenen Feuers gearbeitet wird, fast nicht vermeiden lassen. Es kann allerdings nicht ausgeschlossen werden, dass zu Hans Talhoffers Zeiten bereits eigens entwickelte Härteöfen zur gleichmäßigen Wärmebehandlung von Schwertklingen zum Einsatz kamen. Das Vorherrschen von reinen Raffinierstahlklingen und einige schriftliche und bildliche Erwähnungen sehr hoher Elastizität legen dies nahe. Teilgehärtete Klingen neigen dazu, sich ab einem gewissen Biegungsgrad bleibend zu verformen. Durch genaue Verfahrenssteuerung, wie sie schon von einfachen Ofenkonstruktionen ermöglicht wird, kann dies weitgehend verhindert werden, ohne dass die Bruchgefahr der fertigen Klinge erheblich ansteigt. Ferner fällt dabei auch der Härteverzug wesentlich geringer aus, so dass auch das anschließende Richten deutlich weniger riskant wird.

Welche Vorteile hat das?

Erstens können so, wie bereits erwähnt, auch relativ schockempfindliche (spröde) Stähle, etwa solche mit hohem C–Gehalt (> 0,8%), für Schwertklingen Verwendung finden, die dafür eigentlich zu spröde wären, jedoch ein höheres Leistungspotential zur Verfügung stellen.

Zweitens wird durch die differentielle Härtung das »Richten« des Härteverzuges (siehe nächstes Kapitel) entscheidend erleichtert: Während bei einer »durchgehärteten« Klinge die Bruchgefahr beim Richten relativ groß ist, kann dieses Problem bei teilgehärteten Klingen so gut wie ausgeschlossen werden. Schließlich und endlich wird ein kompletter Klingenbruch beinahe unmöglich. Eine solche Klinge würde sich in der Hitze des Gefechts vielleicht verbiegen oder Schneidenausbrüche davon tragen, aber nur schwerlich ganz durchbrechen (Abb. 32).

Härtefehler

Allgemein muss zum Thema Härten noch gesagt werden, dass sich diese Prozesse, vor allem auf dem traditionellen Weg, nie hundertprozentig beherrschen lassen. Selbst beim Einsatz moderner computergesteuerter Öfen kommt immer ein gewisser Prozentsatz an Ausschuss vor. Inwieweit sich Härtefehler vermeiden lassen, hängt in erster Linie von der Erfahrung des Härters und der Planung/Vorbereitung des Vorganges ab. Noch heute sind Vorversuche bei Serienteilen unverzichtbar, um eine kon-

tinuierliche Qualität zu gewährleisten. Selbst gute, japanische Schmiede haben ebenfalls mit diesem Problem zu kämpfen und produzieren nach eigenen Angaben bis zu 40% Ausschuss. Was letztlich den Preis und die Wertschätzung für eine gute, fehlerfreie Klinge deutlich in die Höhe treibt.

Wie kommt es zu solchen Fehlern? Das Härten, insbesondere der Abschreckvorgang, setzt das Material großem »Stress« aus. Durch Wärmeausdehnung und Gefügeumwandlungsvorgänge können enorme Spannungen entstehen. Diese führen leicht zu »Verzug« (die Klinge verbiegt sich) oder sogar zu Härterissen. Härteverzug lässt sich meist, ebenfalls mit viel Erfahrung, nach dem Härten wieder richten. Zeigen sich dagegen Risse, ist das Werkstück unrettbar verloren. Bedenkt man den hohen Arbeitsaufwand ist es nicht verwunderlich, dass teilweise auch die erhaltenen Originale aus allen Zeiten solche Fehler, die meist mit bloßem Auge zu erkennen sind, aufweisen. Es scheint, als wären offensichtlich fehlerhafte Klingen hin und wieder entgegen besseren Wissens in den Einsatz gelangt oder zumindest verkauft worden. Allerdings ist dies eher als Ausnahme zu betrachten. Von vielen hundert Originalen, die ich mir bereits ansehen konnte, zeigen nur wenige massive Mängel. Risse kommen sehr selten vor, ein leichter, tolerierbarer Verzug ist wesentlich häufiger anzutreffen. Allerdings kann auch eine äußerlich gut erscheinende Klinge im mikroskopischen Bereich Fehlstellen aufweisen, die im harten Einsatz schlimmstenfalls zum Bruch führen können. Tatsächlich sind auf einigen Abbildungen größerer Schlachten gebrochene Schwertklingen dargestellt und auch schriftlich finden solche »Missgeschicke« hin und wieder Erwähnung. Der überwiegende Teil fehlerhafter Klingen aber wird sehr wahrscheinlich bereits beim Versuch, den fast immer auftretenden Härteverzug zu richten, gebrochen und damit unbrauchbar geworden sein.

ABB. 32:
Ohne Lehmschicht teilgehärtete Küchenmesserklinge: Großes Küchenmesser von Arno Eckhardt Durch leichtes Ätzen wurde die »natürliche« Härtelinie sichtbar gemacht. Diese Teilhärtung kam nicht durch besondere Techniken oder Lehmüberzüge zustande, sondern ergab sich ganz einfach aus der Geometrie und der Wärmebehandlung im offenen Schmiedefeuer. Die Lage und Breite so erzeugter Härtelinien lässt sich allein über die Geometrie und ein erfahrenes Auge steuern.

ABB. 33:
Grober Raffinierstahl: Eine
originale Dolchklinge aus dem
13. Jh., geschliffen und nach
der japanischen Methode
poliert von Dr. Stefan Mäder.
Sie zeigt eine recht grobe,
nicht absichtlich erzeugte und
inhomogene Raffinierstahl-
struktur. Bei solchen einfachen,
kurzen und auf den Stich
ausgelegten Klingen wurde
meist auf aufwändigere,
homogenere Materialqualitäten
verzichtet.

Endschliff und Politur

Wie schon beim Schmieden der Klingen entsteht auch beim Härten an der zuvor blank gefeilten und geschliffenen Klinge ein feiner, grauschwarzer Überzug von Metalloxiden. Darunter liegen grobe, gut sichtbare Bearbeitungsriefen von Feile und Schleifstein. Die Klinge ist außerdem noch stumpf und muss ihre endgültige Schärfe erst noch erhalten. Hierfür war meist nicht mehr der Schmied selbst zuständig. Es gab schon früh spezialisierte Handwerker, die so genannten »Schwertfeger«, denen man diese sehr aufwändigen Arbeiten überließ. Diese verfügten nicht nur über das notwendige, handwerkliche Geschick, sondern auch über das Wissen, welche Schleifmittel geeignet sind, wo diese zu finden und wie sie zum Gebrauch aufzubereiten sind.

Höchst interessant in diesem Zusammenhang sind die Arbeiten des Archäologen Dr. Stefan Mäder. Als »Kendoka«, also in einer modernen, asiatischen Schwertkampfkunst bewanderter Archäologe, lag für ihn der Gedanke nahe, die noch heute traditionell ausgeführten, japanischen Poliermethoden zu nutzen, um europäische Klingen näher beurteilen zu können. Er brachte deshalb mehrere europäische Bodenfunde nach Japan, um sie vor Ort von einem anerkannten Schwertfegermeister, Takushi Sasaki, von Rost befreien und polieren zu lassen. Die in seiner Dissertation zusammengefassten Ergebnisse sind nicht nur sehr aufschlussreich, sondern auch im rein ästhetischen Sinne äußerst spektakulär. Herr Sasaki selbst war nicht wenig überrascht von den Ergebnissen seiner Arbeit, zeigten sie doch eine Materialqualität auf, die den Vergleich mit den auf höchstem, handwerklichen Niveau ausgeführten japanischen Schwertern des 13. Jhs. in keiner Weise zu scheuen brauchten. Und das, obwohl sie weder aus einem Fürstengrab stammten, noch derart »jung« waren, wie er es von den höchst anspruchsvoll gestalteten Artefakten des japanischen 13. Jhs. gewohnt war (Abb. 33).

Die japanische Poliermethode dient nämlich nicht allein dem Zweck, eine Klinge optisch ansprechender zu gestalten. Vielmehr erlaubt sie »metallographische« Einblicke in das Material mit bloßem Auge, welche sonst nur mit Hilfe des Mikroskops möglich wären. Zwar ist es unwahrscheinlich, dass europäische Klingen in ihrer Entstehungszeit ebenfalls gezielt derart poliert wurden, dass solche Einblicke mit bloßem Auge möglich waren (was auch in Japan in der derzeitigen Ausprägung eine relativ junge Kunst ist). Doch Dr. Mäder konnte im Zuge seiner Arbeiten einige sehr interessante Details auch in Bezug auf das europäische »Schwertfegerhandwerk« darstellen, die weit über ein simples »Polieren« im modernen Sinne hinaus gehen. Gerade raffinierte Stähle zeigen nämlich, auch bei nicht bewusst auf das Hervorheben der Stahlstruktur ausgerichteten Handpolierverfahren, selbst kleine Einschlüsse und Fehlstellen sehr deutlich auf. Da Herr Mäder einen hohen technischen Standard auch des europäischen Schwertfegerhandwerkes erstmalig anschaulich und schlüssig belegen konnte, ist letztlich davon auszugehen, dass auch in Europa eine einfache, optische Qualitätskontrolle seitens des »Kunden« durch die Politur durchaus zuverlässig ermöglicht werden konnte.

Klingenaufbau

Nicht nur im fernen Japan, sondern auch hier in Europa kommen häufig Klingen vor, die nicht aus einem Stück Raffinierstahl ausgeschmiedet wurden, sondern bei welchen mehrere unterschiedliche Raffinierstähle zum Einsatz kamen. Besonders häufig ist ein »weicher« Kern zu finden, welcher komplett von »hartem« Schneidenmaterial umschlossen wird.

In der Literatur liest man dazu meistens, dass diese Technik dazu diente, die Bruchgefahr zu senken. Wie bereits angedeutet trägt diese Methode tatsächlich dazu bei, die Klinge bruchsicherer zu machen. Der wichtigere Aspekt dabei ist allerdings, ebenfalls analog zu den japanischen Schwertern, die Zeit-, Material- und Arbeitsersparnis, die damit einhergeht. Es fällt auf, dass solche »Kerne« in aller Regel eine weit gröbere Textur und wesentlich mehr grobe Einschlüsse aufweisen, als der Schneidenstahl. Untersuchungen an Klingenfragmenten und neuerdings auch mit Hilfe der modernen, zerstörungsfreien Computertomographie erstellte Aufnahmen bestätigen dies. Es wurde dabei also nicht so sauber gearbeitet. Da ein eingeschweißter Kern durchaus eine gewisse Materialmenge repräsentiert, konnte so also einiges an Arbeit und Material eingespart werden. Dass die Klinge dabei an Bruchsicherheit gewinnt, ist aus der Sicht des Schmiedes nur ein positiver Nebeneffekt. Während solche Techniken im frühen Mittelalter anscheinend sehr verbreitet waren, werden sie bis zum Ende dieser Epoche immer seltener, soweit sich dies aus den bisher leider noch nicht allzu umfangreichen Untersuchungen ableiten lässt. Parallel dazu werden die Stahlgewinnungs- und Verarbeitungsverfahren immer besser kontrollierbar und produktiver, das Material also auch billiger. So sind spätmittelalterliche Klingen häufig tatsächlich, soweit untersucht, nur aus einer Sorte raffinierten Stahles hergestellt worden. Archäologen sprechen dabei oft, nicht ganz zutreffend, von der »damastfreien Phase«, die richtiger als »Raffinierstahlphase« bezeichnet werden müsste (Abb. 34).

ABB. 34:
Im 3D-Röntgen-Computertomografen der Fachhochschule Aalen kann der innere Aufbau von Schwertern zerstörungsfrei untersucht werden.

Schneidengeometrie und Klingenquerschnitt

Ein sehr wichtiges, leider aber weit unterschätztes Thema ist die Geometrie von Schwertklingen. Folgende Vorurteile hört man dazu häufig:

◆ Schwerter waren nur etwa »meißelscharf« geschliffen
◆ Es ist nicht möglich, mit einem großen Winkel eine Schneide »rasiermesserscharf« zu bekommen
◆ Schwerter waren oft ganz stumpf
◆ Das alte Material ließ oft keine überragende Schärfe zu
◆ Fein ausgeschliffene Klingen bekommen doch leichter Scharten, oder?

Es ist hier sehr wichtig, sich die erhaltenen Originale einmal näher zu betrachten. Beginnen wir im Frühen Mittelalter: Hier war die »Spatha«, ein meist breites, einhändiges Schwert, das in Europa am weitesten verbreitete Werkzeug. Die leider meist stark korrodierten Bodenfunde zeigen eine deutliche Tendenz in Richtung recht feiner Schneidenwinkel. Bei besser erhalten Funden kann man manchmal die Geometrie recht genau nachvollziehen. Meist sind gerade diese, oft unschmeichelhaft als »wüste Prügel« und »reine Hiebwaffen« bezeichneten Schwerter sehr leicht und fein ausgeschliffen gewesen. Schneidenwinkel von etwa 30° sind keine Seltenheit. Zum Vergleich: Messer aus modernen rostfreien Stählen werden »ab Werk« mit Winkeln von ca. 40 bis 50° versehen, um dem relativ spröden Material ausreichend »Stütze« für den späteren Ein-

satz zu geben. Schleift der Messerliebhaber noch ein wenig nach, so ist es ohne weiteres möglich, sich auch damit die Haare sauber vom Unterarm zu rasieren. Die Schärfe einer Klinge ist also nicht vom Schliffwinkel abhängig, sondern von der Breite der verbleibenden, mikroskopisch feinen Kante. Elektronenmikroskopische Vermessungen von Rasierklingen haben gezeigt, wo in etwa der Bereich der relativen Schärfe liegen kann. In Zahlen ausgedrückt erstreckt sich dieser Bereich zwischen etwa 0,5 und 4 Mikrometer, also tausendstel Millimeter.

Im Hochmittelalter ändern sich die Gefäß- und Klingentypen zunehmend in eine ganze Fülle der unterschiedlichsten Formen. Die Klingengeometrien hingegen bleiben auffallend nahe an den früheren Vorbildern. Hauptsächlich hat das technische Gründe: Auch im hohen Mittelalter überwiegen einhändig zu führende Waffen. Um diese führig und leicht genug zu halten ist es unumgänglich, relativ feine Klingen zu verwenden. Natürlich versehen mit entsprechend feinen Winkeln bis etwa 40°.

Die Aussage, Schwerter seien ganz stumpf gewesen, sollte sowohl für Schmiede als auch für Kampfsportler nur schwer nachvollziehbar sein. Wieso sollte man sich die Arbeit machen, durch den hohen Aufwand des Raffinierens hochreine und homogene Stähle herzustellen, nur um eine Art »Keule mit Griff« herzustellen? Selbst bronzezeitliche Schwerter wurden nach dem Guß bekanntlich mehr oder weniger aufwendig nachbehandelt, um die Schneidenhärte zu steigern. Dies belegen sowohl ältere Untersuchungen aus den 1960er Jahren als auch einige in jüngerer Zeit vorgenommene

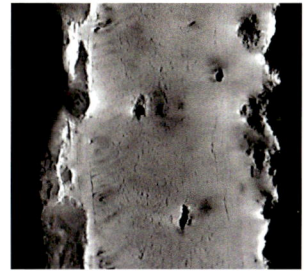

ABB. 35:
Computertomografischer Schnitt durch die Mittellage und die Schneidleisten der Spatha aus Grab 21 von Hemmingen (um 500 n. Chr.). Die Mittellage zeigt deutlich mehr Einschlüsse als die sorgfältig raffinierten Schneidleisten rechts und links im Bild.

Forschungen. Selbst die Legierungen wurden auffallend häufig genau auf möglichst günstige Härte-/Zähigkeitsverhältnisse eingestellt (die bei 14 % Zinnanteil erreicht sind) und oft sogar mit Arsen zur Erhöhung der Härte legiert. Es scheint abwegig anzunehmen, dass man bei Stahlschwertern, bei welchen materialbedingt ein noch wesentlich höheres Potential an Härte, Elastizität, Schärfe und Verschleißfestigkeit machbar ist, auf diese vorzüglichen Eigenschaften verzichtet haben sollte. Bereits für die frühe Eisenzeit sind erste Abschreckhärtungen an Klingen aus Stahl metallographisch nachgewiesen worden. Ferner sei angemerkt, dass eine Schwertklinge aus reinem, ungehärteten Eisen (nicht mehr nach HRC zu erfassen, die Werte würden sich im negativen Bereich bewegen) einer Bronzeklinge mit gehämmerter Schneide (bis zu 50 HRC!) in der Leistung weit unterlegen wäre (Abb. 35).

Aber begeben wir uns wieder in die Zeit Hans Talhoffers. Als Argument für zumindest teilweise stumpfe Klingen wird oft angeführt, dass bereits volle Plattenrüstungen getragen wurden, die selbst mit der schärfsten Klinge nicht so ohne weiteres zu durchdringen sind. Das ist soweit auch logisch und richtig. Allerdings rücken auch hier einige Originale diese These in ein ganz anderes Licht: So konnte ich mir im Kunsthistorischen Museum Wien drei sehr seltene »Rüstkampfschwerter« näher ansehen, die sehr gut erhalten sind. Diese weisen Klingen auf, deren Querschnitt sich einem Vierkant nähert, also nur noch leicht rautenförmig geschmiedet und geschliffen ist. Sie haben außerdem eine »Fehlschärfe«, also einen gänzlich stumpfen Bereich, etwa im ersten Drittel der Klinge sowie direkt hinter der Parierstange, welcher zweifellos für das Greifen des Blattes bei »Halbschwerttechniken« gedacht ist. Die Schneiden selbst aber sind noch immer, obwohl wahrscheinlich in jüngerer Zeit einmal die Klingen wenig fachgerecht überschliffen wurden (was in aller Regel zu einem Abstumpfen der Schneiden führt), beinahe scharf und laufen sauber »auf null« aus. Pragmatisch betrachtet ist dies auch leicht nachvollziehbar: Sticht oder schneidet man in die schwachen Stellen einer Rüstung, so sind auch hier immer noch Kettenringe sowie mehrere Lagen Textilien und Polsterung zu durchdringen. Natürlich geht das mit einer scharfen Klinge wesentlich besser, als mit einer ganz stumpfen. Und wozu sollte man wohl eine Fehlschärfe mitten in der Klinge vorsehen, wenn selbige ohnehin stumpf, also gefahrlos »greifbar« wäre? (Abb. 36).

Man darf allerdings auch nicht den Fehler machen und solche Beispiele als allgemeingültig annehmen. Vielmehr muss man sich die Frage stellen, ob man im jeweiligen Einzelfall von Ausnahmen, oder aber vom Regelfall auszugehen hat. Es ist durchaus schriftlich überliefert, dass, gerade im Gerichtskampf, mitunter stumpfe bzw. nur teilweise geschärfte Klingen verwendet wurden, um das Verletzungsrisiko auf ein »gerade notwendiges« Maß zu reduzieren. Schließlich ging es längst nicht immer um Leben und Tod. Allerdings fehlen hierzu noch immer aussagekräftige Originalklingen.

Daß das »alte« Material eine hohe Schärfe nicht zulässt, ist selbst dann schlicht falsch, wenn man eine minderwertige Materialqualität annimmt. Es ist ohne weiteres möglich, sogar ein Stück weiches, reines Eisen auf die Schärfe eines Rasiermessers zu bringen. Nur würde diese Schärfe bereits nach dem ersten Schnitt zunichte sein. Die hohe Reinheit und Homogenität der alten Klingenwerkstoffe, die sich an vielen Originalen schon mit bloßem Auge feststellen lässt, stellt jedoch auch in diesem Zusammenhang sehr gute bis hervorragende Leistungspotentiale zur Verfügung.

Die »Schartenfrage«

An kaum einer Frage scheiden sich die Geister mehr, als an dieser. Deshalb möchte ich das Thema nur möglichst knapp, aber präzise behandeln:

1. Zwei scharfe Klingen, die mit ihren Schneiden in einem Kampf aufeinander treffen, werden tiefe Scharten oder Schneidenausbrüche davon tragen. Die Funktion beider Klingen ist damit stark

ABB. 36:
Rekonstruktion des Klingenaufbaues und der Stahlstruktur aus den gewonnenen Bilddaten.

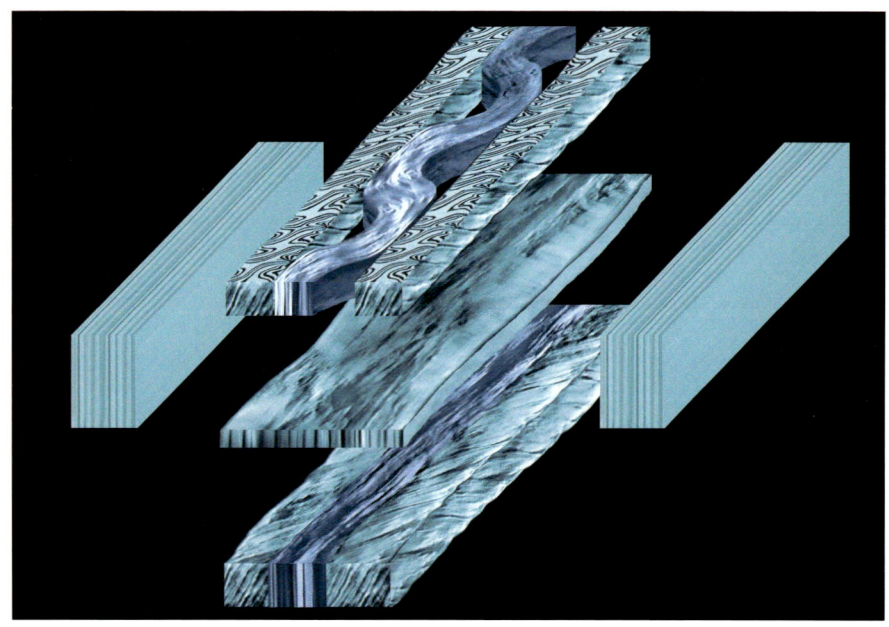

beeinträchtigt, die Bruchgefahr im Folgenden sehr hoch.

2. Diese Aussage ist kaum abhängig von Material, Härte oder Geometrie der Klingen, solange wir von gebrauchstauglichen, scharfen Schwertern sprechen.

Es ist nicht besonders schwierig und steht auch nicht im Widerspruch zu den erhaltenen Überlieferungen, solche Schneidenkontakte auch in einem Kampf auf Leben und Tod zu vermeiden. Alles, was man dafür benötigt, sind folgende Dinge:

◆ Einen guten Lehrer
◆ Eine bzw. mehrere vernünftige Trainingswaffen
◆ Eine gute Übungspartnerin, bzw. Übungspartner, am besten eine Fechtgruppe
◆ Eine aufgeschlossene Einstellung sowie den Mut, die eigene Voreingenommenheit zu überwinden.

Mehr gibt es zu diesem Thema nicht zu sagen.

Abschließend bleibt mir zu hoffen, dass ich mit meinem kleinen Beitrag etwas mehr Licht ins Dunkel vergangener Zeiten bringen konnte.

Ich bin mir sicher, dass sich das zur Herstellung einer guten Klinge notwendige technische Wissen und Feingefühl auch in der Handhabung dieser Meisterwerke widerspiegelte und es somit unumgänglich für das Verständnis und die Ausführung der überlieferten Techniken ist, sich dessen bewusst zu werden.   AE

Mit Hieb und Stich – über die Handhabung von Schwertern

Eine edle Waffe

Von den mannigfaltigen Waffen, die auf den Schlachtfeldern der Menschheit zum Einsatz kamen, wurde keine gleichermaßen hoch geachtet wie das Schwert. Obwohl das Leben eines mittelalterlichen Kriegers eher vom Einsatz von Lanzen, Geschossen und Wuchtwaffen abhing, wurde das Schwert trotz seiner nur begrenzten militärischen Bedeutung zu einer geradezu mystischen Waffe, von der eine bis in unsere Tage andauernde Faszination ausgeht. Dies ist möglicherweise der Tatsache geschuldet, dass es sich um das erste Artefakt der Geschichte handelt, das allein dazu entwickelt worden ist, Menschen zu töten oder zu verstümmeln. Mehr als 5000 Jahre sind vergangen, seit die ersten Bronzeschwerter zu eben diesem Zweck geschärft

wurden. Alle anderen vorgeschichtlichen Waffen wie Speere, Äxte sowie Pfeil und Bogen konnten stets auch als Werkzeuge oder Jagdwaffen eingesetzt werden. Das Schwert taugt allein zum Kämpfen und ist aus eben diesem Grund schon immer auch ein Machtsymbol gewesen. Umso verständlicher, wenn man sich vergegenwärtigt, dass es seit jeher hochspezialisierter Fachkräfte bedurfte, um ein gutes Schwert zu erschaffen. Dadurch und wegen der kostbaren Rohmaterialien war es auch immer die teuerste aller Waffen. Tatsächlich war das Tragen von Schwertern in manchen Kulturen nur einer erlauchten Kriegerelite vorbehalten.

Während es in Japan eine ungebrochene Tradition der Schwertherstellung und -kampfkünste gibt, entbehrt Europa jeglichen Bewusstseins für die großartigen Leistungen seiner mittelalterlichen Schwerthersteller, von den historischen Kampfkünsten ganz zu schweigen. Dabei muss man weder in Bezug auf das eine noch das andere den Vergleich mit Asien scheuen.

1999 initiierte Dr. Stefan Mäder in Zusammenarbeit mit dem Archäologischen Landesmuseum in Stuttgart ein überaus interessantes Projekt: Zwei alamannische Saxe und eine Schwertklinge wurden in Japan von Meisterschwertfeger Takushi Sasaki mittels des traditionellen Katana-no-Kantei-Systems untersucht. Es handelt sich hierbei um eine jahrhundertealte Form der Metallografie, die zur Bestimmung der Herkunft und Qualität mittelalterlicher japanischer Schwerter entwickelt wurde. Mit großer Behutsamkeit wurde auf diese Weise der überaus feine Schichtenaufbau der verschickten europäischen Klingen wieder erkennbar gemacht. Anschließend wurde eine der Saxklingen dem Meisterschwertschmied Akitsugu Amada zur Begutachtung vorgelegt. Dieser wollte kaum glauben, dass die Waffe nicht einem Fürsten, sondern einem einfachen Krieger ins Grab gelegt worden war.

Für den Schwertkenner ist dies freilich keine große Überraschung, da er immerhin eine wenigstens ungefähre Vorstellung von der hohen Fachkenntnis hat, die z. B. für die Herstellung eines damaszierten Wikingerschwertes nötig ist. Nach Jahren des unermüdlichen Experimentierens und zahllosen Fehlschlägen kann nur eine sehr überschaubare Zahl heutiger westlicher Schwertschmiede von sich behaupten, der Meisterschaft ihrer Vorfahren nahezukommen. So manches Geheimnis alter Waffenschmiedekunst ist dennoch leider unwiederbringlich verloren.

Doch wodurch zeichnete sich ein gutes Schwert aus? Über welche Eigenschaften musste es verfügen? Was konnte es tatsächlich leisten? Die Krieger der Wikingerzeit oder des Mittelalters hatten gewiss eine ganz genaue Erwartungshaltung an ein Schwert: Es sollte eine stabile Klinge haben, einerseits geschmeidig genug, um unter hoher Belastung nicht zu brechen, andererseits jedoch steif genug für einen harten Stich. Weiterhin sollte es über schnitthaltige Schneiden und einen scharfen Ort verfügen, der vielleicht sogar leichtere Kettenpanzer durchstoßen konnte. Auch von Länge, Gewicht und Ausgewogenheit hatte der mittelalterliche Kämpfer sicher eine klare Vorstellung. Schließlich würde es seine mit Abstand teuerste Waffe sein, selbst, wenn sie nicht mit Gold oder Silber verziert war; und eines Tages könnte sein Leben von ihrer Güte abhängen. Zweifelsohne konnten viele Waffenschmiede die hohen Erwartungen ihrer Kundschaft erfüllen, allerdings wäre es falsch anzunehmen, dass alle Schwerter Meisterstücke waren. Mit Sicherheit gab es einen Gutteil mittelmäßiger Klingen, die aus unzureichendem Rohmaterial oder von weniger kunstfertigen Schmieden hergestellt worden waren. So wissen die Sagas der Isländer aus dem 13. Jh. von einem Kämpfer zu berichten, der während eines Gefechts mehrfach dazu gezwungen war, seine Klinge unter dem Fuß wieder gerade zu biegen.

Als Qualitätsnachweis wurden häufig Schwertmarken mit dem Namen des Herstellers, wie Ulfberth oder Ingelrii, in die Klingen eingelegt. Wahrscheinlich sind solche Klingeneinlagen auch von anderen Waffenschmieden kopiert worden, um die eigenen Produkte attraktiver wirken zu lassen. Klingen aus dem Rheinland waren besonders begehrt und wurden in großer Stückzahl nach Skandinavien exportiert, wo heimische Handwerker sie entsprechend dem Geschmack ihrer Kundschaft mit Gefäßen versahen. Toledo in Andalusien und später Passau in Bayern waren ebenfalls als Produktionsstätten für herausragende Schwerter bekannt, was im Umkehrschluss aber bedeutet, dass es auch Klingen minderer Qualität gegeben haben muss.

Killerklinge oder Klingenkiller?

So hervorragend das Erzeugnis eines Schwertmachers auch sein mochte, es war immer nur so gut, wie der Mann, der es führte. Das Schwert war ein zweckoptimiertes Hightechprodukt, und sein Gebrauch setzte ein entsprechendes Training voraus. Durch unsachgemäße Handhabung konnte es relativ leicht beschädigt werden. Im norwegischen »Konungs Skuggja« (Königsspiegel) aus dem frühen 13. Jh. empfiehlt ein Veteran jungen Kriegern

sich täglich im Kampf mit Schwert und Schild zu üben, so wie weiterhin das Bogenschießen, Speerwerfen oder den Gebrauch der Schleuder regelmäßig zu trainieren. Empfehlungen zu ausreichender Wasseraufnahme während des Trainings und moralische Ermahnungen runden die Ratschläge des alten Kämpen ab. Bereits im späten 12. Jh. beschreibt Saxo Grammaticus die Ausbildung dänischer Krieger durch kampferprobte Veteranen. Durch Sport und Wettkämpfe hielten sich die Kämpfer fit, Mutproben dienten möglicherweise der psychischen Festigung in Stresssituationen. Die spätmittelalterlichen Fechtbücher sind von einer ähnlich ganzheitlichen Herangehensweise an die Kampfkunst geprägt, und so mag es nicht überraschen, dass »fechten« im mittelalterlichen Sinne eben nicht nur das Fechten mit Blankwaffen bezeichnete, sondern »kämpfen« im weitesten Sinne. Genau wie im englischen Verb »to fight«, das derselben etymologischen Wurzel entspringt.

Die Zahl derer, die die Kampfkünste unserer Vorfahren erforschen, nimmt in aller Welt stetig zu: Ernsthafte Reenactmentgruppen experimentieren mit Feldtaktiken; der Kampf Mann gegen Mann wird von Kampfkunstbegeisterten rekonstruiert, die sich auf eine nicht unbeträchtliche Zahl entsprechender mittelalterlicher Manuskripte stützen. Die akademische Auswertung der Quellen ist dabei nur der erste Schritt, gefolgt von der Rekonstruktion mittels praktischer Anwendung. Dass dem Sicherheitsgedanken bei jedem verantwortungsvollen Kampfkunsttraining höchste Priorität eingeräumt werden muss, versteht sich von selbst. Zu diesem Zweck wird bei den meisten Arten von Gefechtssimulationen, Waffendrills oder Sparring eine geeignete Schutzausrüstung getragen. Dazu kommen die entsprechenden Schwertsimulatoren, beispielsweise stumpfe Stahlrepliken historischer Vorbilder, stumpfe Aluschwerter, Polsterwaffen oder modifizierte Shinais, also die traditionellen schlag- und stoßabsorbierenden Bambusschwerter des japanischen Schwertkampftrainings, die sinnvollerweise häufig um eine Kreuzstange erweitert werden. Mittlerweile sind sogar historisch belegte europäische Langschwertübungsgeräte verfügbar, sogenannte Fechtfedern. Für die Mehrzahl der Grundübungen reicht aber allemal ein robustes Holzschwert. Leider liegt es in der Natur der Sache, dass jede Art von Simulator immer nur Teilaspekte eines echten Schwertes repräsentieren kann. Deshalb ist bei einer großen Zahl moderner Schwertkampfadepten das Klingenbewusstsein leider nur unzureichend ausgeprägt. Ein umfassenderes Wissen über die Leistungsfähigkeit und -grenzen des Schwertes wäre aber hilfreich, um den Standard moderner Schwertkampfkunst zu verbessern.

Es sollte mittlerweile unstrittig sein, dass, wenn man schnellstmöglich ein Schwert zerstören will, man nur den entsprechenden Anweisungen aus Hollywood folgen muss: Führe dein Schwert niemals in einer Scheide, sondern ramme es mit dem Ort voran in den Boden, nachdem du wie wild Schneide gegen Schneide nach feindlichen Schwertern gehackt hast, die Klinge in Betonpfeiler gehauen und Mittelklassewagen zu rustikalen Cabrios zersäbelt hast! Nicht zu vergessen: Betatsche die Klinge so oft wie möglich mit den Fingern!

Jeder, der eine gute Holzaxt sein eigen nennt, achtet sorgfältig darauf, das Blatt nie in den Boden zu hacken. Steine zerstören Schneiden. Warum also sollte man mit Schwertern anders verfahren? Zwei ausgemusterte Küchenmesser gleicher Härte mit den Schneiden ineinanderzuschlagen (Nicht zur Nachahmung empfohlen, und höchstens unter geeigneten Sicherheitsvorkehrungen und mit entsprechendem Gesichtsschutz auszuführen!), vermittelt einen ungefähren Eindruck davon, was eine vergleichbare Vorgehensweise bei zwei Schwertern anrichten würde: Je nach Schlagstärke verkeilen sich die Klingen bis zu einem Zentimeter und tiefer ineinander und können unter Umständen sogar brechen. Nun unterscheiden sich Messer von Schwertern unter anderem in Härte und Schneidengeometrie, doch die klingenzerstörende Wirkung von Schneide-gegen-Schneide-Aktionen dürfte außer Frage stehen. Das bedeutet allerdings nicht, dass derlei immer vermieden werden konnte: Es gibt etliche Funde schartiger Schwerter. Dr. Stefan Mäder konnte sogar an einer von ihm untersuchten spätantiken Klinge das tief in die Schneide eingedrungene Fragment einer gegnerischen Waffe entdecken. Doch dürfen wir mit Sicherheit davon ausgehen, dass der ausgebildete Schwertkämpfer effektiv zu fechten wusste, ohne seine Waffe fahrlässig zu zerstören. Bereits 2002 wies Gregory Mele anhand diverser ikonografischer und textlicher Quellen eben dies nach, wobei er betont: »Wann, warum und wie Fläche und Schneide einzusetzen sind, muss auf dem Verständnis der zugrundeliegenden Verteidigungsprinzipien und auf der Biomechanik beruhen, wie es sowohl ausdrücklich als auch unausgesprochen von den mittelalterlichen Meistern selbst gelehrt wurde.«

Ein weiterer ausgemachter Klingenkiller ist Korrosion. Obschon in den Augen des modernen Betrachters eine dezente Patina dem Schwert erst die rechte Würde verleiht, vergrößern die durch Rost entstandenen mikroskopisch kleinen Vertiefungen die Klingenoberfläche dramatisch und setzen somit stetig mehr Stahl der Gefahr fortschreitender Korrosion aus. Natürlich wird ein Schwert dadurch nicht so schnell beschädigt wie durch eine harte Schneidenparade, aber so wie jeder verantwortungsvolle Handwerker sein Werkzeug wartet und in Ordnung hält, darf man auch bei einem mittelalterlichen Schwertkämpfer eine sorgfältige Pflege seiner Waffe voraussetzen.

Einen guten Schnitt machen

Nach der Betrachtung der Belastungsgrenzen eines Schwertes stellt sich nun die Frage, welchen Schaden es einem Gegner in den Händen eines geübten Fechters tatsächlich zufügen konnte. Um Klingenbewusstsein zu entwickeln und um eine Vorstellung von der tödlichen Bedrohung zu bekommen, die ein mit einem scharfen Schwert bewaffneter Gegner darzustellen vermochte, sind Schnitttests ein gute Möglichkeit. Zu diesem Zweck habe ich entsprechende Experimente mit eigens hierfür angefertigten Schwertern durchgeführt. Ich möchte hierbei anmerken, dass eines der Schwerter nicht sachgemäß geschliffen worden ist. Durch übermäßige punktuelle Hitzeentwicklung in einigen Bereichen ist die eine Schneide zu hart, die andere zu weich geworden. Für die bisher durchgeführten Experimente, zu denen ich befreundete Fechter eingeladen hatte, war das aber eher ein Glücksfall, da die Auswirkungen unterschiedlicher Schneidenbeanspruchungen miteinander verglichen werden konnten. Während im japanischen Tamashegiri

ABB. 37:
Schnitttest mit einem europäischen Schwert an einer gewässerten Tatamirolle, dem traditionellen Testziel des japanischen Tamashegiri.

an stramm gerollten und gewässerten Reisstroh-matten, sogenannten Tatami, trainiert wird, ver-suchten wir unsere Schnitttechnik an von Schnüren hängenden, wassergefüllten Plastikflaschen unter Beweis zu stellen. Es zeigte sich sehr schnell, dass, obwohl die Schwerter sehr scharf waren, ein har-ter, kraftvoller Hieb allein nicht notwendiger-weise zum gewünschten Ergebnis führte. Manch-mal schwang die getroffene Flasche an ihrem Seil einfach zur Seite, und lediglich einige Tropfen ran-nen aus einem winzigen Einschnitt. Für den perfek-ten Schwerthieb ist es erforderlich, dass beide Schneiden sich auf exakt derselben Ebene auf das Ziel zubewegen. Im Moment des Auftreffens muss das Schwert kurvend zurückgezogen werden, wo-durch erst die Schnittbewegung zustande kommt, die es der Schneide ermöglicht, das Ziel sauber auf-zutrennen. Wenn man die maximale Hiebenergie auf das Ziel übertragen will, sollte man mit dem so-genannten Schwingungspunkt treffen. Dies ist die Stelle der Klinge, die nicht vibriert, wenn man auf die Klingenfläche schlägt, üblicherweise in etwa ein Viertel der Klingenlänge unterhalb des Ortes. Aller-dings können wir davon ausgehen, dass bereits die letzten Zentimeter ausreichen, um einem unge-schützten Hals eine lebensbedrohliche Verletzung zuzufügen.

Führt man nun auf die beschriebene Weise einen kurvenden Hieb aus, so spürt man beim Schnitt durch eine der hängenden Plastikflaschen nahezu

keinen Widerstand. Der abgetrennte Teil fällt herab und das Wasser stürzt eher nach unten als dass es wild versprizt werden würde. Tatsächlich ist deutlich weniger Kraft erforderlich als man meinen würde. Zudem empfiehlt es sich, die Energie aus dem Körper durch Hüft- und Schulterdrehung in den Hieb zu übertragen, anstatt einfach nur die Armmuskeln zu benutzen. Dies gewinnt an Rele-vanz, wenn man sich eine Kampfsituation vor Augen führt: Sollte ein Schwertkämpfer seinen Gegner verfehlt haben, oder hat dieser die Attacke abgewehrt, so muss die Endposition des eigenen Hiebes der Ausgangspunkt für eine erneute Attacke sein, ohne aber dabei mögliche Ziele für den Geg-ner zu entblößen (diese Anfangs- und Endpunkte wurden übrigens von den alten Fechtmeistern als sogenannte Huten systematisiert). Kontrolle ist dabei das ausschlaggebende Element. Schlägt man einfach nur hart aus den Armmuskeln, so läuft man Gefahr, den Hieb zu verreißen, wodurch sich füür den Gegner Angriffslinien auftun. Selbst wenn er dies einige Zeit berstehen sollte, so wird der Schwertfechter, der sich allein auf die Kraft seiner Arme verlässt, schnell ermüden und dadurch gänz-lich die Kontrolle verlieren. Möglicherweise endet einer seiner Hiebe auch noch in der Wade eines Kameraden, was ihn in seiner Einheit sicher nicht besonders populär machen dürfte. Körperenergie für den Schwerthieb zu nutzen ist in jeder Hinsicht das überlegene Prinzip. Der Hieb wird härter, dabei

ABB. 38 A UND B:
Ein linker Oberhau durchtrennt
eine wassergefüllte Plastikflasche.
Nur mit korrekter Hiebtechnik
lässt sich ein leichtes und frei
schwingend aufgehängtes Ziel
sauber durchschneiden.

gleichzeitig kontrollierter, und er erfordert geringeren Kraftaufwand (Abb. 37, 38 a, b).

Man mag im ersten Moment meinen, dass eine Plastikflasche sehr viel leichter zu durchschneiden ist, als Gliedmaßen oder gar der Hals eines geiferspeienden Berserkers. Nun, dem ist nicht so. Ein Ziel mit geringem Gewicht, dass zudem noch frei an einem Seil baumelt, kann Aufprallenergie in Bewegung umsetzen und einfach von der Klinge fortschwingen. Einem 90-Kilo-Berserker dürfte das schwerfallen, und so muss sein Körper die ganze Energie des Hiebes absorbieren – vorausgesetzt natürlich, dass man sorgfältig gezielt hat und das richtige Timing hatte. Ein ungepanzerter Gegner hat gegen einen schneidenden Schwerthieb tatsächlich keine Chance.

Natürlich haben Schnitttests wie alle Versuchsanordnungen ihre Schwächen und bleiben angreifbar. Wenn man die Aussagekraft eines solchen Experiments beurteilen will, muss man nicht nur z. B. die Schlaffheit toten Tiergewebes oder die geringere Größe der Knochen des Zieles berücksichtigen, sondern auch die Härtung des jeweiligen Schwertes und die Schneidengeometrie. Ein weiteres Problem ist die Simulation des korrekten Widerstands der Masse. Die Tatsache allerdings, dass es, wenn man die korrekte Technik beherrscht, keiner großen Anstrengung bedarf, den Kopf eines Rehbocks oder einen Schweinelauf abzuschlagen, spricht für sich selbst. Tatsächlich war die Eindringtiefe einiger unserer Hiebe in einen rohen Schweineschinken oder den Rücken eines aufgehängten Rehbockkadavers ziemlich gruselig. Wir probierten unterschiedliche Hiebe und Hiebkombinationen. Es sei an dieser Stelle gesagt, dass der Twer- oder Zwerchhau (ein mit hocherhobener Hand horizontal ausgeführter Hieb, bei dem der Daumen von unten die Klingenfläche stützt) nur dann effektiv ausgeführt werden kann, wenn man Hüfte und Oberkörper in dem Moment, da man das Ziel trifft, eindreht, wodurch man einerseits die Waffe zusätzlich beschleunigt, zum anderen durch die Zugbewegung der eigentliche Schnitt überhaupt erst ermöglicht wird. Ohne diese kleine Bewegung wird die Schweineschwarte nicht einmal angeritzt. Es zeigt sich also: Scharfe Schwerter schneiden nur, wenn sie korrekt eingesetzt werden. Es gibt dokumentierte moderne Fälle von Schwertattacken, die diese These untermauern. Der jüngste derartige Vorfall, der mir bekannt ist, ereignete sich 2004 in Bayern, wo ein offensichtlich geistig verwirrter junger Mann einen Waffenhändler mit einem scharfen Samuraischwert attackierte. Des weiteren gibt es einen Bericht über einen Vorfall, der sich im Zweiten Welt-

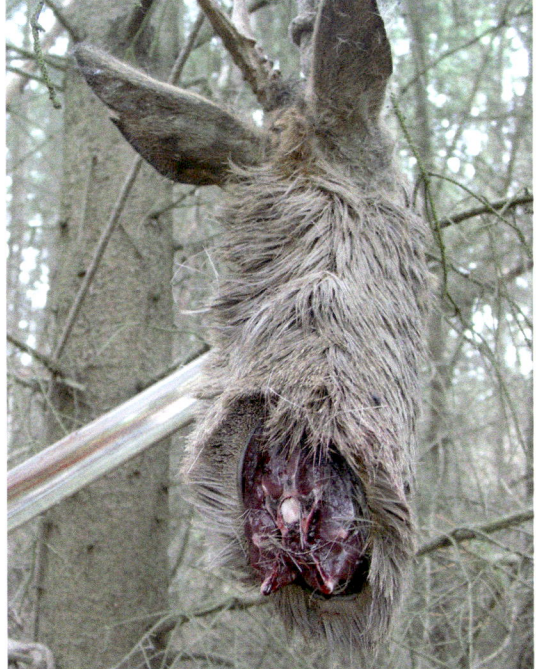

ABB. 39:
Mit einem kurvenden Hieb und Kraftübertragung aus der Hüfte wurde der Hals des am Gehörn aufgehängten Rehbockkadavers ohne spürbare Mühe durchtrennt.

ABB. 40:
Schwerthiebspuren am Vorderlauf eines Schweines nach Schnitttests an einem frei schwingenden Schinken vermitteln einen Eindruck von den fürchterlichen Verwundungen, die Blankwaffen verursachen können.

ABB. 41:
Ein mit Wucht ausgeführter Zornhau mit einer Spatha drang etwa 30 cm in einen Schinken ein.

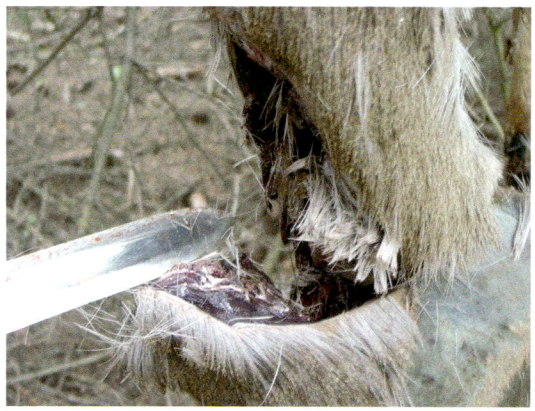

ABB. 42:
Ein Bild, das schaudern lässt:
Ein linker Oberhau drang auf
halber Höhe in den Rücken
des Kadavers ein, durchtrennte
die Wirbelsäule und legte
den Bauchraum frei.

krieg ereignet haben soll. Ein japanischer Soldat griff einen GI mit einem Schwert an, schaffte es aber nicht, diesen zu töten. In beiden Fällen gelang es den Opfern, die Hiebe mit den bloßen Armen abzuwehren. Zwar trugen sie schwere Hiebverletzungen davon, doch wurden die Arme nicht abgetrennt. Es scheint, dass die Angreifer ihre Schwerter eher wie Knüppel denn wie Klingen benutzten, indem sie auf ihre Opfer einhackten und nicht mit kurvenden Hieben schnitten (Abb. 39–42).

Stich ohne Gnade

So erschreckend die Wirkung eines Schwerthiebs auf ein ungepanzertes Ziel auch sein mag, so war es doch der Stich, den wir in gewisser Weise als noch erschütternder empfanden. Diejenigen Leser, die mit den Fechtbüchern, den mittelalterlichen Abhandlungen über Waffenkünste, vertraut sind, dürfte dies nicht allzu sehr überraschen. Tatsächlich empfiehlt bereits der Autor des ältesten be-

ABB. 43:
Ohne nennenswerten Druck-
widerstand fuhr die Klinge
beim Stich durch den
Brustkorb des Kadavers.

kannten Fechtbuches der Welt, dem wohl aus Süddeutschland stammenden sogenannten MS I.33 über das Fechten mit Schwert und Faustschild: »Daher der Rat, dass du ohne Gnade mit einem Stich eintreten mögest.« Das bevorzugte Ziel für den Stich ist im I.33 das Gesicht. Im Kampf Mann gegen Mann, waffenlos oder bewaffnet, sind Gesichtstreffer überaus effektiv. Nicht allein wegen ihres letalen Potenzials, sondern auch wegen der enormen psychologischen Wirkung. Selbst ein leichter Hieb ins Gesicht wird den Impetus eines Angreifers stoppen, und sei es nur für einen Sekundenbruchteil.

Körpertreffer haben nicht notwendigerweise denselben Effekt. In ihrem sehr erhellenden Artikel über Verwundungen durch Blankwaffen schildern die beiden Mediziner Richard Swinney und Scott Crawford den modernen Fall eines Betrunkenen, der sich erst sechs Stunden, nachdem er einen kompletten Durchstich seines Bauches mit einer knapp zwei Zentimeter breiten Schwertklinge erlitten hatte, in der Notaufnahme meldete. Die Wunde hatte kaum geblutet.

Wann immer ein Schwertkämpfer einen Stich ausführt, sollte er Kraft aus der Hüftbewegung in den Angriff übertragen. Dennoch war es bemerkenswert, mit welcher Leichtigkeit die Klinge eines Wikingerschwertes jedes unserer Testziele durchdrang, selbst, wenn wir nur die Armmuskeln für den Stich eingesetzt hatten. Wir probierten Oberstiche (Stiche von oben nach unten) und Unterstiche (Stiche von unten), und insbesondere im Fall des von einem Seil hängenden Rehbockkadavers spürte man kaum einen nennenswerten Stichwiderstand. Die Klinge drang mühelos in und sogar durch den Körper, je nachdem, wie weit man seinen Arm gestreckt hatte. Tatsächlich erwies es sich als deutlich einfacher, den Brustkorb mit der ganzen Klinge zu durchdringen, als schnelle aber kontrollierte Stiche mit einer Eindringtiefe von nicht mehr als 20 bis 30 Zentimetern auszuführen und das Schwert sofort wieder kontrolliert aus dem Stichkanal zu ziehen. Wiederum zeigte sich, dass durch den Einsatz von Hüftdrehungen ein Höchstmaß an Waffenkontrolle gewährleistet werden kann, sowohl beim eigentlichen Stich, als auch beim Herausziehen der Waffe. Dies funktioniert deutlich besser, als wenn man den Schwertarm allein benutzt (Abb. 43).

Genau wie wikingerzeitliche Originale sind meine Testschwerter mit leicht runden, aber scharfen Spitzen versehen. Breite Spitzen verursachen breite Stichwunden. Der damit verbundene hohe Blutverlust wird den Gegner schneller ermüden lassen und kann unter Umständen schließlich sogar zu seiner Kampfunfähigkeit führen, selbst wenn keine lebenswichtigen Organe verletzt sind. Erst mit der stetigen Verbesserung der Rüstung im 14. Jh. tauchen auch schlanke Klingen mit dünnen Spitzen in nennenswerter Zahl auf. Bei der Diskussion der Vor- und Nachteile unterschiedlicher Ortformen stellten wir schließlich die These auf, dass eine Schwertspitze so rund wie möglich und so spitz wie nötig sein sollte. Aus Kulturen, deren Krieger sich ungerüsteten oder nur wenig gerüsteten Gegnern gegenübersahen, wie beispielsweise die Araber der islamischen Eroberungszüge, kennen wir Schwerter mit breiten, runden Spitzen. Das gleiche trifft auf den Katzbalger zu, die Standardseitenwaffe der berühmten Landsknechte – fast ein Jahrtausend später. Wurden in einer Kneipenrauferei des 16. Jhs. die Waffen gezückt, so galt es lediglich, extravagante Kleidung zu durchstoßen, mit Rüstungen musste man nicht unbedingt rechnen. Ein breitrunder, aber scharfer Ort reicht völlig aus, um einem ungepanzerten Gegner einen tödlichen Stoß zu versetzen. Im Gegensatz zu einer schmalen Spitze wird zum einen eine deutlich größere Wunde verursacht, zum anderen ist die Gefahr, sich zu verstechen und zu tief einzudringen, geringer. Somit besteht eine deutlich bessere Chance, die Kontrolle über die eigene Waffe zu behalten, und sich mit aller gebührenden Aufmerksamkeit den fünf Freunden des Herren zuzuwenden, der gerade zu Boden gestreckt wurde. *RW*

Stechschild und Kolben

Außer den Abbildungen in den mittelalterlichen Fechtbüchern, dem Wissen, dass sie in der Gerichtsbarkeit eingesetzt wurden und der bebilderten Beschreibung mit ihrem Umgang ist uns über diese beiden Waffen wenig bekannt. In der fränkischen Gerichtsbarkeit wurde der Schild zusammen mit dem Kolben eingesetzt, in der schwäbischen mit dem Schwert.

Vermutlich bestand der Stechschild aus Holz, der an der Holzstange angebrachte Haken aus Eisen oder Holz. Möglicherweise war er auch mit Leder bespannt. Ausgeschlossen ist wohl, dass die Schildplatte aus Metall bestand (Abb. 44, 45).

Der Kolben wurde wahrscheinlich ausschließlich zusammen mit dem Stechschild benutzt. Es ist anzunehmen, dass er komplett aus Holz ohne Eisennieten und Metallkanten bestand (Abb. 46).

Noch heute wird im indischen Kampfsystem des Kalari Payat mit einem Kolben ähnlich des Replikats auf den Fotos im Tafelteil gefochten. *AS*

ABB. 44:
In der Spiezer Chronik des Diebold Schilling ist der Kreuzzug Berchtolds gegen das Wallis dargestellt. Im Vordergrund links ist ein Stechschild in Gebrauch. Diese Darstellungen sind sehr selten. Meist finden sich auf zeitgenössischen Schlachtendarstellungen Rundschilde oder kleine bis mannshohe Pavesen in rechteckiger Form.

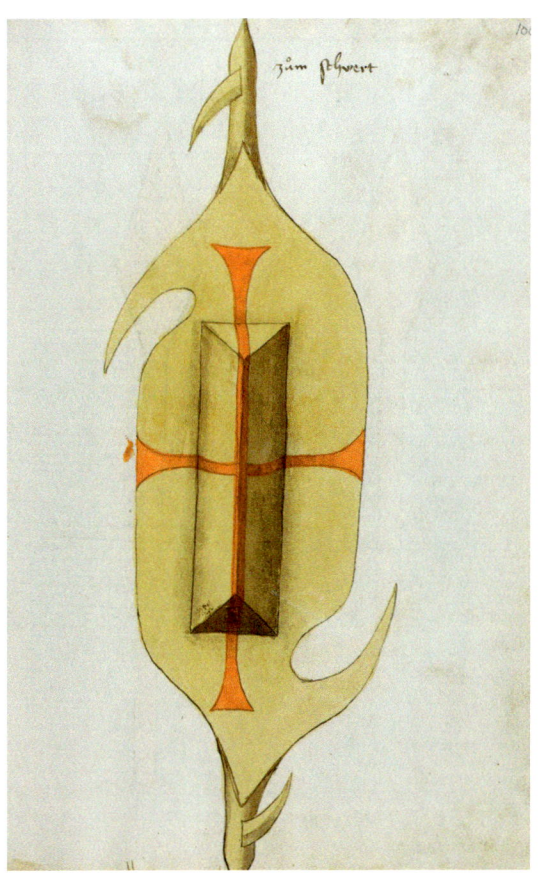

ABB. 45:
Ein Stechschild aus Talhoffers Handschrift Thott 290 2°.

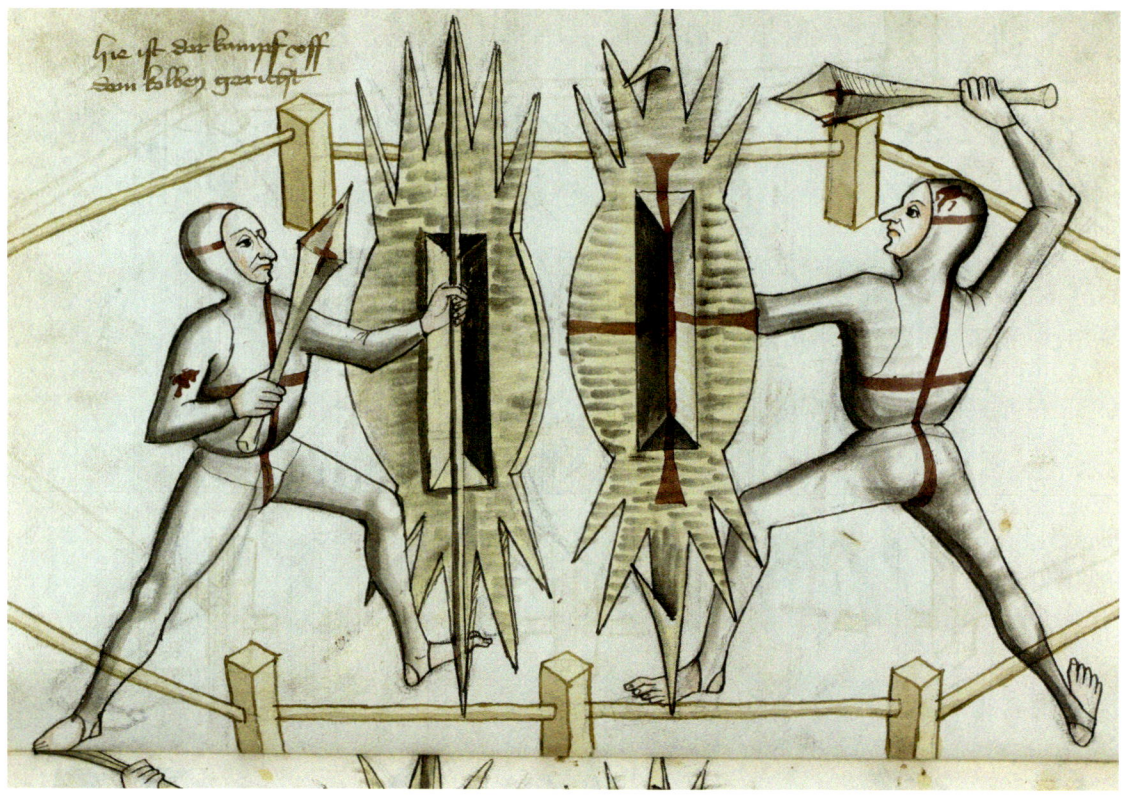

ABB. 46:
Ein Paar hölzerne Kampfkolben
zum gerichtlichen Zweikampf
lässt Hans Talhoffer sehr schön
in seiner Handschrift über die
»Alte Armatur und Ringerkunst«
(fol. 106r) darstellen.
Die Kolbenköpfe sind mit kleinen
roten Kreuzen versehen.

ABB. 47:
Bei einem gerichtlicher Zweikampf
zwischen zwei Adligen in Platten-
rüstung wurde auch der Luzerner
Hammer verwendet. In dieser
Darstellung aus »Alte Armatur
und Ringerkunst« setzt der rechte
Kämpfer zum Wurf des mit seiner
Waffe kontrollierten Gegners an
(fol. 135r).

Das Spiel mit der Axt

Über den Umgang mit der Stangenaxt, beziehungsweise dem Luzerner Hammer ist wenig bekannt. »Le Jeu de la hache«(»Das Spiel der Axt«) ist die einzige bekannte Abhandlung, die sich ausschließlich mit dieser Waffe beschäftigt. Der Autor ist unbekannt. Der Luzerner Hammer gehört nicht in die Kategorie »echter« Stangenwaffen, die zur Abwehr gegen Ritter zu Pferd benutzt wurden. Der Schaft mit seiner Länge von etwa 1,6–2,3 m ist dafür zu kurz. Sie wurde ausschließlich von Rittern oder Soldknechten zu Fuß benutzt (Abb. 47).

Der Kopf des Luzerner Hammer wurde nicht aus einem Stück gefertigt wie zum Beispiel die Hellebarde, sondern der Axthammerkopf bestand aus mehreren geschmiedeten Teilen (siehe Abb.) Normalerweise läuft das Ende des Heftes in einer langen Metallspitze aus, die entweder rechteckig im Querschnitt sein kann oder geformt wie eine Speerspitze oder dicke Dolchklinge. Das untere Ende des Heftes wird bei einigen Typen mit einer Metallhülse geschützt, an der sich eine dolchartige Spitze befand (Abb. 49, 50).

Le jeu de la hache d'armes
(PARIS, BIBL. NAT. MS FR. 1996)
(ÜBERSETZUNG AR)

Es folgt der Prolog zum Axt-Spiel, um sich in Geschicklichkeit und Waffenkunst zu üben (Abb. 48).

[1] Man bedenke und betrachte durch Erfahrung, dass alle menschlichen Wesen, adelig und nicht adelig, vor dem Tode fliehen und lange in dieser sterblichen Welt zu leben wünschen; und danach ewig zu leben im Königreich des Paradieses. Um diese oben genannten natürlichen Wünsche zu erreichen und erlangen, scheint es mir notwendig, dass sich jede menschliche und denkende Kreatur in gutem Zustand erhalten muss, und wappnen zunächst mit guter geistiger Rüstung, das heißt mit den schönen Tugenden, um sich zu verteidigen und allen Lastern und teuflischen Versuchungen zu widerstehen, um die Seele vor dem ewigen Tode zu beschirmen und zu schützen. Und um dies zu erreichen, muss man den Körper wappnen mit guter materieller Rüstung, sich mit geeigneten Waffen ausrüsten, als da sind Axt, leichte Lanze, Dolch, Langes und Kurzes Schwert, um sich zu verteidigen und den körperlichen und tödlichen Feinden zu widerstehen. Und deshalb lass jeden Mann, adelig von Körper und Mut, natürlicherweise wünschen

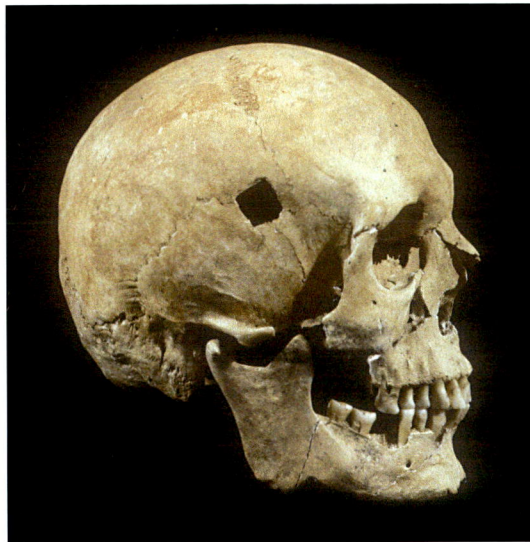

ABB. 48:
Schädel mit Punktur durch einen Kriegshammer. Ähnliche Verletzungen wie bei diesem Kriegsopfer aus der Schlacht von Towton 1461 in England riefen Luzerner Hammer hervor. Der lange Schlagdorn hinterlässt eine viereckige Verletzung.

ABB. 49:
Luzerner Hammer
Schweizerisches Landesmuseum, Zürich

die ist ain axst zu dem kampff legt man zu stucken

die axst zu dem kampff

110

ABB. 50:
Der komplizierte Aufbau eines Luzerner Hammers und die Anforderungen an die Schmiedekunst lassen sich an der Darstellung der Einzelbestandteile in Hans Talhoffers »Alte Armatur- und Ringerkunst« erkennen (fol. 110r).

zu trainieren und sich selbst geschickt zu machen in tapferer und ehrenhafter Tätigkeit. Und vor allem in nobler Waffentat, also im Axt-Spiel, aus dem sich verschiedene der oben genannten Waffen entwickeln und von ihm abhängen. Darüber hinaus ist das Axt-Spiel ehrenhaft und profitabel für die Erhaltung eines adeligen oder nicht adeligen Körpers. Aus den oben genannten Gründen habe ich mein geringes Verständnis eingesetzt, um einige Regeln und Lehren aufzuzeichnen, die das Axt-Spiel in der folgenden Weise betreffen.

[2] Zunächst, Ihr, der Ihr als einer von zwei Kämpen auf das Kampffeld gerufen werdet, sei es zum Tode oder nicht, sei es als Kläger oder Verteidiger, müsst Ihr zunächst in Eurem Gewissen fühlen, dass Ihr einen guten und gerechten Kampf führen werdet.

[3] Wenn Ihr Euer Zelt verlasst, müsst Ihr gut bewaffnet und ausgerüstet sein mit Eurer Axt und anderen in Frage kommenden Waffen [wörtl.: Schwertern]. Indem Ihr Euch Gott empfehlt, müsst Ihr Euch bekreuzigen und mit guter und tapferer Haltung aufrecht gehen. Währenddessen blickt Ihr an das andere Ende des Feldes, um Euren Gegner zu sehen. Und während Ihr ihn betrachtet, müsst Ihr in geziemender Weise eine stolze Tapferkeit annehmen, um möglichst tapfer kämpfen zu können, wie es sich gehört. Und behaltet die wichtigsten, unten in den folgenden Kapiteln enthaltenen Punkte in Erinnerung.

Hier beginnt die Lehre und Übung des edlen Axt-Spiels und der Art zu kämpfen.

[4] Ebenso wenn Euch einer, Rechtshänder gegen Rechtshänder, einen Kreisschlag (*tour de bras*) versetzt. Wenn Ihr das Kreuz (*croix*) vor Euch habt, könnt ihr mit Eurem linken Fuß vorwärts gehen und dabei seinen Schlag annehmen, indem Ihr ihn mit dem unteren Ende (*queue*) Eurer Axt abfangt und – in einer einzigen Bewegung – nach unten bringt, damit seine Axt zu Boden fällt. Und von hier aus könnt Ihr, ihn Schritt für Schritt verfolgend, ihm mit besagtem unteren Ende (*queue*) einen Stoß ins Gesicht versetzen, indem Ihr es durch die linke Hand laufen laßt. Entweder dorthin oder wohin immer es Euch gut erscheint. Oder Ihr schlagt ihn mit einem Kreisschlag gegen den Kopf.

[5] Ebenso wenn Ihr das untere Ende (*queue*) vorne habt, könnt Ihr selbiges tun, ohne Euch zu bewegen.

[6] Ebenso wiederum, wenn Ihr das Kreuz (*croix*) wie oben beschrieben vorne habt, könnt Ihr besagten Schlag mit dem unteren Ende (*queue*) Eurer [Axt] aufnehmen, indem Ihr einen Schritt zurücktretet. Aus allen drei Deckungen (*couvertes*) könnt Ihr besagte Kreisschläge (*tours de bras*) ausführen und auch den Stoß mit dem unteren Ende (*queue*).

[7] Ebenso eine weitere Hut gegen den Kreisschlag (*tour de bras*) ohne Bewegung oder Schritt zurück, wenn Ihr das untere Ende (*queue*) vorne habt. Stoßt

das Kreuz (croix) Eurer Axt vor seine [Axt], um sie mit der Querstange (croisée) aufzunehmen, nur damit er den Schlag halten kann und dieser nicht auf Euch niedergeht. Und wenn Ihr die Kreuzabwehr (croisée) ausgeführt habt, wendet Eure Axt ab und schlagt mit dem unteren Ende (queue) von unten nach oben nach ihm, indem Ihr zwischen seine Hand und das Kreuz (croix) seiner [Axt] fahrt. Guter Schlag, um ihm seine Axt aus der Hand zu schlagen. Und wenn das nicht gelingt, kehrt schnell in Eure Kampfstellung zurück. Und wenn Ihr [sie] habt aus seiner Hand springen lassen, könnt Ihr tun, was immer Euch gut erscheint, mit einem Kreisschlag (tour de bras) oder ähnlichem.

[8] Ebenso wenn Ihr ihn zuerst mit dem Kreisschlag (tour de bras) bedrängt und er sich in der obengenannten Weise schützen will, könnt Ihr dasselbe mit dem unteren Ende (queue) tun, wie er es oben getan hat.

[9] Ebenso wenn er erneut mit einem Kreisschlag (tour de bras) auf Euch zukommt und Ihr das untere Ende (queue) vorne habt, müsst Ihr, um dem Schlag auszuweichen, Euch auf die rechte Seite Eures Mannes bewegen und von dort aus den Schlag mittig (demy hache) annehmen. Und in derselben Bewegung müsst Ihr Euren linken Fuß so weit wie möglich nach vorne bringen und fest hinter sein Ferse stellen, während Ihr seine Axt, die über Eurer ist, nach oben anhebt. Bringt dann Euer unteres Ende (queue) unter sein Kinn und gebt ihm so einen Stoß nach hinten, um ihn zu Boden zu werfen.

[10] Ebenso wenn Ihr versagt, müsst Ihr in Eure Kampfstellung/Hut zurückkehren. Und dies muss schnell geschehen.

[11] Ebenso wenn er die oben beschriebene Eingangstechnik (entrée) gegen Euch verwendet. Ihr müsst schnell die Spitze (dague) Eurer Axt unter seine Achselhöhle bringen, um ihn von Euch zu entfernen; oder Ihr führt die Querstange (croisée) Eurer besagten Axt unter seinen Arm, um ihn mittig (demy hache) unter die Achsel zu stoßen und dann aus den Schranken zu befördern. Oder Ihr gebt ihm mit aller Kraft Eurer Arme einen harten Stoß, einfach um zu sehen, ob Ihr ihn zu Boden werfen könnt.

[12] Ebenso eine andere Deckung (couverte) für Kreisschläge (tours de bras), wenn Ihr mit Eurem unteren Ende (queue) in Kampfstellung (sur la garde) seid. Ohne Euch zu bewegen, könnt Ihr [den Schlag] mittig (demy hache) annehmen, so hoch Ihr

ABB. 51:
Taktiken des »Jeu de la Hache«
finden sich selbstverständlich
auch bei Hans Talhoffer,
wie in Cod. Icon 394a, fol. 84.

Eure Arme ausstrecken könnt. Und sobald Ihr den Schlag aufgenommen habt, könnt Ihr sein unteres Ende (queue) mit Eurem so aufnehmen, dass er es anheben möchte. Und dann drückt Ihr es plötzlich in einer Bewegung nach vorne. Falls es dann nicht aus seiner Hand fliegt, so bringt Ihr ihn wenigstens so zum straucheln, dass Euch Zeit bleibt, einen Schlag oder Stoß zu setzen.

[13] Ebenso wenn er mit dem Kreuz (croix) auf Euch zukommt, um Euch einen Stoß zu versetzen. Ihr müsst mit Eurem unteren Ende (queue) das seine so oft herumdrehen, wie Ihr könnt. Und wenn Ihr es so abdrehen könnt, dass eine ungedeckte Stelle zwischen ihm und seiner Axt entsteht, könnt Ihr ihn mit dem unteren Ende (queue) einen harten Stoß ins Gesicht versetzen. Und dieser Schlag ist gut und sicher zu verfolgen, denn er kann Euch nicht mißlingen, und wenn Ihr auf ihn zugeht, müsst Ihr Euren linken Arm mit seinem rechten verbinden. Wenn Ihr seht, dass es für Euch gut wäre und Ihr Muße habt, könnt Ihr das untere Ende (queue) Eurer besagten Axt zu seinem Kinn hinaufführen, während Ihr Euren Fuß hinter seine Ferse stellt. Und aus dieser Position versucht, ihn umzuwerfen.

[14] Ebenso könnte er diese Eröffnung (entrée) kontern (deffaire), indem er die Querstange seiner Axt unter Euer unteres Ende (queue) abdreht und es mit besagter Querstange nach vorne wegdrückt. Und während er diesen Konter (deffaite) ausführt, kann er Euch Schritt für Schritt verfolgen, um zwischen Euch und Euer unteres Ende (queue) zu gelangen, um Euch ins Gesicht zu stoßen.

[15] Ebenso wenn er besagte Verfolgung durchführt, müsst Ihr nur schrittweise zurückgehen und auch Eure Axt zu Euch herziehen, indem Ihr sie durch Eure linke Hand laufen lasst. Und während Ihr das tut, werdet Ihr Euch frei und im Vorteil finden. Bleibt mit Eurem besagten unteren Ende (*queue*) in Kampfstellung.

[16] Ebenso wenn Eure Äxte mit einem Kreuz (*croix*) gegen das andere verbunden sind und er Euch mit dem Ende bedrängt, um Euch zurückzustoßen, könnt Ihr mit Eurem vorderen Fuß lediglich einen halben Schritt zurückgehen, um Eure Axt zu Euch zurückzuziehen. Und wenn Euch das nicht gelingt, bringt die Spitze (*dague*) Eurer [Axt] so nahe wie möglich am Kreuz (*croix*) von der Seite von Richtung seines rechten Arms aus zwischen seinen Widerhaken (*bec de faulcon*) und seine Hand. Während Ihr, ihm folgend, seine Axt auf die andere Seite schlagt, könnt ihr mit Eurem linken Fuß auf seinen Rücken zugehen und ihm dabei die Mitte (*demy hache*) gegen seine Schultern schlagen und ihn zu Boden werfen.

[17] Ebenso weiterhin, wenn er mit der Spitze (*dague*) seiner Axt nach vorne auf Euch zukommt, um Euch einen Stoß zu versetzen; und Ihr habt Eure Axt gleich der seinen. Wenn Ihr ihn kommen seht, könnt Ihr so weit wie möglich hinter ihn treten, so dass er vor sich nichts findet. Während Ihr diesen Schritt macht, müsst Ihr mit der Flachseite (*plat*) des unteren Endes (*queue*) Eurer Axt auf seinen Panzerkragen schlagen, damit er nach vorne stolpert. Und wenn Ihr scheitert, wendet Euch sofort in die Deckung Eurer Axt zurück.

[18] Ebenso wenn er versucht, Euch mit der Spitze (*dague*) seiner Axt einen Schlag ins Gesicht zu versetzen, müsst Ihr umgehend diesen Schlag rigoros mit dem unteren Ende (*queue*) Eurer [Axt] ablenken, um zu versuchen, dass er seine [Axt] fallen lässt.

[19] Ebenso wenn er [geübter] Axtkämpfer ist und mit dem unteren Ende (*queue*) seiner Axt nach vorne auf Euch zukommt, müsst Ihr versuchen, ob Ihr ihn aus der Kampfstellung dague heraus mit einem Rückhandschlag dazu bringen könnt, seine Axt mit einer Hand loszulassen. Und wenn Euch das gelingt, könnt Ihr mit jedem Euch geeignet erscheinenden Schlag auf ihn einschlagen.

[20] Ebenso wenn Ihr scheitert, müsst Ihr versuchen, ihm mit dem unteren Ende (*queue*) einen Stoß ins Gesicht zu versetzen, um ihn dazu zu bringen, das untere Ende (*queue*) der seinen anzuheben. Und wenn Ihr es mit Eurem kreuzen könnt, könnt Ihr das untere Ende (*queue*) der Euren zurückziehen und währenddessen mit dem Hammerkopf (*mail*) gegen die Seite der seinen zu schlagen. Oder Ihr tretet hinter ihn und schlagt ihn auf den Kopf.

[21] Ebenso wenn er das mit Euch machen will. Ihr müsst das untere Ende (*queue*) Eurer Axt senken, während Ihr mit dem linken Fuß zurückgeht und Euch mit der Mitte (*demy hache*) oder dem Hammerkopf (*mail*) schützt. Und dann kehrt in die Hut desjenigen Endes [Eurer Axt] zurück, welches Euch geeignet erscheint.

[22] Ebenso, gleich, in welcher Hut Ihr Euch befindet, könnt Ihr versuchen, ihn auf den Kopf zu schlagen. Nicht dass, solltet Ihr ihn verfehlen, Eure Axt jenseits vorbeigeht. Denn das wäre gefährlich. Und sobald dieser Schalg ausgeführt ist, müsst Ihr eine Finte gegen seinen Kopf machen, so dass er eine hohe Deckung einnimmt. Daraufhin könnt Ihr ihm mit dem Widerhaken (*bec de faulcon*) eine aufs Knie geben. Und wenn Euer Widerhaken (*bec de faulcon*) hinter der Rüstung an seinem Knie einhakt, müsst ihr sie zu Euch ziehen, um ihn zu Boden zu werfen. Wenn er zurückweicht, so dass Ihr ins Leere schlagt, gebt Acht, dass Eure Axt nicht vor Eurem Mann vorbeigeht, ebenso bei allen Euren Kreisschlägen, und kehrt schnell in Eure Kampfstellung (*garde*) zurück.

[23] Ebenso wenn man besagten Knieschlag versuchen sollte, müsst Ihr auf der rechten Seite nach vorne auf Euren Mann zugehen und dabei das untere Ende (*queue*) Eurer Axt zwischen seine Axt und Euer Knie bringen. Und mit Eurem besagten unteren Ende (*queue*) müsst Ihr versuchen, ihm [seine Axt] aus den Händen zu reißen, indem Ihr ihm einen guten Rückhandschlag gegen die Querstange (*croisée*) versetzt. Und wenn Ihr das nicht könnt: geht von da aus auf ihn zu, einen Fuß nach dem anderen. Und versetzt ihm mit Eurer Spitze (*dague*) einen Stoß ins Gesicht.

[24] Ebenso wenn er seine Axt mit dem unteren Ende (*queue*) nach vorne hält. Gebt ihm mit dem unteren Ende (*queue*) Eurer Axt einen harten Rückhandschlag gegen die seine, um sie ihm aus der Hand zu schlagen. Und wenn Ihr das mit dem Schlag nicht erreicht, könnt Ihr ihn, indem Ihr einen Schritt nach vorne zwischen ihn und seine Axt macht, mit einem Stoß der Spitze (*dague*) ins Gesicht schlagen.

[25] Ebenso wenn er das bei Euch machen will, müsst Ihr das untere Ende (queue) der Euren nahe bei Euren Füßen senken und zurückgehen, und mit der Mitte (demy hache) die seine von Eurem Gesicht abwenden. Und nehmt Euch vor der Spitze (dague) in Acht. Und dann könnt Ihr zurückgehen oder Euch drehen, in welcher Hut es Euch gut erscheint. Und Ihr müsst diese Stöße häufig setzen, sei es zum Fuß, zur Hand oder zum Kopf; so dass er Eure Axt nicht im Stillstand vorfindet, damit Ihr allein auf Eure Initiative hin jede mögliche Angriffsbewegung (entrée) ausführen könnt.

[26] Ebenso wenn er mit dem unteren Ende (queue) voran auf Euch zukommt und es hochhält, könnt Ihr Euer unteres Ende (queue), während Ihr auf seine linke Seite geht, unter seinen Arm bringen, und zwar so, dass das untere Ende (queue) unter seiner Axt hindurch zwischen seine beiden Hände dringt. Dann zieht mit einem plötzlichen, guten Ruck auf seine Hand zu, damit er mit einer Hand losläßt. Von da aus könnt Ihr mit der Mitte (demy hache) in seine Seite stoßen, um ihn zu Boden zu werfen. Zumindest werdet Ihr in der Lage sein, nach vorne zu gehen und ausreichend Muße für einen Kreisschlag (tour de bras) gegen ihn zu haben.

[27] Ebenso wenn er dasselbe bei Euch macht, müsst Ihr nur Eure untere Hand plötzlich loslassen und Eure Axt sofort höher wieder ergreifen, während Ihr zurückgeht und in Eure Kampfstellung zurückkehrt.

[28] Ebenso wenn er diesen Angriff (prinse) in der oben beschriebenen Art und Weise abgewehrt hat und sich in die Kampfstellung (garde) der Spitze (dague) begeben hat, könnt Ihr ebenfalls das unteren Ende (queue) der Euren unter seine Mitte (demy hache) bringen und ihm Auge in Auge gegenübertreten; dann Euer besagtes unteres Ende (queue) über seinen rechten Arm bringen und ihm einen guten harten Stoß versetzen, um ihn dazu zu bringen, das Ende (gros bout) seiner Axt loszulassen. Und von da aus werdet Ihr Muße haben, ihm einen Schlag oder Stoß zu versetzen.

[29] Ebenso auch wenn ihr dazu kommt, eure Äxte in der Mitte kreuzen, um einander zu stoßen. Macht es so, dass Ihr beim Kreuzen der Äxte das Kreuz (croix) Eurer Axt höher haltet als das untere Ende (queue); und, während Ihr drückt, dreht Euren Widerhaken (bec du faulcon) zu seiner Axt hin, um sie mit der ganzen Kraft Eurer Arme zu Euch zu ziehen, während Ihr einen Schritt zurück macht. Hakt le-

diglich besagten Widerhaken (bec de faulcon) an der Mitte seiner Axt ein, und es wird ihn dazu bringen, seine Axt zu verlieren.

[30] Ebenso wenn er seine Axt nicht fallenläßt oder verliert, wird er Euch wenigstens einen Schritt nachfolgen, worauf Ihr auf ihn zugehen und ihm einen Stoß ins Gesicht versetzen könnt; dann kehrt in Eure Kampfstellung (garde) zurück.

[31] Ebenso wenn er denselben Angriff (prinse) gegen Euch macht. Lasst Eure untere Hand los und er wird nichts tun [können].

[32] Ebenso könnt Ihr dies anders kontern (deffaire), indem Ihr seinem Zug folgt und vorwärtstretet, während er zieht. Von hier aus könnt Ihr mit dem linken Fuß auf seine rechte Seite treten und ihm das untere Ende (queue) der Euren kräftig auf den Panzerkragen schlagen und ihn niederstrecken, wie in der zuvor beschriebenen Parade (parade) mit der Mitte (demy hache) beschrieben ist.

[33] Ebenso wenn er es bei Euch macht. Ihr kennt bereits den entsprechenden Konter durch die besagte Parade mit der Mitte (demy hache).

[34] Ebenso wenn er Euch mit dem unteren Ende (queue) einen Stoß auf den Fuß gibt. Ihr müsst Euren Fuß heben, während Ihr Euer unteres Ende (queue) gegen seines richtet, um es, wenn möglich, abzudrehen und aus seiner Hand springen zu lassen. Ob dies nun gelungen ist oder nicht, könnt Ihr ihm nun ohne Euch zu bewegen mit dem Hammer der Axt zu Eurem Vorteil auf den Kopf und die Hände schlagen.

[35] Ebenso wenn eure zwei Äxte in Höhe der beiden unteren Enden (queues) gekreuzt sind. Bringt ihn, wenn möglich, dazu, das untere Ende (queue) der seinen sehr hoch zu heben, und von dort aus könnt Ihr das Ende der Euren senken, während Ihr es etwas zurückzieht, indem Ihr es solange durch die Hand laufen lasst, bis Ihr es wieder unter der seinen hindurchführen könnt, ohne Euch mehr zu strecken als unbedingt nötig. Von da aus macht einen Rückhandschlag gegen die seine, um zu versuchen, sie ihm aus der Hand zu schlagen; oder sie zumindest so abzulenken, dass Ihr in der Lage sein könnt, durch einen Schritt auf seine linke Seite zwischen ihn und seine Axt zu gelangen. Und von da aus könnt Ihr ihn mit Eurer Mitte (demy hache) gegen die Seite drücken, um ihn zu Boden zu werfen.

[36] Ebenso um Euch davor zu schützen, dass er dies mit Euch macht. Versichert Euch, dass er nicht Eure Axt gekreuzt vorfindet – oder wenigstens darf Eure Axt nicht hinter seiner sein. Und haltet sie niemals am selben Fleck.

[37] Ebenso wenn er es zufällig bei Euch versucht. Ihr könnt kontern (deffaire), indem Ihr Eure Axt nahe bei Eurem Körper aufrichtet, Euer unteres Ende (queue) unten herum zwischen Euch und ihm hindurchführt, und es von da aus nach oben bringt, um seinen Magen zu treffen und ihn von Euch wegzustoßen.

[38] Ebenso ein anderer Konter (deffaite), wenn er es bei Euch macht. Ihr müsst Eure Axt weit von Euch entfernt aufrichten; und sie von da aus gegen seinen Magen erheben, während Ihr Euch wieder aufrichtet und ihn von Euch stoßt.

[39] Ebenso wenn Ihr dies plötzlich gut könnt. In der Drehung könnt Ihr den Widerhaken (bec de faulcon) an seinem Panzerkragen einhaken und ihn auf Euch zuziehen, um zu sehen, ob Ihr ihn umwerfen könnt.

[40] Ebenso wenn er das bei Euch macht, müsst Ihr mit Eurem rechten Fuß einen Schritt vorwärts machen, während Ihr seine Axt mit der Mitte (demy hache) von Euch stoßt, dann könnt Ihr in Eurer Kampfstellung bleiben.

[41] Ebenso wenn die unteren Enden (queues) der besagten Äxte erneut gekreuzt sind, müsst Ihr seine Axt mit Eurer wegdrücken, indem Ihr sie unter Eure bringt, bis Ihr sie so weit nach unten bewegt habt, dass Ihr die besagten unteren Enden (queues) dazu gebracht habt, sich auf Eure linke Seite zu bewegen. Damit bekommt Ihr Muße, mit Eurem rechten Fuß hinter ihn zu treten. Von da aus könnt Ihr ihm mit der Mitte (demy hache) einen heftigen Schlag gegen die Schultern versetzen. Oder wenn er Euch seinen Rücken ausreichend zugedreht hat, dass Ihr an seine Schulterplatten herankommt, könnt Ihr ihn mit besagter Mitte (demy hache) stoßen, während Ihr ihm sehr schnell folgt, zuerst auf einer Seite und dann auf der anderen, je nachdem, welche Seite Ihr als diejenige wahrnehmt, über die er sich Euch zuwenden will. Dann schlagt auf diese Schulter; und wenn er sich auf die andere Seite drehen will, stoßt ihn dorthin, ohne Eure Mitte (demy hache) von seinem Rücken zu bewegen. Und dadurch könnt Ihr ihn aus den Schranken drängen.

[42] Ebenso wenn er diesen Eingang (entrée) gegen Euch verwenden würde. Sobald Ihr es bemerkt habt, lenkt seine Axt mit Eurer ab, und er wird nichts finden.

[43] Ebenso wenn er mit dem Gesicht voran auf Euch zukommt. Ihr könnt mit dem unteren Ende (queue) Eurer Axt in sein Gesicht stoßen, oder nach seinem Fuß, der ohne jeden Schutz ist; oder Ihr könnt verschiedene andere Schläge anwenden.

[44] Ebenso wenn er ankommt wie oben beschrieben, mit seinem Gesicht voran, könnt Ihr ihm mit Eurer Axt einen Stoß ins Gesicht geben, damit er seine Axt anhebt. Und wenn er sie von sich weghält, könnt Ihr das untere Ende (queue) der Euren unter seine Mitte (demy hache) in Richtung auf seinen Panzerkragen bringen und darauf einschlagen. Und solltet Ihr es nicht zu Eurem Vorteil finden, zuzuschlagen, bewegt das besagte untere Ende (queue) über seinen Kopf, um die andere Seite seines Panzerkragens zu nehmen und nach hinten zu ziehen. Und wenn es Euch nicht gelingt, ihn zu schlagen: zieht von dort aus, während Ihr Euch zurückbewegt, und Ihr werdet nicht auf ein Hindernis treffen.

[45] Ebenso wenn er besagten Angriff (prinse) gegen Euch macht, könnt Ihr mit Eurer Mitte (demy hache) gegen seinen Panzerkragen oder seine Schulter stoßen und ihn so von Euch wegdrängen.

[46] Ebenso wenn er Euch in dieser Art und Weise kontert (deffaisoit), müsst Ihr Euch daran erinnern, zurückzuweichen, und während Ihr das tut, müsst Ihr mit dem besagten unteren Ende (queue) Eurer Axt seinen rechten Arm oberhalb kreuzen, um ihm einen heftigen Stoß zu versetzen, der ihn sein Ende (gros bout) verlieren lässt.

[47] Ebenso ein anderer Konter (deffaite). In dem Augenblick, da sein unteres Ende (queue) auf Eurem Panzerkragen ist, laßt Eure linke Hand los und ergreift Eure Axt erneut weiter oben über seiner, während Ihr einen Schritt zurück macht: dies ist ein guter und sicherer Konter.

[48] Ebenso wenn er das untere Ende (queue) hochhält, müsst Ihr Eures wie er hochhalten: aber ein Ende so hoch wie das andere, als ob Ihr ihm Eure Handflächen sowenig wie möglich zeigen wollt. Und von da aus könnt Ihr Euch gegen seinen Schlag schützen, wenn er Euch ins Gesicht schlägt.

[49] Ebenso wenn er das untere Ende (queue) seiner Axt höher hält als sein Kreuz (croix), zeigt er seine Handfläche, worauf Ihr ihm einen Stoß mit Eurem besagten unteren Ende (queue) auf die Handfläche geben könnt.

[50] Ebenso wenn er wie zuvor beschrieben mit dem Gesicht voran auf Euch zukommt, um Euch mit der Mitte (demy hache) oder anders zu schlagen. Wenn es Euch gelingt, Euch ihm zu nähern, könnt Ihr das untere Ende (queue) Eurer Axt soweit wie möglich zwischen seine Oberschenkel schieben und dann das Ende (gros bout), das Ihr in Eurer Hand haltet, mit all Eurer Kraft anheben, um ihn hochzuheben und den Kontakt mit dem Boden verlieren zu lassen.

[51] Ebenso wenn Ihr dies so macht, wird er notwendigerweise hintenüber fallen. Und wenn er das bei Euch machen will, müsst Ihr nichts weiter tun als schnell Eure Mitte (demy hache) gegen seinen Panzerkragen oder seine Schulter bringen, und das wird ihn davon abhalten, ein so großes Gewicht hochzuheben.

Hier beginnt das Spiel des Linkshänders gegen den Rechtshänder. Und zuerst.

[52] Ebenso wenn der Linkshänder mit einem Kreisschlag (tour de bras) auf Euch zukommt, müsst Ihr mit Eurem linken Fuß einen Schritt vorwärts machen und mit dem unteren Ende (queue) Eurer Axt hart zuschlagen, um seinen Schlag abzufangen, damit der Schlag nicht auf Euch fällt. Sobald der Konter (couverte) ausgeführt ist, müsst Ihr Euer unteres Ende (queue) schnell zurückziehen, während Ihr den Kopf (mail) Eurer besagten Axt gegen den Rücken seiner Axt schlagt, um ihn mit dem Schwung, mit dem er Euch schlagen wollte, weiterzuleiten. Oder das Ende (gros bout) dazu zu bringen, ihm aus der Hand zu fallen.

[53] Ebenso wenn er seine Axt so plötzlich zurückgezogen hat, dass Ihr ihn verfehlen musstet, müsst Ihr Euch sofort in die Hut Eures unteren Endes (queue) zurückziehen.

[54] Ebenso wenn besagter Linkshänder mit einem Kreisschlag (tour de bras) auf Euch zukommt. In welcher Hut Ihr auch sein möget, tretet einen Schritt zurück und er wird nichts finden.

[55] Ebenso wenn Ihr mit einem Kreisschlag (tour de bras) nach Eurem Linkshänder schlagt, und er

sich mit seinem unteren Ende (queue) in der oben beschriebenen Art und Weise befindet. Sofort nachdem der Schlag gesetzt ist, versetzt ihm einen heftigen Stoß mit Eurem unteren Ende (queue) gegen den Rücken von seinem, um zu versuchen, dass er den Griff einer Hand löst. Gleich, ob er das tut oder nicht, könnt Ihr mit besagtem Schlag sofort Euren linken Fuß hinter seine Ferse bringen und Euer unteres Ende (queue) unter sein Kinn setzen, um ihn, wenn möglich, zurückzuwerfen. Und wenn Ihr nichts tun könnt, kehrt schnell in Eure Kampfstellung zurück. Während Ihr in Euren Schritten zurückgeht, verbleibt so in der Hut (garde) Eures unteren Endes (queue).

[56] Ebenso wenn er diese besagte Eröffnung (entrée) gegen Euch anwendet, müsst Ihr nur Euer besagtes unteres Ende (queue) unter das seine bringen und es hochheben, wodurch Ihr ihm dasselbe tut, was er Euch getan hat und kontert (deffaites) so seinen Angriff (prinse).

[57] Ebenso kann er diesen Angriff kontern, wenn Ihr ihn erneut in der oben beschriebenen Art und Weise ausführt, da Ihr ja, weil Ihr Eure Axt unter seinem Kinn habt, den Arm hochhaltet. Von da aus kann er seine Mitte (demy hache) unter Eure Achselhöhle bringen und Euch sehr heftig wegstoßen. Und ebenso könnt Ihr es mit ihm machen, wenn er Euch gegenüber die gleiche Eingangssequenz (entrée) verwendet. Und ob dies nun funktioniert oder scheitert, zögert auf keine Fall.

[58] Und ebenso um besagten Stoß unter die Achselhöhle zu parieren. Sobald Ihr es fühlt, könnt Ihr plötzlich Eure linke Hand loslassen und Euren Arm zwischen seine Mitte (demy hache) – die er weit von sich weg hält, um Euch stoßen zu können – und seinen Körper bringen; und dann bringt Eure Hand in einer einzigen Bewegung unter seinen Schritt und hebt ihn hoch, um ihn umzuwerfen.

[59] Ebenso wenn er das bei Euch tut, müsst Ihr augenblicklich Euren Griff der linken Hand vom unteren Ende (queue) Eurer Axt lösen und, mit besagter linker Hand, das Kreuz (croix) Eurer Axt fassen, während Ihr die rechte Hand nach unten führt und so gegen seinen Panzerkragen drückt, und er wird nicht die Kraft haben, Euch hochzuheben.

[60] Ebenso wenn besagter Linkshänder mit der Spitze (dague) seiner Axt voraus auf Euch zukommt, um Euch ins Gesicht oder eine andere Stelle oberhalb des Gürtels zu stechen. Ihr könnt Euer unteres

Ende (queue) oftmals vor seinem Gesicht kreisen lassen, um ihn von seinem beabsichtigten Schlag abzulenken; und von da aus könnt Ihr ihm auf solche Art und Weise von oben nach unten einen Stoß mit dem Hammer gegen den Kopf zufügen, dass Euch, solltet Ihr scheitern, Eure Axt nicht mitträgt und Ihr gezwungen wäret, ihm Euren Rücken zuzuwenden, was eine große Gefahr bedeuten würde.

[61] Ebenso wenn er sich mit der Querstange (croisée) seiner Axt deckt. Als ersten Schlag tut so, als würdet Ihr einen weiteren Schlag vorbereiten, damit er sich wie zuvor hoch deckt, um seinen Kopf zu schützen. Dann gebt ihm weit vorne einen heftigen Schlag gegen das Knie, so dass, wenn er einen Schritt macht, die Axt zwischen seinen Beinen das andere Knie trifft. Und wenn er sich nicht bewegt, müsst Ihr ihn plötzlich und heftig zu Euch herziehen, so dass sich Euer Widerhaken (bec de faulcon) hinter seinem Knie einhakt, um ihn zu Boden zu ziehen. Und wenn es Euch möglich ist, setzt diesen Schlag nicht unterhalb der Plattenrüstung, sondern auf die Platte oder darüber, damit Ihr, solltet Ihr ihn nicht umwerfen können, Ihr zumindest einen Teil seiner Rüstung abreißen könnt.

[62] Ebenso wenn er das mit Euch macht. Ihr müsst nur einen Schritt mit Eurem hintenstehenden linken Fuß machen und ihn vor den anderen setzen, um mit Eurem Knie gegen die Mitte seiner Axt drücken zu können, um Euch zu befreien.

[63] Ebenso könnt Ihr von da aus mit dem unteren Ende (queue) Eurer Axt nach seinem Gesicht stoßen, was eine gute Verteidigung (deffence) ist. Und deshalb, wenn Ihr den besagten Schlag ausführt, tut es schnell. Und wenn Ihr ihn verfehlt, kehrt augenblicklich in Eure Hut zurück.

[64] Ebenso wenn besagter Linkshänder mit seiner Spitze (dague) voraus auf Euch zukommt. Ihr müsst sofort das Kreuz (croix) seiner Axt mit Eurem unteren Ende (queue) einmal hierhin, einmal dorthin wegschlagen. Und während Ihr das tut, könnt Ihr Euer besagtes unteres Ende (queue) gegen sein Kreuz (croix) auf dem Schaft in Richtung auf seinen Körper setzen und müsst besagtes unteres Ende (queue) durch Eure linke Hand auf sein Kreuz (croix) so zulaufen lassen, dass Ihr die Kraft habt, es mit der Rückhand wegzudrücken. Und sobald Ihr diese gleitende Bewegung ausführt, tretet sofort nahe bei ihm mit Eurem rechten Fuß hinter ihn. Mit einer einzigen Bewegung müsst Ihr Eure Mitte (demy

hache) kräftig drücken, um zu versuchen, ihn zu Boden zu schlagen. Oder wenigstens könnt Ihr, wenn er sich zurückzieht, einen Schlag setzen.

[65] Ebenso wenn er es bei Euch machen will. Sobald Ihr bemerkt, dass nach Euch geschlagen wird, müsst Ihr das Ende (gros bout) Eurer Axt senken, dabei Eure Axt unter sein unteres Ende (queue) drehen, ohne außer Reichweite zu geraten, damit Eure Axt hinter sein unteres Ende (queue) gelangt. Und von da aus könnt Ihr Euch bewegen, damit Ihr Muße habt, zurückzugehen, um in die Hut des unteren Endes (queue) zurückzukehren, denn diese ist vorteilhafter als diejenige der Spitze (dague).

[66] Ebenso wenn eure unteren Enden (queues) im Kreuz (croix) verbunden sind, könnt Ihr sie fest zusammenhalten, so dass er das seine festhält. Und von da müsst Ihr mit Eurem linken Fuß einen Schritt zurückmachen; und während Ihr dies tut, gebt ihm zügig einen Schlag mit dem Hammer auf seine Hände. Und dies ist ein guter Schlag, doch nur, wenn Euer unteres Ende (queue) hinter seinem ist. Und um Euch selbst vor diesem Schlag zu schützen, geht sicher, dass er niemals sein unteres Ende (queue) hinter Eurem hat, denn, wenn er es davor hat, kann er Euch dies wegen Eures unteren Endes (queue), das es verhindert, nicht zufügen.

[67] Ebenso könnt Ihr ihm immer, wenn Euer unteres Ende (queue) hinter seinem ist und Ihr es leicht nach vorne streckt, einen Stoß ins Gesicht versetzen.

[68] Ebenso wenn besagter Linkshänder mit der Spitze (dague) voran auf Euch zukommt und seine Axt lang hält, könnt Ihr das untere Ende (queue) der Euren kreuzweise zwischen seine Hand und das Kreuz (croix) bringen und ihm von da aus einen Rückhandschlag nach unten versetzen, damit seine [Axt] hinter Eurer vorbeigeht, während Ihr, mit dem rechten Fuß vorwärts gehend, ihm die Mitte (demy hache) gegen seine Schultern stoßt, um ihn niederzuschlagen.

[69] Ebenso sorgt dafür, dass er niemals in die Position kommt, über Kreuz (croisée) mit seinem unteren Ende (queue) gegen die Vorderseite des Euren zu drücken. Oder, sollte ihm das doch glücken, dann dreht, sobald er presst, Eures über seines, und er wird es nicht tun können.

[70] Ebenso wenn Euer Mann, gedeckt durch das untere Ende (garde de la queue) auf Euch zukommt

und es niedrig hält, könnt Ihr mit Eurem unteren Ende (queue) einen Vorhandschlag gegen seines ausführen, um es von seiner Vorderseite wegzubewegen. Wenn Ihr das tun könnt, während Ihr [ihm] Fuß um Fuß folgt, könnt Ihr Euch zwischen seine Axt und ihn stellen; und von hier aus müsst Ihr Euer besagtes unteres Ende (queue) bis zur Hälfte zwischen seine Oberschenkel führen und Euren Mann auf dem besagten unteren Ende (queue) so hoch wie möglich heben. Ihr könnt diesen Angriff (prinse) auch von verschiedenen anderen Eröffnungen (entrées) aus durchführen, mehr oder weniger so, wie es zuvor im Spiel des Rechtshänders gegen den Rechtshänder geschildert ist.

[71] Ebenso wenn er das mit Euch macht, müsst Ihr Eure Axt in die Mitte seiner Brust stoßen, und er wird nicht in der Lage sein, es zu tun.

[72] Ebenso wenn Euer Mann mit dem Gesicht voran, gleich ob Rechtshänder oder Linkshänder, auf Euch zukommt. Wenn Ihr das untere Ende (queue) Eurer Axt über seines bringen könnt, und von da aus das Ende unter seine rechte Achselhöhle, könnt Ihr ihn mit der Seite des besagten unteren Endes (queue) stoßen, während Ihr ihm immer nachfolgt, ohne dass er das kleinste gute Mittel hätte, um sich zu befreien. Und so könnt Ihr ihn aus den Schranken treiben.

[73] Ebenso müsst Ihr ihn fortwährend mit Stößen zum Gesicht und zu den Füßen angreifen, damit er seine Fassung verliert.

Der Luzerner Hammer erscheint als wuchtige Waffe, doch wie im Umgang mit allen mittelalterlichen Waffen fällt auch hier wieder die feine Waffenführung einer solchen bei Talhoffer auf. Talhoffer hat die Kämpfer in seiner Fechthandschrift von 1467 allerdings in Fechtkleidung, nicht in Plattenrüstung dargestellt, im Gegensatz zu seinem Gothaer Codex von 1443 (Ms.A 558) oder im Ambraser Codex von 1459 (Thott 290°). Auch Fiore dei Liberi hat die Hammerkämpfer mit Harnisch dargestellt.

Wie M. Dorfer anfolgend aus seiner praktischen Erfahrung heraus beschreibt, nützt bloßes Eindreschen auf einen Kombattanten in Plattenrüstung wenig. Primär geht es darum, wie im »Jeu de la hache« beschrieben und bei Talhoffer in seinem Fechtbuch gezeigt, den gepanzerten Gegner zu Fall zu bringen, um diesen dann, am Boden liegend, mit gezielten Stoß- und Schlagtechniken in die Blößen der Rüstung zu töten.

Waffen und Rüstungen sind das Ergebnis eines Wettrüstens (einer stetigen Evolution). Weiters werden Waffen und Rüstungen für einen (es können auch mehr sein) bestimmten Zweck entwickelt und die Kampftechniken entsprechend darauf abgestimmt bzw. hin optimiert (siehe »Die Plattenrüstung«).

Stangenäxte sind auf jeden Fall besser geeignet, um geharnischte Gegner zu bezwingen, als das Lange Schwert. Da sie schwerer sind und mit beiden Händen (mit Abstand zwischen den Händen) geführt werden sowie aufgrund der besseren Hebelwirkung können sie mehr Wucht im Hau erzeugen, die aber immer noch nicht stark genug ist, um einen Geharnischten ernstlich zu verletzen – geschweige denn, dessen Rüstung zu durchdringen (eindellen, verbeulen, Teile abschlagen ist allerdings möglich). Der Plattenharnisch ist dafür eine zu starke und widerstandsfähige Rüstung. Das Gefährliche am Luzerner Hammer ist die Stoßspitze, mit der gezielt und wuchtig in die Blößen und Schwachstellen der Rüstung gestoßen werden konnte sowie die Hebelwirkung der Stange, mit der ein Geharnischter ausgehebelt und niedergeworfen werden konnte. Am Boden liegend konnte er dann abgestochen oder mit wuchtigen Hauen (der Boden erbringt den notwendigen Gegendruck) bearbeitet werden.

Meine (M. Dorfer) praktischen Kampferfahrungen im Plattenharnisch (mit gut gepolsterter Unterkleidung) zeigen, dass man sich geharnischt vor kaum einer Hiebwaffe hüten muss, sogar nicht einmal wirklich vor »panzerbrechenden« Wuchtwaffen (wie Reiterhämmern, Streitkolben usw.). Die wahre Gefahr geht von gezielten Stichen in die Blößen (Beckenbereich unterhalb der Bauchreifen, Oberschenkel hinten, Kniekehle, Ellenbogenbeuge, Achselhöhlen, Augen) aus, und dass man niedergeworfen werden kann. Zwar ist es an sich problemlos, recht schnell wieder aufzustehen, soweit das der stehende Gegner überhaupt zulässt, aber es ist sehr anstrengend. Und das ist der große Nachteil im geharnischten Kampf – Kraft, Konstitution und vor allem Kondition werden auf eine harte Probe gestellt. Ich bin gut durchtrainiert, aber länger als ein paar Minuten intensiv in voller Platte zu kämpfen, ist einfach nicht möglich.

AS, AR, MD

Eine Fechthandschrift für den Grafen

Eberhard im Bart

Graf Eberhard von Württemberg wurde am 11. Dezember 1445 als Sohn des gräflichen württembergischen Paares Ludwig I. (1412–1450) und Mechthild von der Pfalz (1419–1482) im Uracher Schloss geboren. Als Eberhard gerade einmal fünf Jahre alt war, verstarb 1450 unerwartet sein Vater. Nach dem frühen Tod seines älteren Bruders Ludwig II. (1457) war der Zwölfjährige Erbgraf und mit Vollendung des vierzehnten Lebensjahres zur Übernahme der Regierung befähigt (Abb. 52).

Entscheidend für seine Entwicklung war die Förderung durch seine feinsinnige Mutter, Mechthild von der Pfalz. Durch ihre Bildung und die Förderung von Künsten und Wissenschaften erlangte sie einen beachtlichen Bekanntheitsgrad. Vielleicht weil eine starke väterliche Hand fehlte, war Eberhard in Jugendjahren ein ebenso leichtfertiger wie leichtlebiger junger Mann, wie Johannes Vergenhans, sein Erzieher, Berater und Freund sowie späterer Geschichtsschreiber zu erzählen wusste.

Irgendwann musste sich Eberhard für seinen zukünftigen Lebensweg zwischen Leichtlebigkeit und Ausschweifungen oder Verantwortung und Pflicht entscheiden. In die Verantwortung wurde er schon 1459 als Graf Eberhard V. von Württemberg-Urach genommen. Doch manchmal müssen schreckliche Dinge im Leben eines Menschen geschehen, damit er sich endgültig besinnt und entscheidet: Auf Druck Kaiser Friedrichs III., der ihn zum Reichsfeldherrn ernannte, zog der kriegsunerfahrene, viel zu junge Eberhard an der Seite seines Onkels Ulrichs V. in den Badisch-Pfälzischen Krieg von 1461/1462. Er erlitt in der Schlacht bei Giengen am 19. Juli 1462 eine Niederlage.

Nach dem Krieg konzentrierte er sich auf seine eigentliche Bestimmung: Er förderte Kultur und Wissenschaft sowie die Religion und lebte fortan, wohl nicht zuletzt durch sein außenpolitisches Geschick, mit seinen Nachbarn in Frieden. Wissen und speziell Bücher (Handschriften) taten es ihm an. Der Humanist Jakob Wimpfeling (1450–1528) schrieb über ihn: »Der Törichte schätzt und verehrt die Klugen nicht – Du holst gelehrte und weise Männer zu dir, verehrst sie, richtest dich nach ihnen und hörst auf sie«. Er suchte das Gespräch mit den Gelehrten, und daraus erwuchsen zahlreiche Übersetzungen, die speziell für Eberhard angefertigt wurden und ein Gutteil seiner Bibliothek ausmachten Eberhards Wappen beziehungsweise sein Wahlspruch zierte nicht nur Talhoffers Fechtbuch, sondern man findet es in vielen der noch erhaltenen Schriften.

Ein dunkler Fleck bleibt jedoch auch im Erwachsenenleben: Von 1477 an trat die Verordnung von Graf Eberhard im Bart in Kraft, die den Aufenthalt von Juden in Württemberg verbot. Auf der anderen Seite bediente er sich der Dienste des Humanisten und Rechtsgelehrten Johannes Reuchlin (»Der jud ist unsers herrgots als wol als ich«), der unter anderem als Berater und Orator für ihn tätig war. Dieser lernte Hebräisch bei Jacob Ben Jehiel Loans, dem Leibarzt des deutschen Kaisers Friedrich III. Der erste deutsche Hebraist unterrichtete in Tübingen und an anderen Universitäten neben Recht und Griechisch eben auch Hebräisch.

ABB. 52:
Eberhard im Bart, Herzog von Württemberg im Jahre 1492. Gemälde des Nikolaus Ochsenbach aus Johannes Reger.

Reuchlin war der erste christliche Gelehrte des Mittelalters, der sich dem Studium der hebräischen Sprache widmete. Zusammen mit jüdischen Gelehrten Europas brachte er das erste hebräisch-lateinische Wörterbuch heraus. Er verhinderte mit seinem Gutachten und seinem Rat für Kaiser Maximilian im Jahre 1510, dass die Bücher des Juden verbrannt wurden und setzte sich durch. Luther nahm sein Wörterbuch für die Bibelübersetzung zu Hilfe.

Politisch einte Eberhard V. die beiden württembergischen Landesteile Urach und Stuttgart im Münsinger Vertrag vom 14. Dezember 1482, bemühte sich erfolgreich um Frieden mit seinen Nachbarländern, errichtete die Universität von Tübingen (1477) und förderte die Gemeinschaft der frommen »Brüder vom gemeinsamen Leben«, welche als Gemeinschaft von Geistlichen nur Christus als den einen Abt anerkannten, also nicht in der römisch-katholischen Kirche involviert waren. So erlangte er große Beliebtheit im Volk (Abb. 53, 54).

ABB. 53:
Die Genealogie des Hauses Mömpelgard, der Eberhard entstammte.

Talhoffer und Graf Eberhard

Möglicherweise hörte der Graf über das Haus Königsegg, welches freundschaftliche Beziehungen zu Württemberg hegte – eine Freundschaft, die noch heute besteht –, oder von den Freiherren vom Stain von einem charakterstarken, außergewöhnlichen Kämpfer. Diesen wollte er für sein Auftragswerk über Fechtkünste im Ordal anwerben, ebenso wie Talhoffer es im Rahmen eines gerichtlichen Zweikampfes für Junker Lutold von Königsegg (HS. XIX,17–3) schon erarbeitet hatte.

So kam eines Tages ein erfahrener ehemaliger Ordalkämpfer nach Urach, zum damaligen Stammsitz des Hauses Württemberg, der ebenso gottesfürchtige wie charismatische Hans Talhoffer, der schon viele Male in den Gottesurteilen der Gerichtsbarkeit dem Tod ins Antlitz geblickt hatte und offensichtlich stets siegreich gewesen war. Welche Gespräche mögen sie geführt haben? Im Gegensatz zu den vielen anderen Gelehrten, die Eberhard an seinem Hof als Berater hatte, durchschritt nun ein Mann die Tore von Urach, der auch bereit gewesen war, für seine Überzeugung in den Schranken, im Rahmen des Gottesurteils, sein Leben einzusetzen. »Bedenke dich Recht«, der Wahlspruch des großen Schirmmeisters, gab zum Nachdenken Anlass. Hier traf eine starke Persönlichkeit auf einen Grafen, der sein Leben geändert hatte und dieses zum Wohle seines Landes einsetzen wollte. Sicherlich war der Schirmmeister von einem Auskommen abhängig. Aber er verließ niemals nachweislich seinen vom

»Herrn« bestimmten Weg. Ehrlich, wenn auch respektvoll, könnte er seine Ansichten dem Grafen mitgeteilt haben. So mag er sich wohl gefühlt haben in dieser erlauchten Gesellschaft, welche Gott respektierte und Sorge trug für das Wohl der Untertanen. Die großen Fechtmeister haben die Eigenschaft, tief in die Seele ihres Gegenübers blicken zu können. »Nun habe Mut gegen jeden, der da Unrecht tut, gleite nicht hin und her und steh fest wie ein Bär« (siehe »Jung mann«), so konnte auch dieser Satz Talhoffers den Grafen bestätigt haben, dass er für das Richtige eintrat. Innere Stärke und Demut könnte er auf einer Pilgerreise ins Heilige Land vertiefen. Dafür wollte er sein Können im Umgang mit dem Schwert möglicherweise erweitern. Da die Tafeln im Fechtbuch für einen fortgeschrittenen Schüler ausgelegt waren, zudem im Kapitel über »Das Lange Schwert« die meisten Techniken nur knapp – in der Regel mit nur einer Tafel und kurzem Text – erklärt wurden, ist anzunehmen, dass Meister Talhoffer den Grafen längere Zeit unterrichtet hatte. Dieser war offenbar wissbegierig und die alte Oberflächlichkeit aus vergangenen Jugendzeiten schon lange vorbei. Das Resümee der Gespräche der beiden Männer war dann wohl lediglich eine Bestärkung der Ansichten von Eberhard V., Frieden mit seinen Nachbarn zu halten, die Wissenschaft zu fördern und sein Land zu Wohlstand zu verhelfen.

Der Graf wollte ein Werk, welches die damalige Gerichtsbarkeit mit ihren vielen Waffen darstellte, und er ließ sich die Qualität wohl einiges kosten.

ABB. 54:
Das prunkvolle Schwert Herzog Eberhards befindet sich noch heute in Besitz des Hauses Württemberg.

Graf Eberhard aber begann seine Pilgerreise 1468 und von dort brachte er im Angesicht der Grabeskirche und seines dort erhaltenen Ritterschlags womöglich sein Motto: »Attempto« (»Ich wag's«) mit. »Bedenke dich recht und dann tue es« ist eine Kombination, die jeder große Herrscher beachten musste. Eberhard, der Heilig-Grab-Ritter, wurde einer der beeindruckendsten Persönlichkeiten des deutschen Adels und 1495 als Eberhard I. von König Maximilian I. in den Herzogsstand berufen. Er gilt heute noch als Wegbereiter des modernen Württemberg.

Am 24. Februar 1496 verstarb Eberhard I., der erste Herzog von Württemberg. Der spätere Kaiser Maximilian I. soll den toten Herzog an dessen Grab auf dem Einsiedel mit folgenden Worten gewürdigt haben: »Hier liegt ein Fürst, welchem ich im ganzen Römischen Reich an Verstand und Tugend keinen zu vergleichen weiß. Sein Rat hat mir oft genützt.«

Leider ist der Schreiber beziehungsweise der Zeichner unbekannt geblieben. Noch ein letztes Mal ließ sich Hans Talhoffer selbst abbilden und, wohl inspiriert von seinem Umfeld, ließ er ein Werk schaffen, in dem die Schwerkraft kaum eine Rolle zu spielen schien. Leichtfüßig, tänzerisch, in anmutiger Haltung sind die Figuren auf den Tafeln dargestellt, damit es dem Auge des Grafen wohlgefällig war. Talhoffers ganzes Können spiegelt sich in dieser Handschrift wieder, die einer Offenbarung der Fechtkunst gleicht. Noch ein letztes Mal sieht man den loyalen, gottesfürchtigen Kämpfer selbst in vollendeter Haltung abgebildet. Auf dem Höhepunkt seiner literarischen Schaffenskraft schuf er sein bedeutendstes Werk zur Darstellung von Kämpfern. Danach verlieren sich seine Spuren im Sand der Geschichte. Das Letzte, was man von ihm annimmt, ist die Mitbegründung der ersten »modernen« deutschen Fechtergilde, der »Bruderschaft von St. Markus vom Löwenberge, Gemeine Bruderschaft unserer lieben Frauen, der reinen Jungfrau Mariens und des heiligen und gewaltsamen Himmelsfürsten Sankt Marxen« (Markus), deren Wappen, ähnlich dem von Talhoffer, den Markuslöwen zeigt (Abb. 55). Es war eine Fechtergemeinschaft, der u. a. auch Meister Paulus Kal angehörte. Diese Fechtergilde war die erste moderne des Spätmittelalters im Deutschen Reich. Sie erhielt den Privilegienbrief von Kaiser Friedrich III., welcher die Ausbildung und Verbreitung der Schwertfechtkunst regelte. Endlich konnte auch das gewöhnliche Volk mit der Insignie des Adels, dem Schwert, fechten und sportiven Umgang miteinander pflegen.

Über den Codex Icon. 394a, seine Interpretation und experimentelle Rekonstruktion

Die Provenienz des Fechtbuches

Hans Talhoffer: Fechtbuch
ehem.: Gotha, Herzogliche Bibliothek,
Memb. I 114.
heute: München, Bayerische Staatsbibliothek,
Cod. Icon. 394a.

Angefertigt wurde der Codex von 1467 im Auftrage von Hans Talhoffer für Graf Eberhard V. im Barte von Württemberg und Urach (1459–1496). An zwei Stellen begegnet der Leser Talhoffer persönlich: Während auf der ersten Seite nur der Name »Dalhoffer« verzeichnet ist, zeigt die letzte Tafel 270 den Meister mit einem Spruchband, das folgende Inschrift trägt: »Das buch hat angeben hans talhoffer und gestanden zu mallen«. Hierfür hat Talhoffer selbst Modell gestanden. Graf Eberhard vermachte die Fechthandschrift testamentarisch seinem Neffen, dem Landgrafen Wilhelm II. von Hessen (1469–1509). Im 16. Jh. war sie Bestandteil der Münchener Hofbibliothek. Bei der Eroberung Münchens durch schwedische Truppen im Jahre 1632 wurde sie von Herzog Wilhelm von Sachsen-Weimar (1598–1662) nach Weimar in Sicherheit gebracht. Von Wilhelms Bruder, Herzog Ernst dem Frommen von Sachsen-Gotha, wurde sie übernommen und zwischen 1640 und 1647 nach Gotha in dessen Bibliothek überführt. Am 27. März 1945 gelangte Talhoffers Werk nach Coburg. Nach zweijährigen Verhandlungen wurde es 1951 von der Bayerischen Staatsbibliothek erworben und trat zum bisher letzten Mal die Reise nach München an. Dort ruht der Codex heute in einem entsprechend temperierten Tresorraum der Handschriftenabteilung der Bayerischen Staatsbibliothek.

Bei dem Einband handelt es sich um einen für die Zeit typischen Holzdeckeleinband mit Lederüberzug und einer Schließe. Das Leder ist mit Streicheisenlinien und Einzelstempeln verziert. Zwischen den beiden Holzdeckeln, die den Einband verstärken, befinden sich 270 Tafeln (die Tafeln 127 und 222 sind leer). Die weißen Seiten sind mit colorierten, oft lavierten (Verwischungstechnik) Federzeichnungen versehen. Wer der Künstler und der Schreiber des Textes waren, ist unbekannt. Der Codex ist eine Erweiterung von Talhoffers vorangegangenen Fechthandschriften. Viele dort schon enthaltene Techniken sind auch im Gothaer Codex von 1467 vertreten, wenn auch besonders rasant dargestellt. Die dargestellten Figuren sind ebenso dynamisch wie anmutig in ihren Bewegungen. Die lang gezeichneten Arme und Beine sowie die sich endlos lang um den Waffengriff wickelnden Finger lassen die Morgendämmerung der aufkommenden Renaissance aufscheinen. Lassen Sie, werter Leser, ihre Augen ruhig eine zeitlang auf eine der Tafeln ruhen. Sie werden beim Betrachten den Odem des Kampfes spüren können. Die lebendig wirkenden Kämpfer ziehen das Auge förmlich in ihren Bann.

Der zweite Band über den Codex Icon. 394a enthält folgende Kapitel:

Kapitel	Tafel
1. Kämpfe in den Schranken mit Spieß und Schwert in voller Rüstung	68 – 73
2. Das lange Schwert: Hebel- und Wurftechniken	74 – 78
3. Luzerner Hammer	79 – 103
4. Schild und Kolben	104 – 126

Die Analyse und experimentelle Rekonstruktion der Tafeln

Es sei hier nochmals erwähnt, dass es innerhalb der Kapitel über die verschiedenen Waffen, bzw. den Kapiteln über das Ringen und die Kämpfe zu

Roß, kaum eine Gliederung innerhalb der Thematiken gibt. Weder taktische Prinzipien wie Stuck und Bruch, Einlaufen oder Versetzen mit einer bestimmten Technik, noch Körperverschiebungen mit bestimmten Schrittfolgen oder Techniken wie Schielhau, Zornort oder Würfe und Hebel sind in Unterkapitel eingeteilt worden. Die Tafelserie 68–73 (wiederum ohne kampftechnisch-taktische Zuordnung, sondern eher als »Bilderschau«), zeigt den Einzug und Kampf in den Schranken, ohne freilich den Ausgang des Kampfes darzustellen. Die Tafeln 74–78 beinhalten Hebeltechniken mit dem Schwert bzw. Ringertechniken. Ringer- und Schwerthebeltechniken sind allerdings auch in der ersten Langschwertserie zu finden. Eventuell waren die Tafeln 74–78 für das Harnischfechten gedacht, was für Halbschwerttechniken – die rechte Hand am Griff, die linke an der Klinge – möglicherweise im allgemeinen gilt. Die günstige Hebelwirkung prädestiniert die Halbschwerttechniken für einen Kampf gegen gut gepanzerte Gegner, um diese zu Fall zu bringen. Im Bloßfechten erweist sich die kürzere Reichweite eher als Nachteil, Halbschwerttechniken können da allerdings wiederum im Nahkampf, bei dem große Reichweite nichts zählt, optimale Anwendung finden.

Interessanterweise hat Talhoffer die Streiter gegenüber seinen Werken von 1443 und 1459 ungeharnischt in Fechtkleidung abbilden lassen.

Auch die Axtstreiter sind diesmal ungeharnischt, also als Bloßfechter gezeichnet. Ungewöhnlich, da die Axt eine hervorragende Waffe gegen gepanzerte Gegner ist. Sie wird in der Regel – so zum Beispiel bei Fiore dei Liberi's »Flos Duellatorum« – von geharnischten Gegnern geführt (Talhoffer Gepanzerte mit Stangenaxt Thott 135r). Talhoffer zeigt dies in seinen Werken unterschiedlich.

Für die Rekonstruktion der Kampftechniken in diesem Band wurde die Tafelserie »Das Lange Schwert: Ringertechniken« ausgewählt, außerdem das Kapitel über die Axt sowie das Kapitel »Schild und Kolben«. Der Tafelserie »Kampf in den Schranken« (Tafel 68–73) wurde keine größere Aufmerksamkeit geschenkt, da es sich um eine Genredarstellung vom Einzug in die Schranken handelt und nicht um erläuterte Techniken. Die Tafeln 72 und 73 hingegen finden ihre Anwendung bei der Interpretation von Tafel 37 in Band 1.

Auch in diesem zweiten Band mussten von den Fechtdarstellern Standfotos geschossen werden, um die Details erkennbar zu machen. Die Beschreibung von Meister Talhoffers Anmerkungen zu den Tafeln wurde sinngemäß wiedergegeben. Sie ist auf keinen Fall als allgemeingültig zu sehen und dient lediglich als Hilfe, die entsprechende Tafel besser zu verstehen.

Die begrenzte Anzahl an aufeinander folgenden Tafeln, die eine Technik veranschaulichen sollen und das Fehlen eines thematisch geordneten Aufbaus innerhalb der Kapitel machen den Codex als Lehrbuch für den Einsteiger sehr schwer verständlich. Es war wohl zum einen als Unterrichtsbuch, als Gedächtnisstütze und als Nachschlagewerk für einen fortgeschrittenen Schüler, eben für Graf Eberhard im Barte, konzipiert worden – aber auch um dem interessierten Landesherrn den Waffenumgang in der Gerichtsbarkeit aufzuzeigen.

Das mysteriöse Verschwinden oder Erscheinen von Waffen in den Bildabfolgen

In Tafel 103 erscheint plötzlich ein Messer. Beide Kämpfer in den gerichtlichen Zweikämpfen mussten gleich bewaffnet sein. Talhoffer hielt es hier nicht für nötig, diese in den Tafeln 100–102 abzubilden.

In Tafel 124 hat der rechte Kämpfer seinen Kolben verloren, in Tafel 125 taucht dieser plötzlich wieder auf. Stellen wir uns vor, dass er ihn in einem Nahkampf vorher verloren hat. Ich musste den Kolben auf jedenfall dahin platzieren, dass der Kämpfer ihn nach dem Wurf des Gegners auch wieder flüssig mit der rechten Hand aufnehmen konnte.

Deutlichere Interpretation

Auch im zweiten Band der »Mittelalterlichen Kampfesweisen« bleibt die Frage offen, ob Meister Talhoffer den Text auch tatsächlich so gemeint hat, wie der Verfasser ihn verstanden haben möchte. Wie schon im ersten Band, muss auch hier betont werden, dass diese Interpretation sowohl vom germanistischen als auch fechttechnischen Standpunkt aus ein weiterer Versuch und eine Hilfe für zukünftige Verifizierungen sein soll, Meister Talhoffers Fechtkunst zu verstehen. Bei der Darstellung der Techniken gab schon der Meister selbst eine große Hilfe: Im Gegensatz zum ersten Band sind hier meines Erachtens viele Technikabfolgen dargestellt. So zum Beispiel die Tafelabfolgen 88–89 und 113–116, beide enden mit der Bemerkung, dass das Stück vollbracht ist. Die Tafeln 100–103 stellen ebenfalls eine Abfolge dar. Die Tafel 99 steht wahrscheinlich für sich, wurde aber logisch als Eingang mit eingebunden (Abb. 56).

Die gegenüber dem »Langen Schwert« im ersten Band recht eindeutige Handhabung des Luzerner Hammers, den Talhoffer einfach Axt nennt und der Stechschilde in Bildabfolgen, macht die Interpretation jetzt durchsichtiger und kampfhistorisch korrekter. Darüber hinaus erübrigen sich die Fragen, inwieweit sich Talhoffer von der Liechtenauerschen Schwertfechtkunst gelöst hat, was im ersten Band die Tafelinterpretationen sehr schwierig gemacht hatte. Je nach Annäherung an Liechtenauer ergeben sich da völlig unterschiedliche Interpretationen. Derzeit gibt es in etwa drei verschiedene Ansichten:

1. Talhoffer war definitiv Verfechter der Liechtenauerschen Schule und hat diese in seinen späten Werken verdeckt.

ABB. 57:
Der Autor instruiert zwei moderne
Kämpfer in ungewohnter
Kleidung und Ausrüstung.
Der Boden ist kalt und feucht.

2. Talhoffer hat in Liechtenauers Tradition gearbeitet, hat aber seinen eigenen Stil entwickelt und sich von dieser entscheidend gelöst, obwohl er z.T. noch darauf zurückgriff.

3. Talhoffer hatte einen Einblick in Liechtenauers Tradition, benutzte sie aber als Freigeist nur am Rande, er hatte seine eigene Entwicklung, unabhängig von jedem Dogma.

Zu dieser Frage wird weiter nachgeforscht und in den folgenden Bänden revidiert werden.

Der Tafelteil gliedert sich wie gehabt in a) Originaltext, b) Übersetzung und c) einer ausführlicheren Beschreibung des Situationsablaufes auf der Tafel. Der Originaltext wurde nahezu wörtlich übersetzt.

Wie im ersten Band wurden die Tafeln und die damit verbundenen Fechttechniken in den entsprechenden Fotos möglichst detailgetreu wiedergegeben. Dass nicht immer der Ellenbogen oder der Fuß zentimetergenau wie auf den Originalabbildungen nachgestellt ist, liegt an der Eigendynamik und der Anatomie der darstellenden Personen sowie daran, dass eine Technik so ggf. deutlicher aufgezeigt werden konnte. Die Zeichnungen sind bezüglich der Mensuren oft nicht stimmig. Gerade bei dem Luzerner Hammer mit seiner langen Stange reichte der Platz auf der Tafel einfach nicht aus. Die Abstände sind also häufig zu stark verkürzt abgebildet.

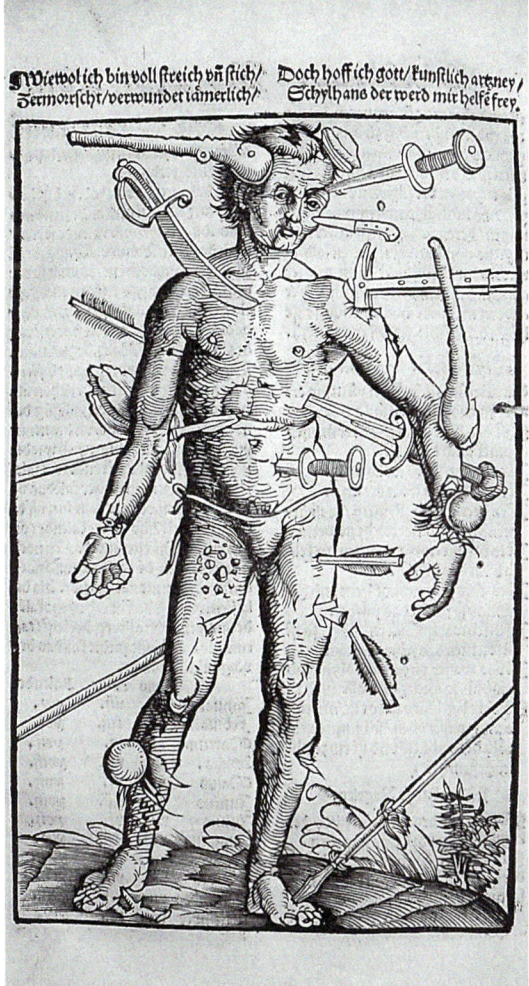

ABB. 58:
Um nicht so auszusehen wie
der sog. »Wundenmann«
aus Hans Gerssdorfs Feldtbuch
der Wundartzney von 1517,
sei es jedem mit Waffen Übenden
angeraten, dies mit Umsicht
und nur unter Anleitung eines
kompetenten Ausbilders zu tun.

Die im Tafelteil dargestellte Fechtkleidung der Akteure wurde dem historischem Vorbild weitgehend optisch angepasst (Abb. 57).

Der Autor und der Verlag übernehmen keinerlei Haftung für das Nachahmen der in diesem Buch beschriebene Techniken dritter.

Wenn geübt wird, dann sollte dies nur mit entsprechender Schutzausrüstung und mit einem erfahrenen Fechtlehrer getan werden (Abb. 58).

Die Erforschung einer Technik

Die Interpretation einer Tafel hängt vom Auge des Betrachters ab. Erfahrene Fechtlehrer sehen in der Regel sofort mehrere Möglichkeiten, die in einer Fechttafel stecken. Die erste Prämisse ist, die Technik muss funktionieren. Es gilt aber auch die, eine »beste« Auslegung zu finden – sofern es eine Beste überhaupt gibt – was manchmal sehr schwierig sein kann. Es kommt zum einen auf die Situation des »Eingangs«, dem Vormoment zur eigentlichen Technik an. Aber auch, ob man einen zweiten oder mehr Angreifer bzw. die Umgebung mit ihrer Bodenbeschaffenheit und ihrem begrenzten Raum z.B. in den Schranken mit einbringt. Weiter muss man versuchen den Kontext zu verstehen in dem das Fechtbuch steht. Der Text der entsprechenden Aktion steht in Talhoffers Fechtbuch meist auf der Tafelseite des Kämpfers, welche diese ausführt, aber eben nicht immer. Dies erschwert manchmal jede Interpretationsarbeit ungemein, so eben auch die bei Tafel 15. Da die Techniken des langen Schwertes in Talhoffers Fechthandschrift meist in einer Tafel, ohne Abfolge für sich stehen, ergibt sich also oft die Frage nach der Kampferöffnung. Einen Einblick in die Gedankengänge und den damit verbundenen Schwierigkeiten bekommen wir bei einer Analyse der weiteren Varianten von Wolfgang Abart, Arno Eckhardt und Johannes Wolff. Die Tafel 15 aus Talhoffers Fechtbuch von 1467 ist eine von vielen, die Rätsel aufgibt. Schauen wir uns den Text zu Tafel 15 an, welche anfolgend interpretiert wird:

Das wegbinden oder hinterbinden

In Variante 1 wurde das gegnerische Schwert durch die obere Versatzung hinterbunden und nach hinten abgelenkt, um den anfolgenden Konter auszuführen. Der beschreibende Text für diese Auslegung: Aus der Perspektive schlecht zu erkennen, aber aus Meister Talhoffer's Beschreibung zu erlesen ist, dass der Oberhau zur Seite versetzt wird (Hinter- oder Wegbinden) also definitiv nicht die Schulter des Verteidigers trifft. Der Verteidiger schlägt das gegnerische Schwert beiseite, stößt die Angreiferin weg und haut mit seinem Schwert

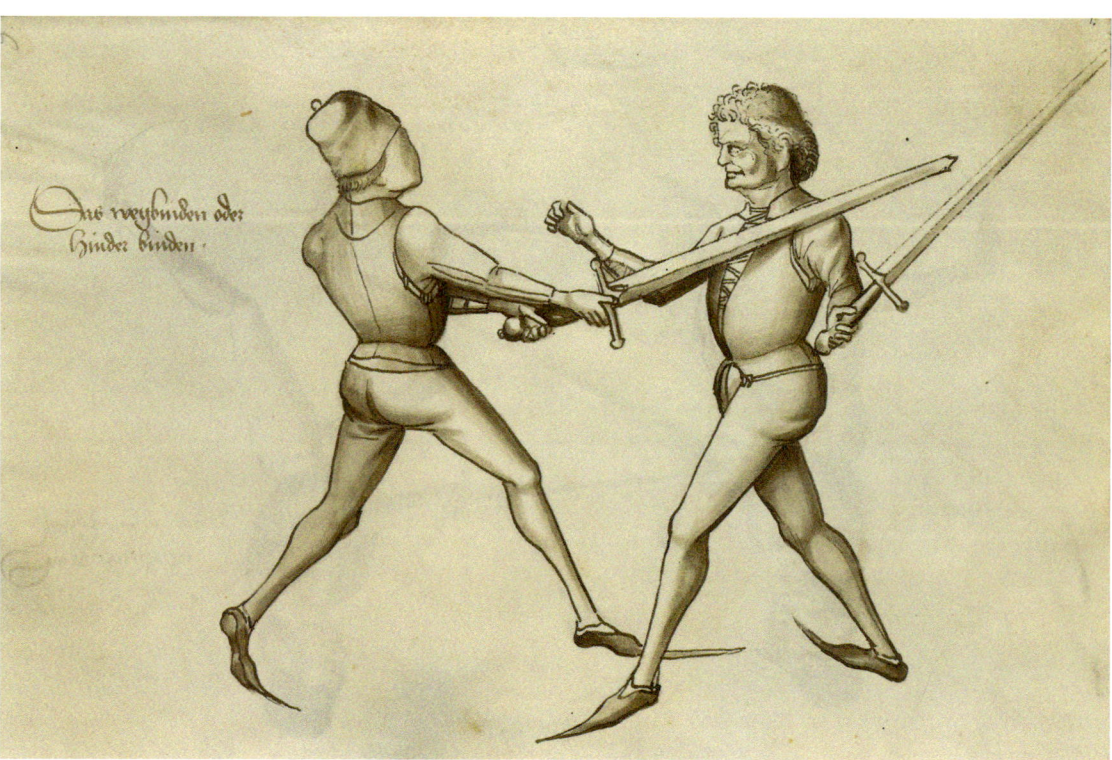

1

2

3

4

zu. Das weg-, oder hinterbinden wurde hier auf den möglichen Kontakt der Schwerter kurz vor der eigentlichen Tafeldarstellung interpretiert. Betrachtet man die rechte Daumenhaltung des linken Kämpfers auf der Originaltafel, muss man noch einbringen, dass dieser statt des Oberhaus eher mit einem Zwerch-, oder Schielhau angegriffen hat. Diese beiden Angriffe können aber ebenfalls mit der oberen Versatzung abgewehrt werden (Abb. 59).

Dass der Hau eben auch treffen kann, im Gegensatz zu Variante 1 und 5, belegen die Auslegungen von Variante 2 bis 4 (Abb. 60).

In den folgenden Varianten werden die Hände, bzw. die Unterarme des rechten Kämpfers mit dem »Hinterbinden« konfrontiert. Variante 4 ist ohne eine Bindung als »Überfall« ausgeführt. Das Hinterbinden wird hier, gegenüber Variante 1, als taktisch räumliches Prinzip von Wolfgang Abart interpretiert.

Bei der Variante 2 gehen wir davon aus, dass der linke Kämpfer der Ausführende ist, da sich in seinem Rücken der erklärende Textblock befindet. Der andere könnte Talhoffer selbst sein. Weiter gehen wir davon aus, dass »wegbinden« oder »hinterbinden« die dargestellte Situation ist, und nicht die Aktion davor oder eine Aktion, die daraus entsteht. Wir sehen die Tafel eher als eine Momentaufnahme ähnlich dem »anbinden«, bei dem ein Klingenkontakt hergestellt wird, um die gegnerische Klinge zu kontrollieren. So wird hier ein Kontakt hinter der gegnerischen Klinge auf der Schulter hergestellt, um ihn mit der Hauptschneide am Hals und gegebenenfalls mit der Rückenschneide am Arm zu bedrohen und ihn auf diese Weise zur Aufgabe zu zwingen.

Die Mitglieder der historischen Fechtgruppe »Lebendige Schwertkunst« haben sich im Training darüber Gedanken gemacht, wie man in die dargestellte Situation auf Tafel 15 kommen könnte:

Schwert löst. Der Mann mit Hut braucht dann nur noch seine Klinge dem anderen an den Hals zu legen (Abb. 61).

Variante 3 wurde von Arno Eckhardt und Johannes Wolff erarbeitet. Auf Bild 2 und 3 wird das Prinzip des »Zuckens« verdeutlicht. Um die Initiative zu erlangen, drücken beide Kämpfer im Band gegen die gegnerische Klinge. Der linke Kämpfer zuckt sein Schwert nach unten links weg, von dort fegt er das gegnerische Schwert nach rechts zur Seite weg und schneidet mit seiner Klinge zwischen die Hände des rechten Kämpfers, öffnet den Raum und trifft ihn an dessen Hals (Abb. 62).

Der überraschende »Überfall« in Variante 4 lässt den rechten Kämpfer in Bild 3 geschockt mit weit aufgerissenen Armen »sterben« (Abb. 63).
Ausgearbeitet von Arno Eckhardt und Wolfgang Abart

Variante 5 zeigt einen Handhebel, der aus der Tafel 15 resultiert, ausgehend von einem Stich des Angreifers zum Halsbereich (Abb. 64).
Ausgearbeitet von Arno Eckhardt und Wolfgang Abart

Fragen bleiben dennoch: Warum hat Talhoffer bei seiner Beschreibung »weg- oder hinterbinden« geschrieben, wie in Bezug auf das wegschlagen der Klinge in Variante 1 und 3 gezeigt? »Das Wegschlagen durch das Hinterbinden der gegnerischen Klinge« hätte deutlich Aufschluss gegeben. Offensichtlich bezieht sich das Binden nicht nur auf das Schwert, sondern kann eben auch einen Körperteil betreffen, z.B. den Unterarm beziehungsweise die Hand, wie in Variante 2 und 3 gezeigt. Dazu kommt eben das taktisch räumliche Prinzip des Hinterbindens in allen Varianten, abgesehen von der letzten. So ist hier, wie schon oben beschrieben, das Schwert des linken Kämpfers vor dem gegnerischen, am Hals des Gegners platziert. Novum ist hierbei Variante 4, die den getroffenen Gegner erst nach dem Einschlag der Klinge die Arme öffnen lässt. Diese Darstellung wäre dann kein taktisches Prinzip und ist situationsbedingt zu sehen. Schlussendlich bleibt zu bemerken, dass sich jedwede Art des Bindens zunächst auf die Schwertbindung bezieht, aber eben kein muss ist.

Es gibt noch viele andere Varianten, die hier alle unmöglich aufgezeigt werden können. Dieses Kapitel sollte einen Einblick in die Denkweise der Fechtlehrer geben, wie sie historische Quellen analysieren, interpretieren und die entsprechenden Techniken darstellen und unterrichten. Vier Fechter, sechs Meinungen, sehr inspirierend. Die Forschung geht durch Kommunikation weiter.

ABB. 61:
Variante 2

Unsere erste Idee war, ein Stich von schräg links unten, hinter die Arme des Herren ohne Hut zu machen, während dieser im Eisenport steht. Wir verwenden den Begriff »Eisenport« nach der Beschreibung in Joachim Mayers Fechtbuch von 1570, die in etwa der italienischen Stellung »Posta breve stabile« bei Getty 24r-3 entspricht.

Diese Idee haben wir aber verworfen, da der Ausführende das Schwert im Daumengriff hält und wir so auf den Krumphau von unten gegen den rechten Unterarm gekommen sind. Der Angreifer kann die Stellung des Eisenports brechen, wenn er nach links ausweicht und von unten zum rechten Handgelenk schlägt. So bleibt dem Angegriffenen nur, seine Hand in Sicherheit zu bringen und das macht er wie auf der Tafel dargestellt, indem er die Hand vom

1

2

3

4

5

ABB. 62:
Variante 3

1

2

1

2

ABB. 64:
Variante 5

3

TAFELTEIL

Hie gat er in den schrancken –
Der tregt Im sin Zug vor

Hier geht er in die Schranken (Kampfplatz) –
Der trägt ihm sein Zeug vor.

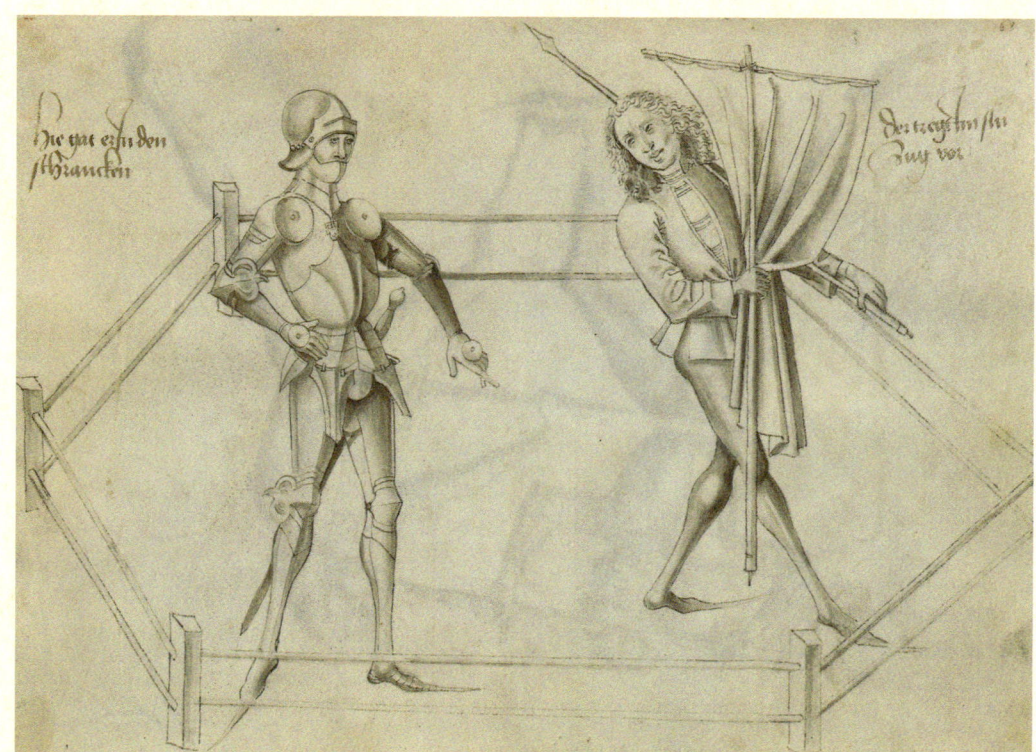

Hie sitzent sie beid Im schrancken
und wartent des anlas
und hat yeder sin bär hinder Im
und sin grieswarten vor Im.

Hier sitzen sie beide in den Schranken
und warten auf den Beginn des Kampfes
und jeder hat seine Bahre hinter und
seinen Grießwart vor sich.

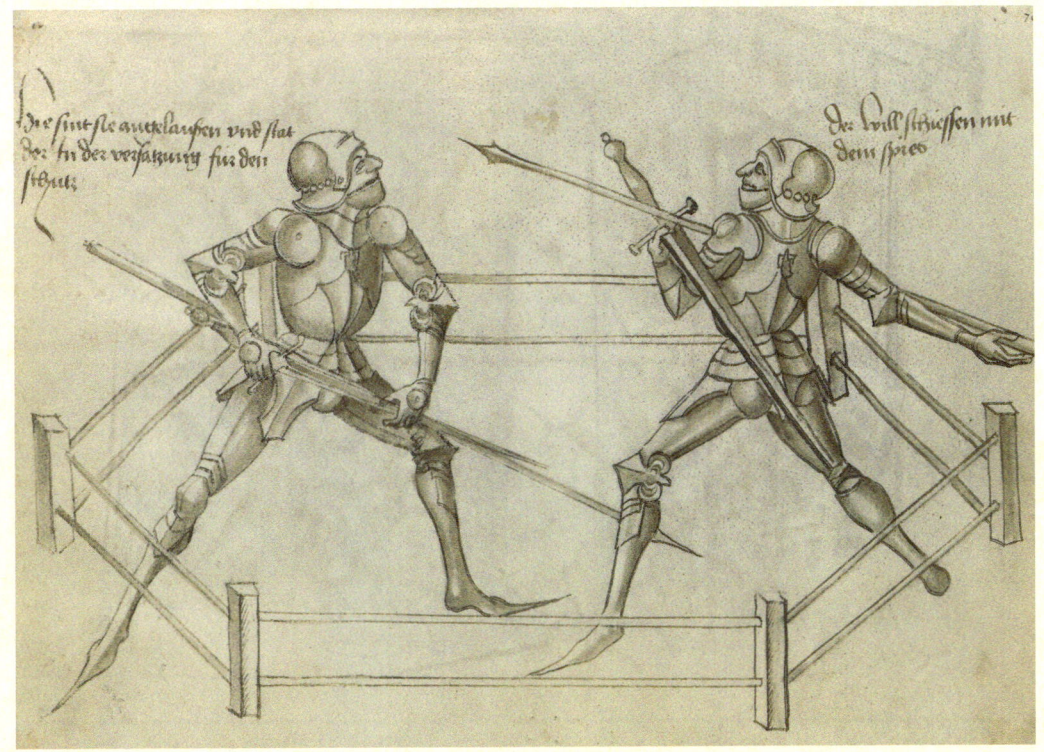

Hie sint sie angelauszen
und stat der in der versatzung
für den schutz –
Der will schiessen mit dem spies

*Hier sind sie angelaufen, der (linke Kämpfer)
steht in der Versatzung zum Wurf –
Der will mit dem Spieß werfen.*

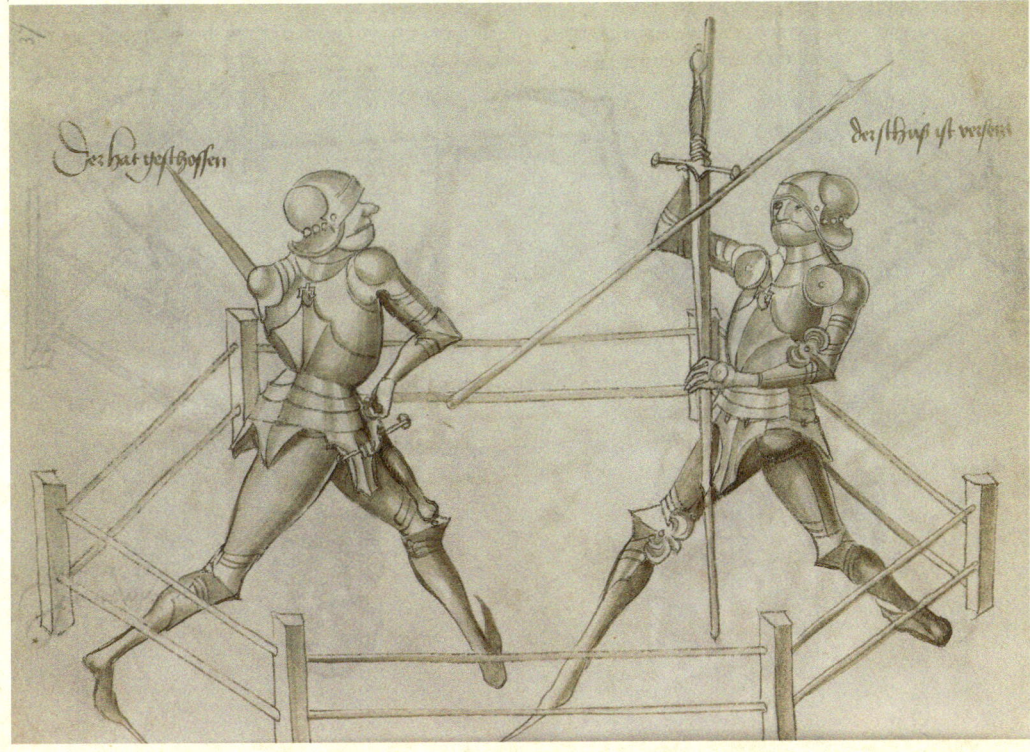

Der hat geschossen –
Der schusz ist versetzt

Der hat geworfen – Der Wurf ist versetzt.

Das versetzen für den schlag. –
Der anlouff mit dem Mordtschlag

Das Versetzen gegen den Schlag –
Der Anlauf mit dem Mordschlag.

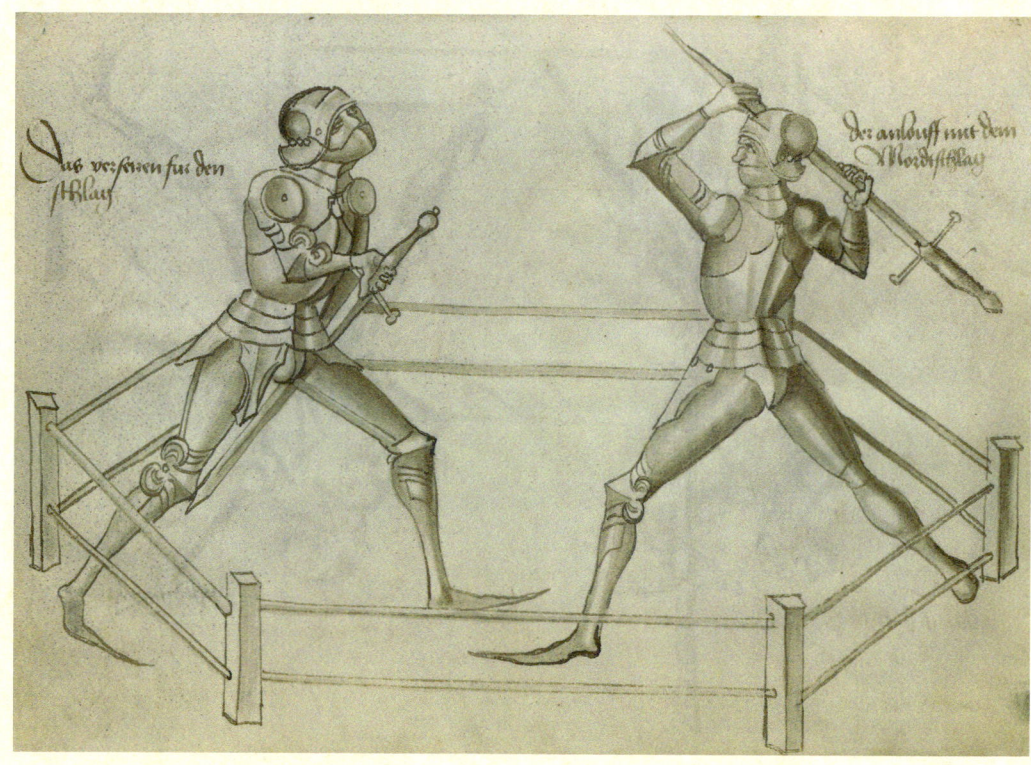

Usz der versatzung
hinweg stossen – Der haut den
straich vollbraucht

Aus der Versatzung den Gegner
hinwegstoßen – Der hat den (Mord)streich
vollbracht.

Und für treten und werffen uber den schenckel

Und vortreten und über den Schenkel werfen.

Ain bruch für ain fryen schlag versetz gewaubet
und ubergryff den man und fall uff den dritten fus

Einen Bruch gegen einen freien Schlag versetzte gewappnet
und übergreife den Mann und fall auf den dritten Fuß.

1

2

7

3

4

8

5

6

Verwirrend ist hier »… und fall uff den dritten fus«
(der linken Hand). Wir haben hier die Tafel so ausgelegt, dass es heißen müsste: »… übergreife den
Mann, welcher auf den dritten Fuß fällt.«
Außerdem haben wir ihn noch einen Konterwurf
ausführen lassen.
Allerdings steht der Text rechts und der Fechter,
auf dessen Seite der Text steht, gewinnt in der Regel,
so dass von diesem Standpunkt aus gesehen Bild 6
den Abschluss der Sequenz bildet (Variante 1).

VARIANTE 1 (BILD 1–6)

Nach der Klingenbindung lenkt der Verteidiger beide Schwerter
nach rechts. Beide lösen sich von ihren Schwertern,
um im Nahkampf den Gegner niederzuringen.
Dem Verteidiger gelingt es eher, die gegnerischen Arme
zu kontrollieren.
Indem er die Angreiferin nach rechts abdreht,
die Bewegung weiterführt, bringt er sie so aus dem
Gleichgewicht und damit zu Boden.
Wichtig für den Wurf ist auch das Umklammern

des linken Armes der Angreiferin,
so dass der Hebel verstärkt wird
Schließlich ist seine rechte Hand an ihrem Hals.

VARIANTE 2 (BILD 7–8)

Die Fechterin umklammert den Hals
des Fechters, lässt sich nach hinten fallen und
wirft ihn über sich. Die Variante funktioniert
nur bei Griff und Standunsicherheit
des Fechters.

Stuck und bruch

Stuck und Bruch.

1

2

7

3

4

8

5

6

1. Variante Variante 1 (Bild 1–6)

Wie in Tafel 74 soll die Fechterin
hier zu Fall gebracht werden. Diese lässt
jedoch frühzeitig ihr Schwert los,
dreht sich hinter den Fechter ein
und führt durch die kreisförmige
Bewegung der Arme einen Radwurf aus.

2. Variante (Bild 7–8, 4–6)

Die Verteidigerin weicht etwas auf die linke
Seite aus, wobei sie mit ihrem rechten
Unterarm den Fechter kontrolliert.

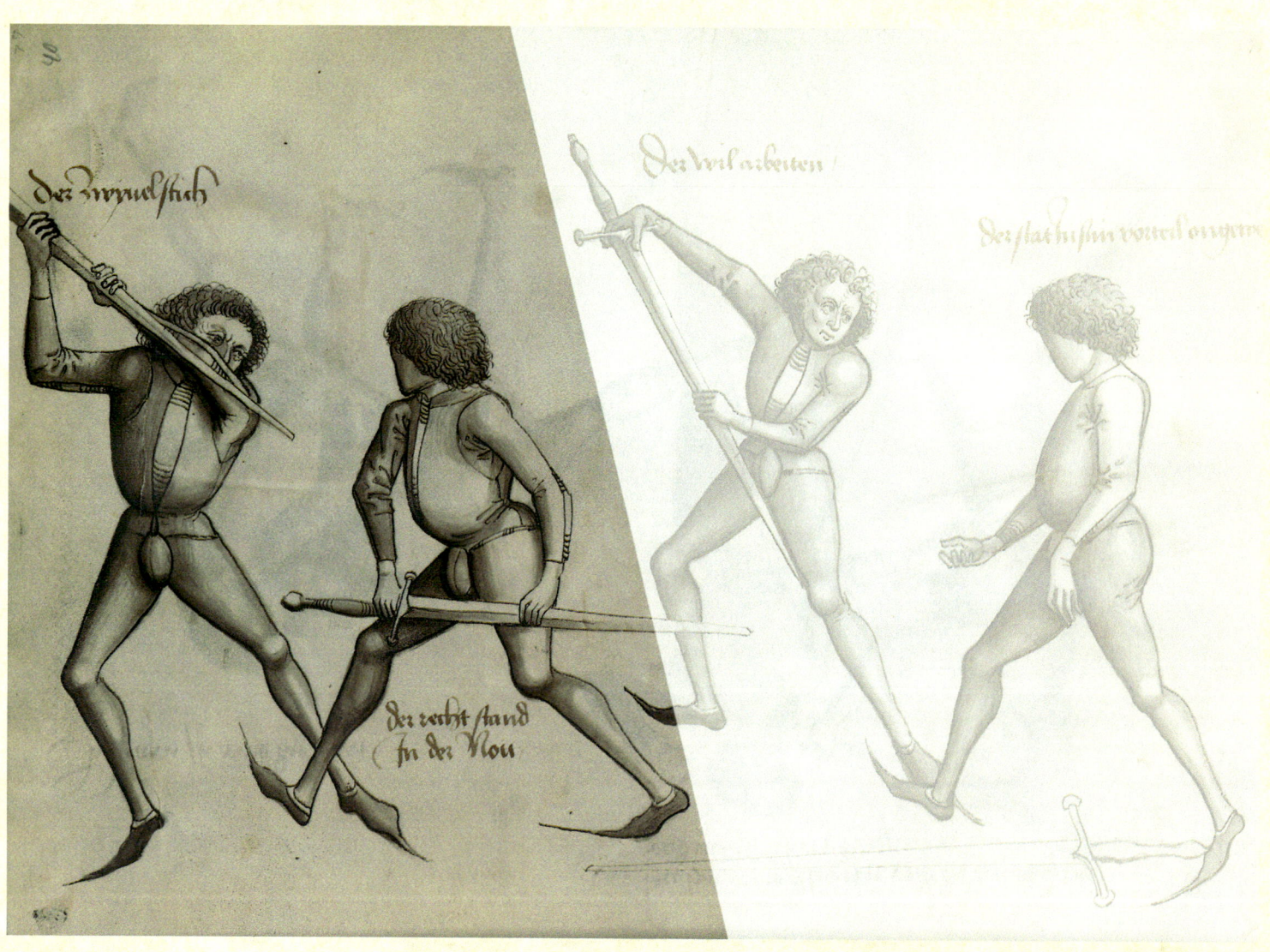

Der Zwyuelstich – Der recht stand in der Nott (77 a)

Der Zweifelstich – Der rechte Kämpfer steht in der Not.
Zwerchstich, zweifach?

1

2

3

4

Der Verteidiger hakt sich mit dem Gehiltz
zwischen die Arme der Angreiferin ein
und hebelt sie zu Boden.

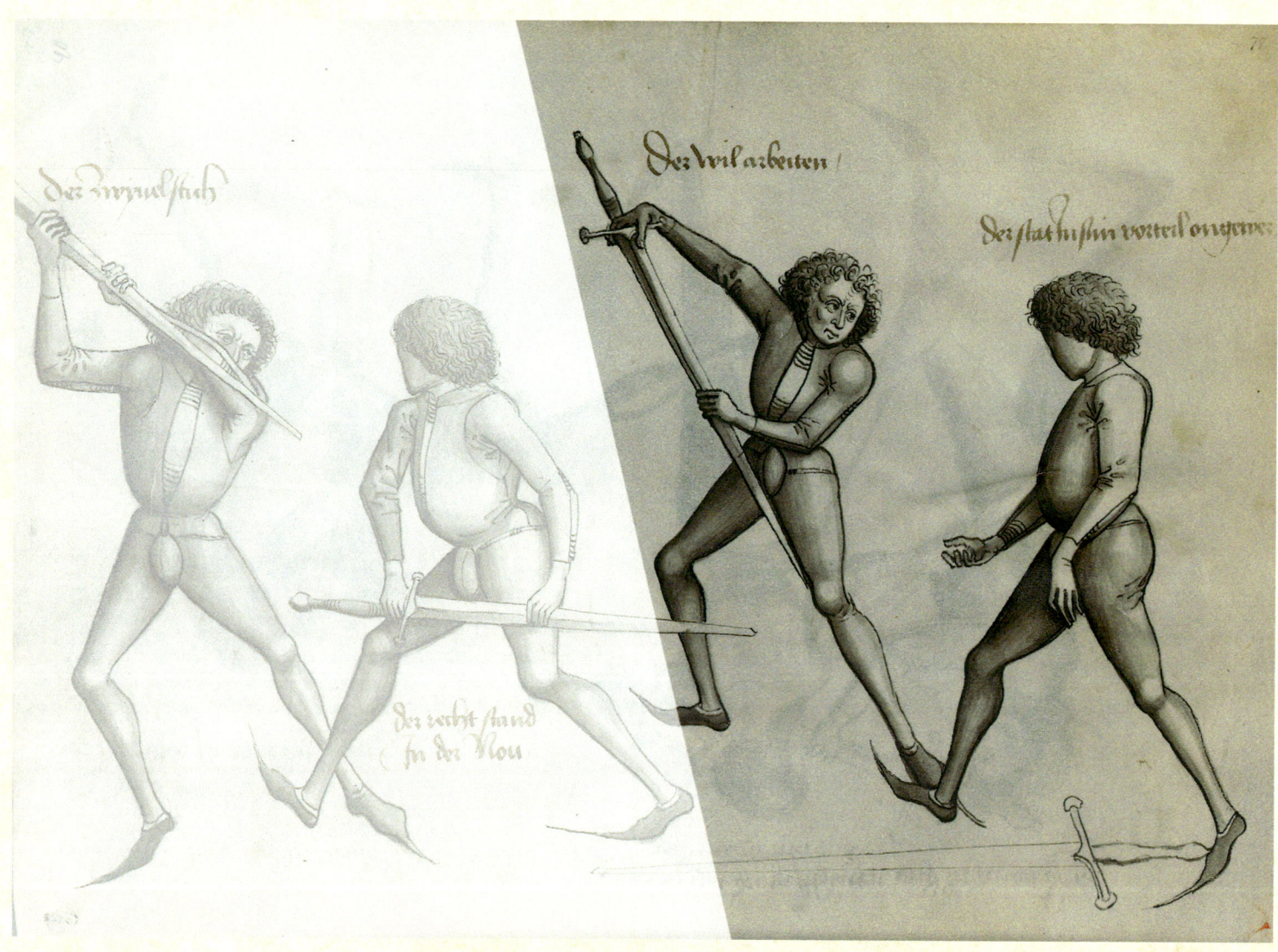

Der wil arbeiten – Der stat In sin vorteil ongewer (77 b)

Der linke Kämpfer setzt zum Arbeiten an – Der rechte steht in seinem Vorteil ohne Waffe.

1

2

VARIANTE 1 (BILD 1–4)
Der Verteidiger umfasst
beide Hände der Fechterin.
Sein rechter Oberarm
bringt den notwendigen Druck
gegen das Ellenbogengelenk
der Angreiferin,
um sie mit der entsprechenden
Körperdrehung zu werfen.

3

4

VARIANTE 2 (BILD 5–8)
So könnte der Wurf aussehen,
der auf Tafel 78 missglückt.

5

6

7

8

Da fingen sie vmb das swert

hie hat der gesschlagen vnd der ander spert
vnd macht ain end

TAFEL 77 B UND 78 A
ALS BILDABFOLGE

Im Gegensatz zu Tafel 77 b
weicht der Verteidiger
nicht weit genug
aus der Angriffslinie aus, auch
ist der Ansatz zu einem Wurf
zu wenig zwingend; es folgt
ein für ihn unangenehmer
Aufwärtsschnitt.

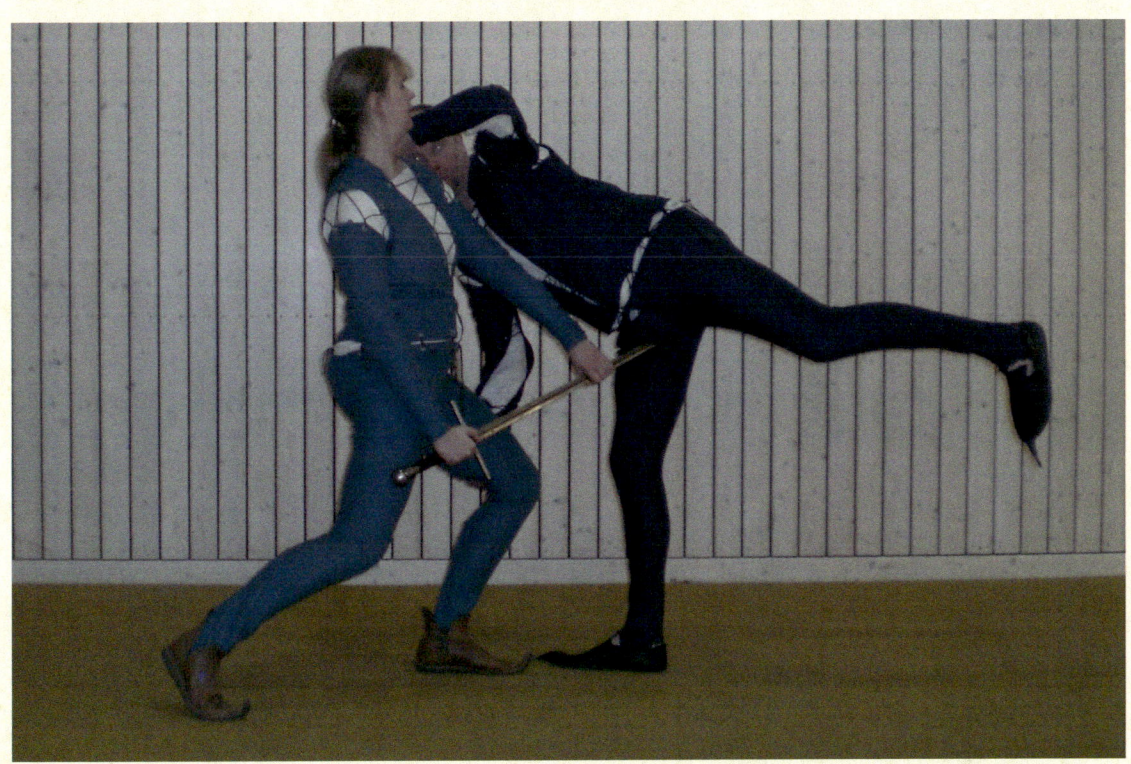

Da Ringen sie umb das swert (78 a) –
Hie hat der geschlagen und der ander versetzt und macht ain end (78 b)

Da ringen sie um das Schwert –
Hier hat der (linke Kämpfer) zugeschlagen, der andere hat ihn versetzt und macht dem ein Ende.

1

2

3

4

Der Verteidiger lenkt
das gegnerische Schwert zur Seite
und sticht der Angreiferin
durch den Hals.

**Das erst anbinden
mit der axst.**

Das erste Anbinden mit der Axt.

**Usz dem anbinden Hat er
In werlousz gemacht.**

Aus dem Anbinden hat er ihn
wehrlos gemacht.

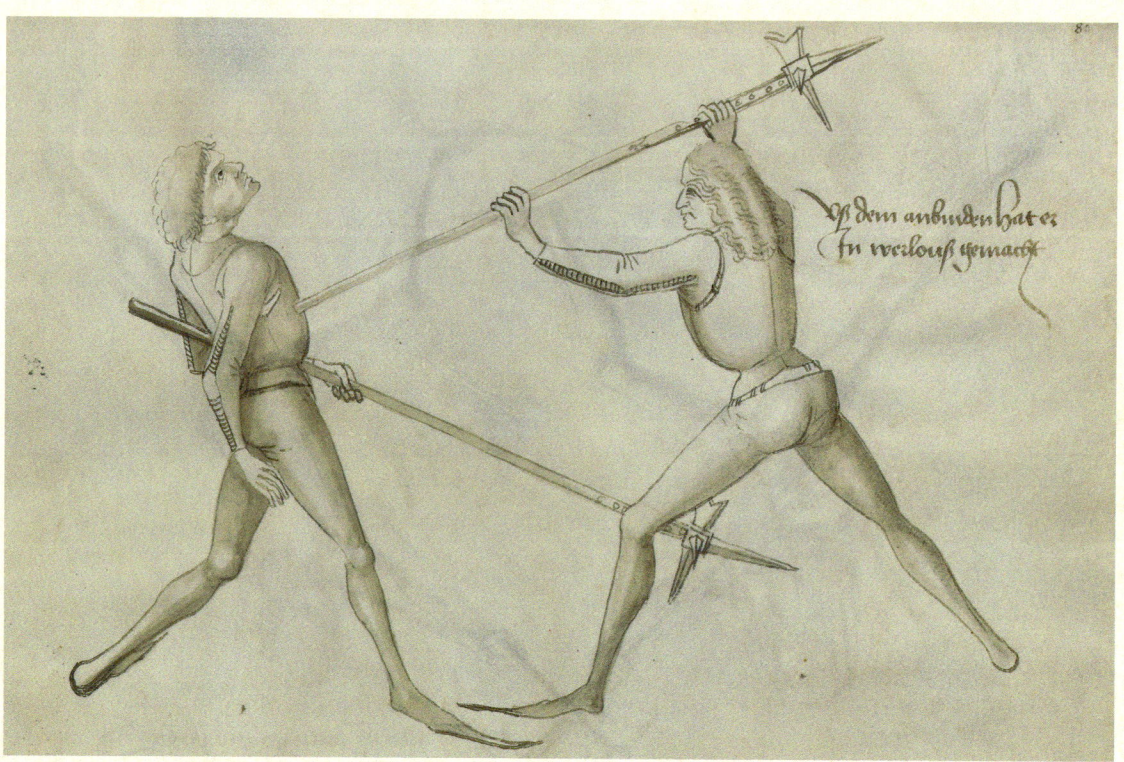

1

2

3

4

5

Nach dem Anbinden windet
der Verteidiger beide Äxte
von links oben nach rechts unten,
schwingt seinen Hammer weiter,
macht dabei einen Schritt zur Angreiferin
und stößt zu.

Der will fry schlahen –
Der will In hinder binden
und In werlousz machen
und sin schlag hinweg
helffen

Der will frei schlagen –
Der will ihn hinterbinden
und ihn wehrlos machen
und seinen Schlag hinweg helfen.

Hie hat er dem schlag
hinweg geholffen und ist
das stuck volbraucht

Hier hat er den Schlag hinweg
geholfen, und das Stück
ist vollbracht.

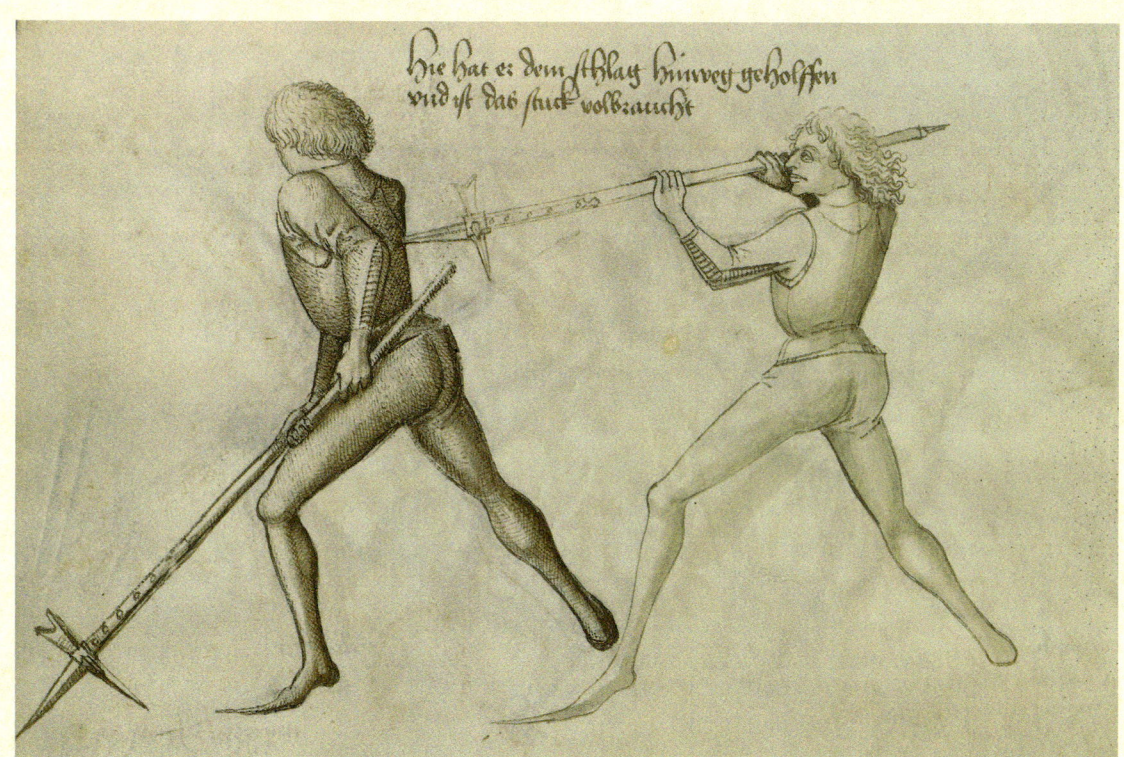

1

2

3

Ein freier Schlag wird hinterbunden, mit Effet nach rechts-
gewunden,
dann zugestoßen.
Alternativ kann auch
mit dem Hammerkopf
abgewehrt werden.

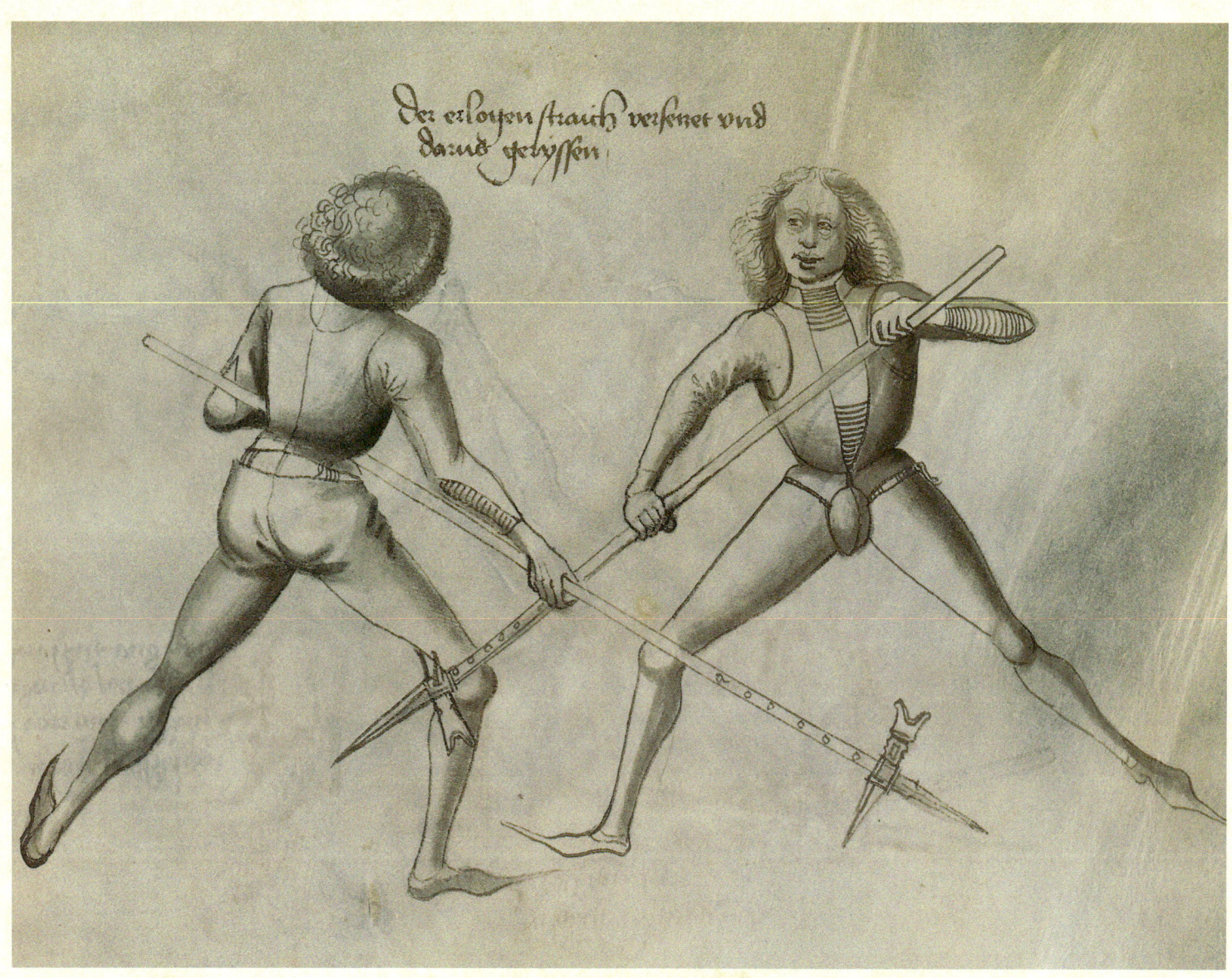

Der erlogen straich versetzet und darus geryssen.

Der fintierte Streich wird versetzt und daraus gerissen.

1

2

3

4

Die Fechterin deutet einen Angriff
gegen die obere Blöße an, schwenkt dann
mit dem Angriff aber zum Bein um;
Blau bindet jedoch die gegnerische Axt
und reißt am Knie der Gegnerin
und bringt diese so zu Fall.

Als sie baid geschlagen hand von tach usz dem anbinden so felt er Im umb den Hals und ryszt In.

Nachdem sie beide vom Tag (s. Glossar) geschlagen haben, fällt er ihm aus dem Anbinden um den Hals und reißt ihn.

In dem Ryszen dritt der hinach und ergrifft In by dem Hals unnd wurfft In über die Hüfften

Während des reißens setzt der nach und ergreift ihn am Hals und wirft über die Hüfte.

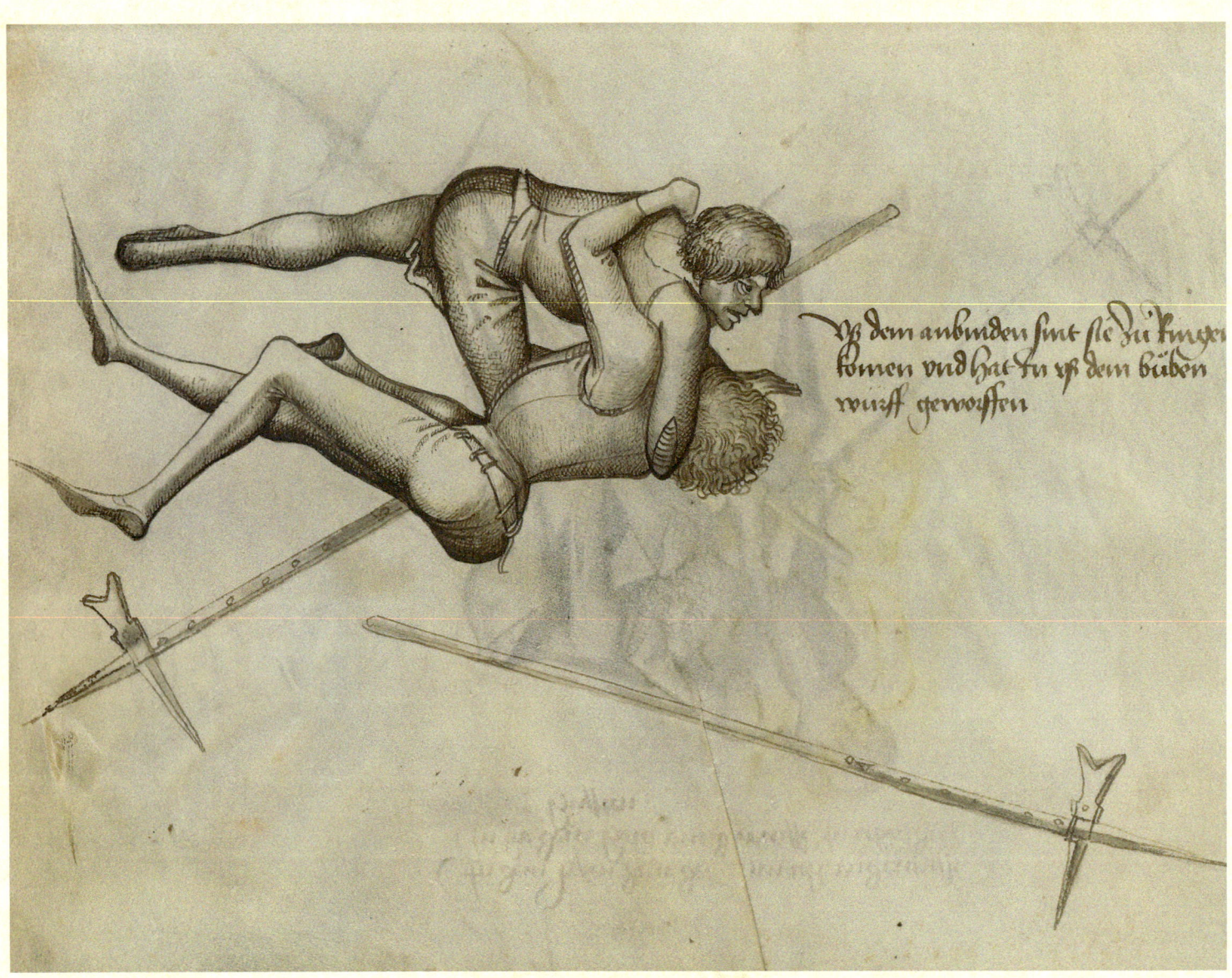

Usz dem anbinden sint sie zu Ringen komen und hat In usz dem buben wurff geworffen

Aus dem Anbinden sind sie zum Ringen gekommen und er hat ihn aus dem Bubenwurf geworfen.

1

2

3

4

5

6

7

8

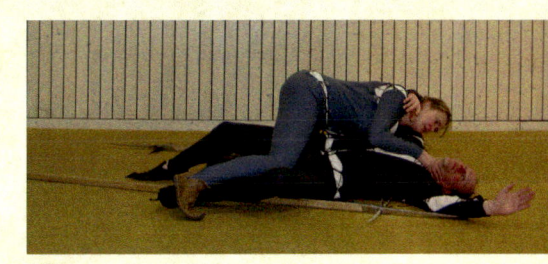

9

Die Fechterin windet die gegnerische Axt
gegen den Uhrzeigersinn aus.
Nach dem Anbinden versucht der Fechter die Gegnerin
nach hinten zu werfen. Diese umfasst jedoch
rasch dessen Hals und rechten Oberschenkel
und vollbringt mit entsprechender Körperdrehung
nach links den Bubenwurf.

Den Bubenwurf zeigt Talhoffer in Thott 290 2°
auf Tafel 57v als Überwurf mit dem Bein.
Die Aufgabe des rechten Beines übernimmt auf Bild 7
und 8 die rechte Hand der Fechterin.
Ein Problem bereitet der Tafeltext von Tafel 86,
der den Bubenwurf in der Vergangenheit beschreibt.
Die Wurftechnik vorher ist allerdings ein Hüftwurf.
Wir haben also den Bubenwurf von der Fechterin
anschließend ausführen lassen.

Der Moment indem der Fechter sich nicht nach
hinten werfen lässt, sondern stattdessen den Hals
der Fechterin umklammert, ist sehr schwierig.
Der Druck der gegnerischen Axt muß exakt
neutralisiert und in Vorwärtsenergie umgeleitet
werden. Auch darf die Fechterin nicht so gut stehen
wie auf Bild 4, bzw. in Tafel 84 zu sehen ist.
Die rechte Hand des Fechters hätte hier schon
von der Axt gelöst sein müssen, damit der folgende
Konter überhaupt möglich ist.

Usz dem fryen schlag und anbinden hat er In übergriffen, und will In werffen.

Aus dem freien Schlag und dem Anbinden hat er ihn übergriffen und will ihn werfen.

1

2

3

4

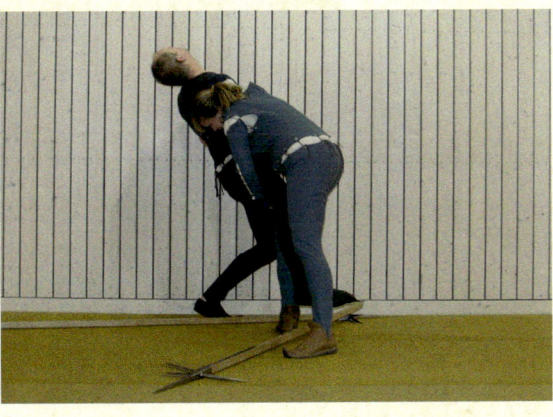

5

Die Angreiferin bindet die gegnerische Axt
und windet diese gegen den Uhrzeigersinn aus.
Anstatt nun einen Wurf durch das Reißen
am rechten Bein des Gegners zu versuchen
und einen Konter durch einen Stich
durch diesen zu riskieren, lässt sie rasch
ihre Axt fallen, macht einen Ausfallschritt
zum Gegner hin, umklammert diesen
und bringt ihn zu Fall.
Am Ende befindet sich ihre rechte
Hand an seiner Kehle.

Der hat geslagen – Hie versetzt der mit dem schafft und will arbeiten

Der hat geschlagen –
Hier hat der mit dem Schaft
versetzt und will »arbeiten«.

Hie ist er furtreten und das stuck volbracht

Hier ist er vorgetreten
und das Stück ist vollbracht.

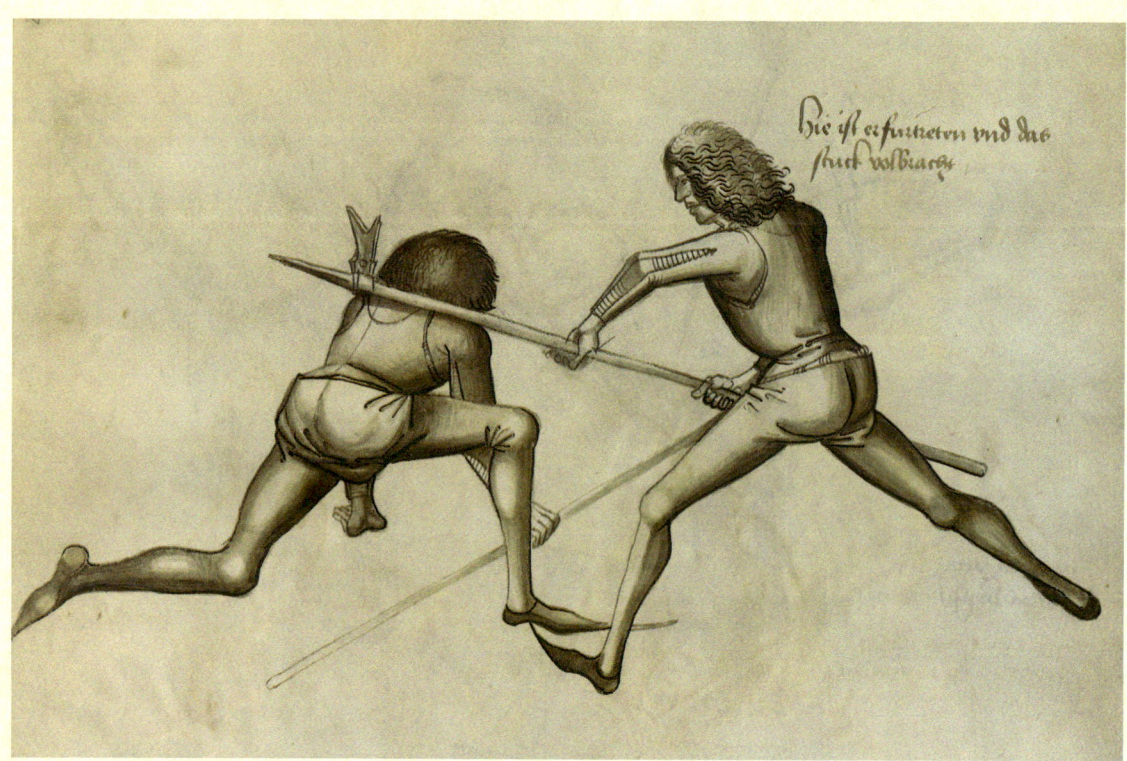

1

2

3

4

Der angreifende Schlag
wird gegen den Uhrzeigersinn nach
unten rechts gewunden und
dann zur oberen Blöße geschlagen.

Der hat geschlagen dem
nach den füszen –
Der hat den schlag versetzt
und will wyter arbaiten

Der hat geschlagen dem nach
den Füßen –
Der hat den Schlag versetzt
und will weiter »arbeiten«.

Usz der versatzung
schlecht er In an Hals
und will Ryszen

Aus der Versatzung schlägt er ihn
an den Hals und will reißen.

Die Waffe wird nach der Bindung weitergedreht und mit der Axt zugeschlagen und gerissen.

1

2

3

Hie hat der den stich versetzt und schlecht In umb den Hals und will ryszen –
Der hat gestochen

Hier hat er den Stich versetzt und schlägt in hinter dem Hals und will reißen –
Der hat gestochen.

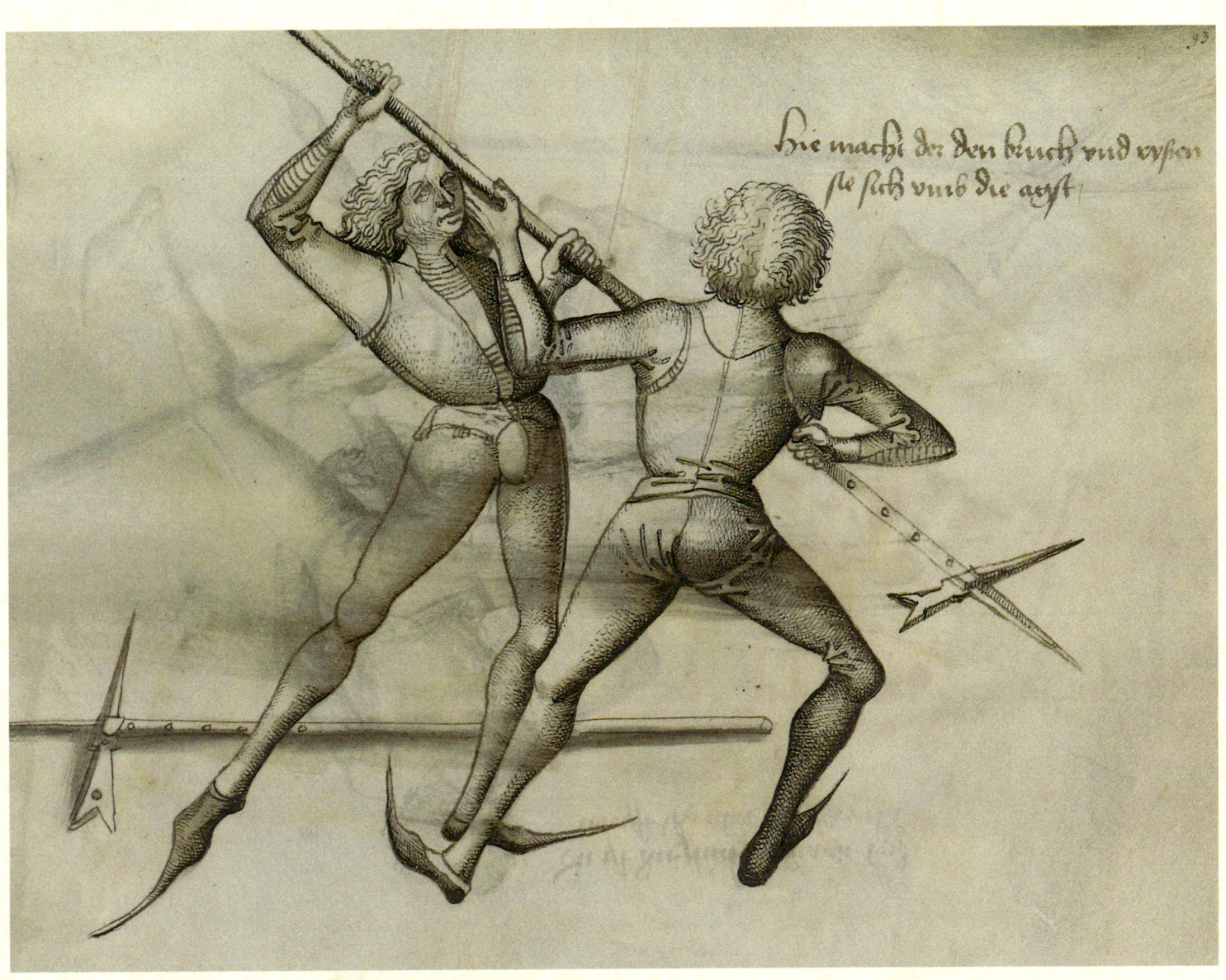

Hie macht der den bruch und ryszen sie sich umb die agst

Hier macht der den Bruch und sie reißen sich um die Axt.

Da ist das stuck volbracht und würfft In über den schenckel

Da ist das Stück vollbracht und er wirft ihn über den Schenkel.

1

2

3

4

5

6

7

8

VARIANTE 1 (BILD 1–4)
Nach der Abwehr mit dem Schaft entscheidet
der Schlag der Fechterin mit anfolgendem
Halsreißen und dem Stich.

VARIANTE 2 (BILD 1, 2, 5 UND 6)
Während die Verteidigerin zuschlägt,
ergreift der Angreifer ihre Axt
und wirft sie.

VARIANTE 3 (BILD 1, 2, 5, 7 UND 8)
Früh genug lässt diese aber ihre Axt los,
umgreift seinen Hals
und wirft ihn.

Usz dem anbinden felt er Im
mit der agst hinder den Elbogen
und schubt In hinweg

Aus dem Anbinden fällt er ihm
mit der Axt hinter den Ellenbogen
und schiebt ihn hinweg.

Da lat er sich gar umb kern
und macht den bruch uber
das vorgenant stuck

Da lässt er sich gar »umkehren« und macht
den Bruch über das vorgenannte Stück.

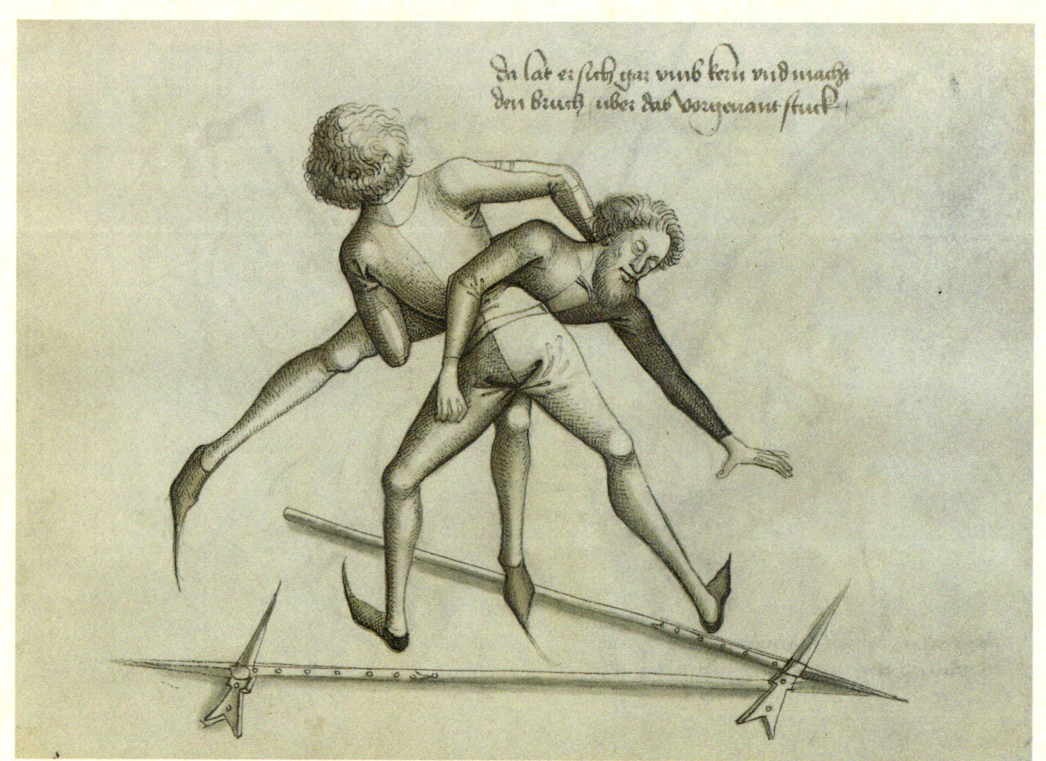

1

2

Ein sehr schönes Beispiel für das Umleiten der Energie des gegnerischen Angriffs, mit der Idee, ebendiese gegen den Gegner selbst zu lenken.
Wichtig ist zum einen das schnelle Nachgeben und das zur rechten Zeit Ergreifen des gegnerischen Halses.
Die Wurftechnik ist die gleiche wie in Tafel 76. Tafel 95 (Bild sechs) ist von der anderen Seite aus gesehen.

3

4

5

6

Aber ain anlasz. –
Hie will der den nöten mit stichen
und schlahen

Wieder ein Beginn – Hier will er ihn
mit Stichen und Schlägen bedrängen.

Hie hat der den stich versetzt
und will ryszen

Hier hat er den Stich versetzt und will reißen.

1

2

3

4

Die Fechterin lenkt den gegnerischen Stich
nach links ab
und hebelt den Angreifer aus.

5

Ain Hinderbinden.

Ein Hinterbinden.

1

2

Die Fechterin schlägt zu
und lenkt den gegnerischen Hau
dabei ab.

3

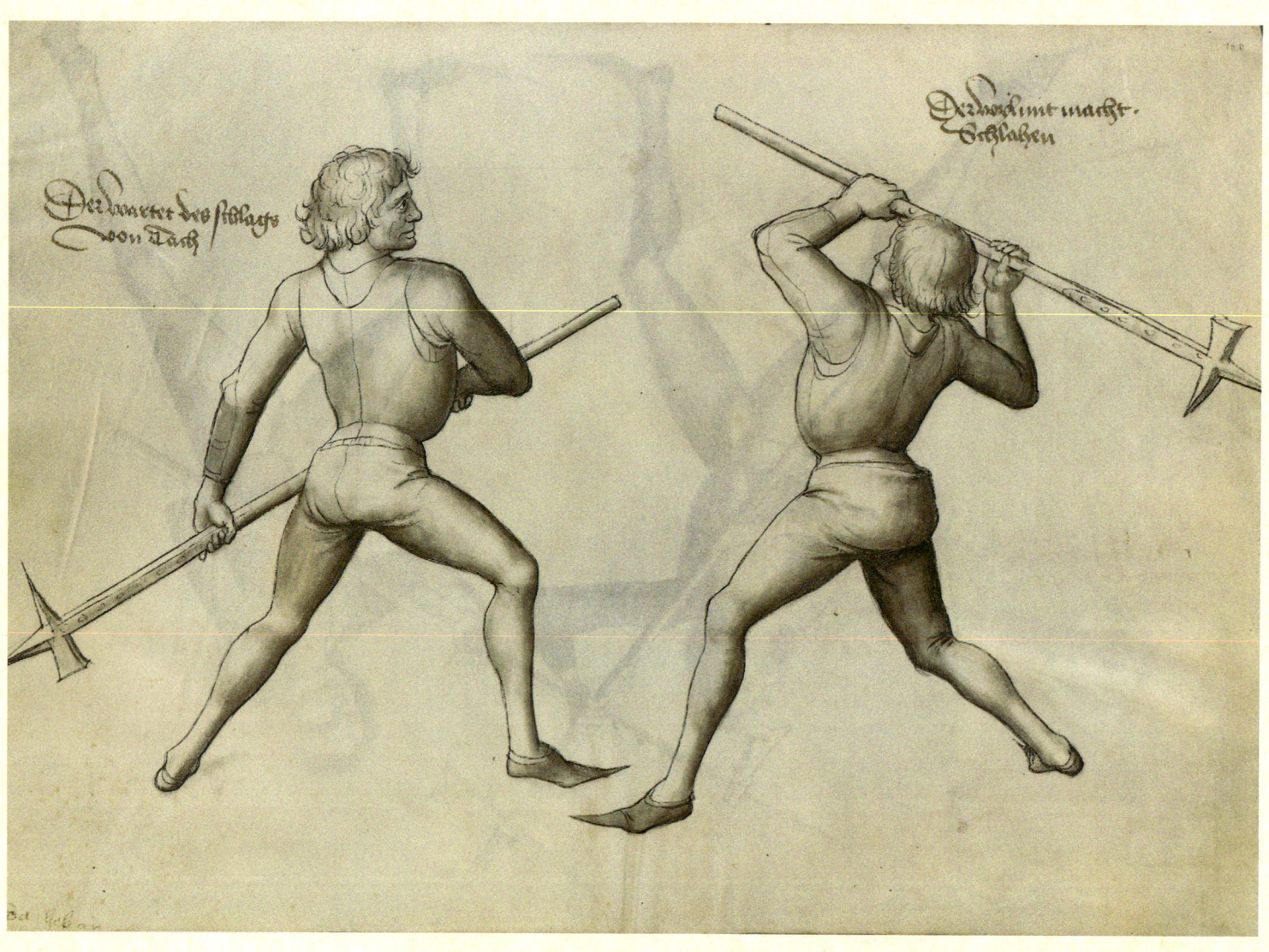

Der wartet des schlags von Tach – Der wyl mit macht Schlahen

Der erwartet den Schlag von oben – Der will kräftig schlagen.

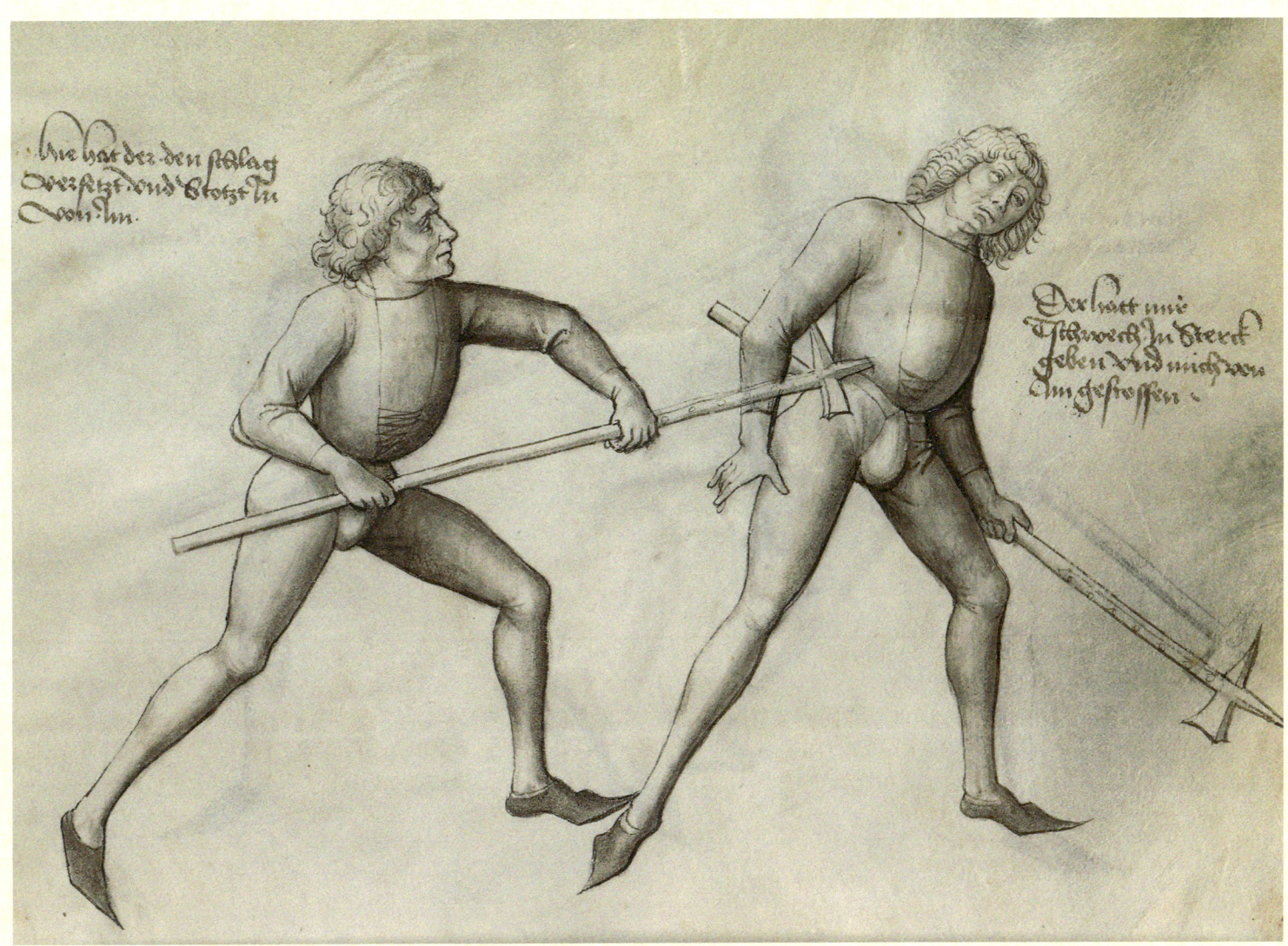

Hie hat der den schlag versetzt und stotzt In von Im —
Der hat mir Tschwech In Sterck geben und mich von Im gestossen

Hier hat er den Schlag versetzt und stößt ihn weg von sich —
Der hat mir die Schwäche gegen die Stärke gegeben und mich von sich gestoßen.

Hie bin ich von mynem
vortail komen –
Als er In gestossen hatt
so schlecht er Im
die agst an Halsz und
würfft In an den Rucken

*Hier bin ich von meinem
Vorteil gekommen –
Nachdem er ihn gestoßen hat
schlägt er ihm die Axt
an den Hals und wirft ihn
auf den Rücken.*

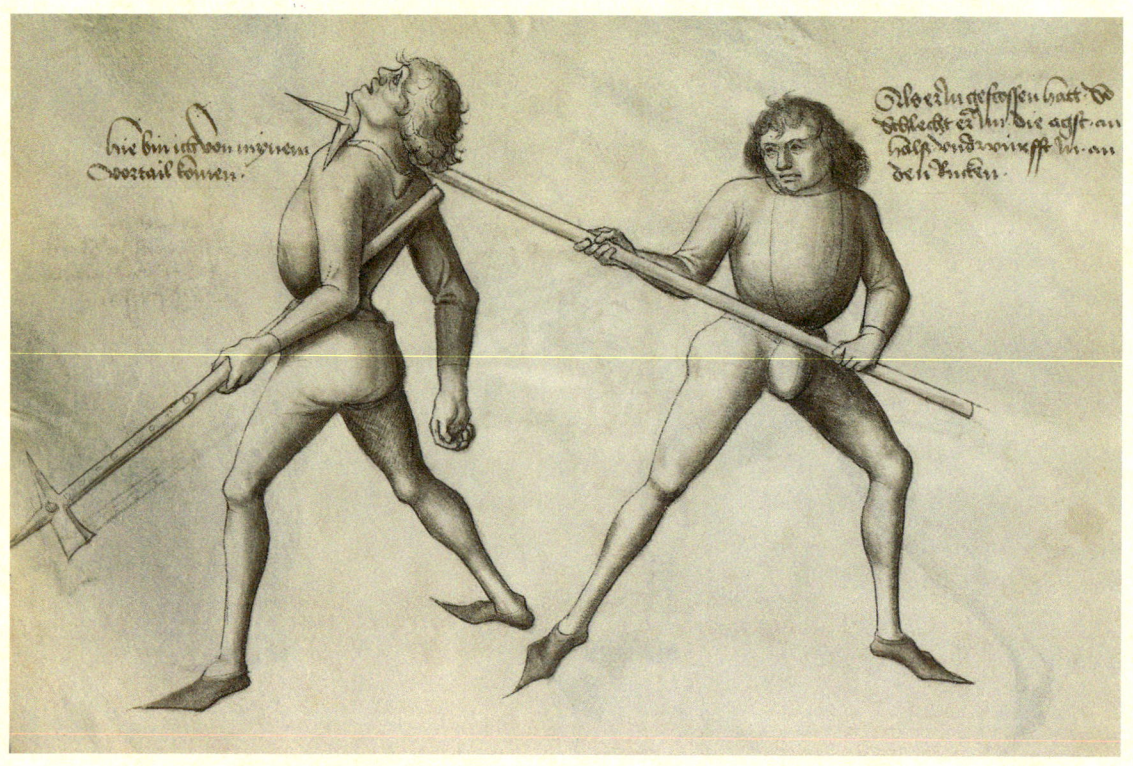

Hie machet er ain
endstuck mit Im
und Sticht In zu tod

*Hier macht er ein Endstück mit
ihm und sticht ihn zu Tode.*

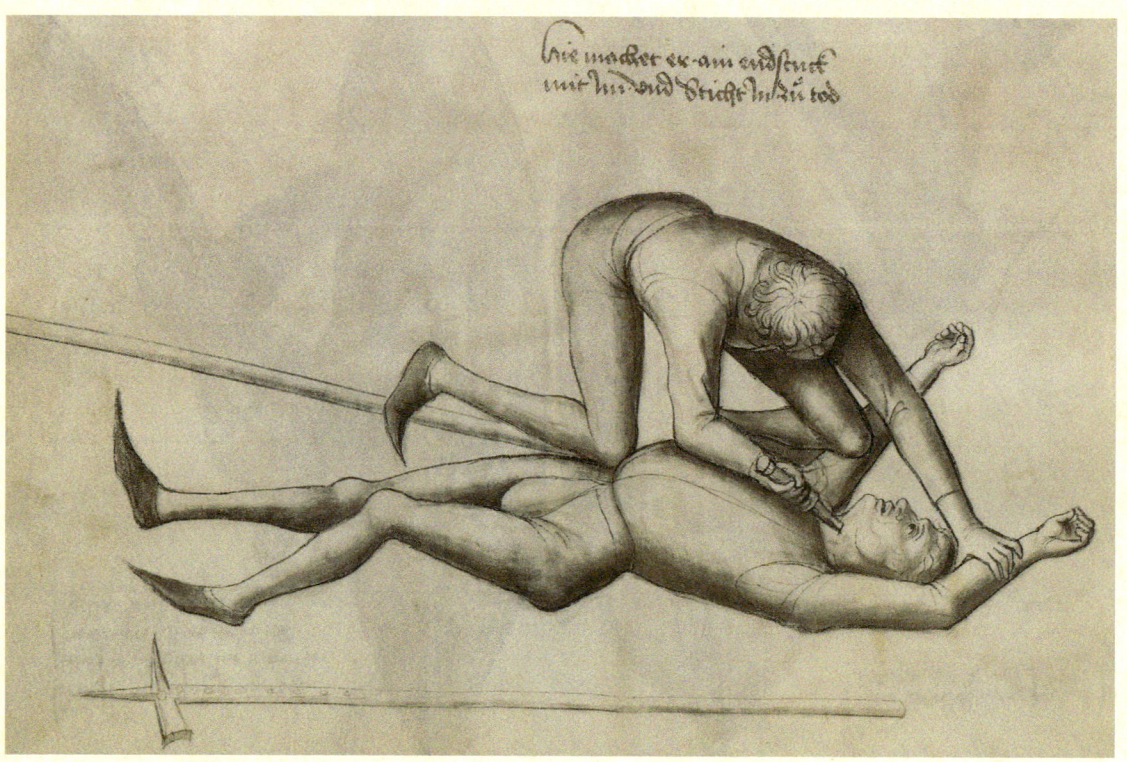

1

2

Die Abfolge ist wohl nur
mit Harnisch vorzustellen,
da der Angreifer mehrmals
übel malträtiert wird.
Schon bei Tafel 101 würde er
schwer verletzt werden.
Nach dem Anbinden der Stoß
und das zu Boden Reißen
des Angreifers.
Weiß blockiert dann beide
Arme von Blau;
den rechten mit dem linken Knie,
den linken mit der linken Hand.
Mit rechts stößt sie mit
dem Messer zu.

Ab Bild 5 aus entgegen gesetztem
Blickwinkel gegenüber
der Originaldarstellung auf
Tafel 101 und 102.

3

4

5

6

7

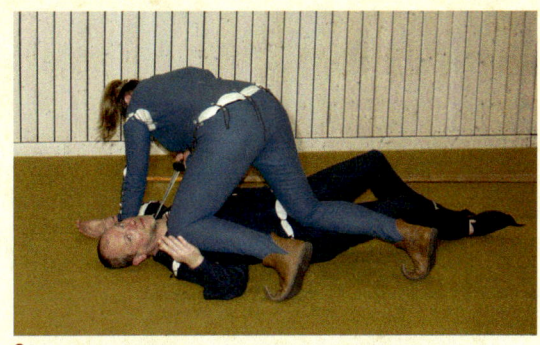

8

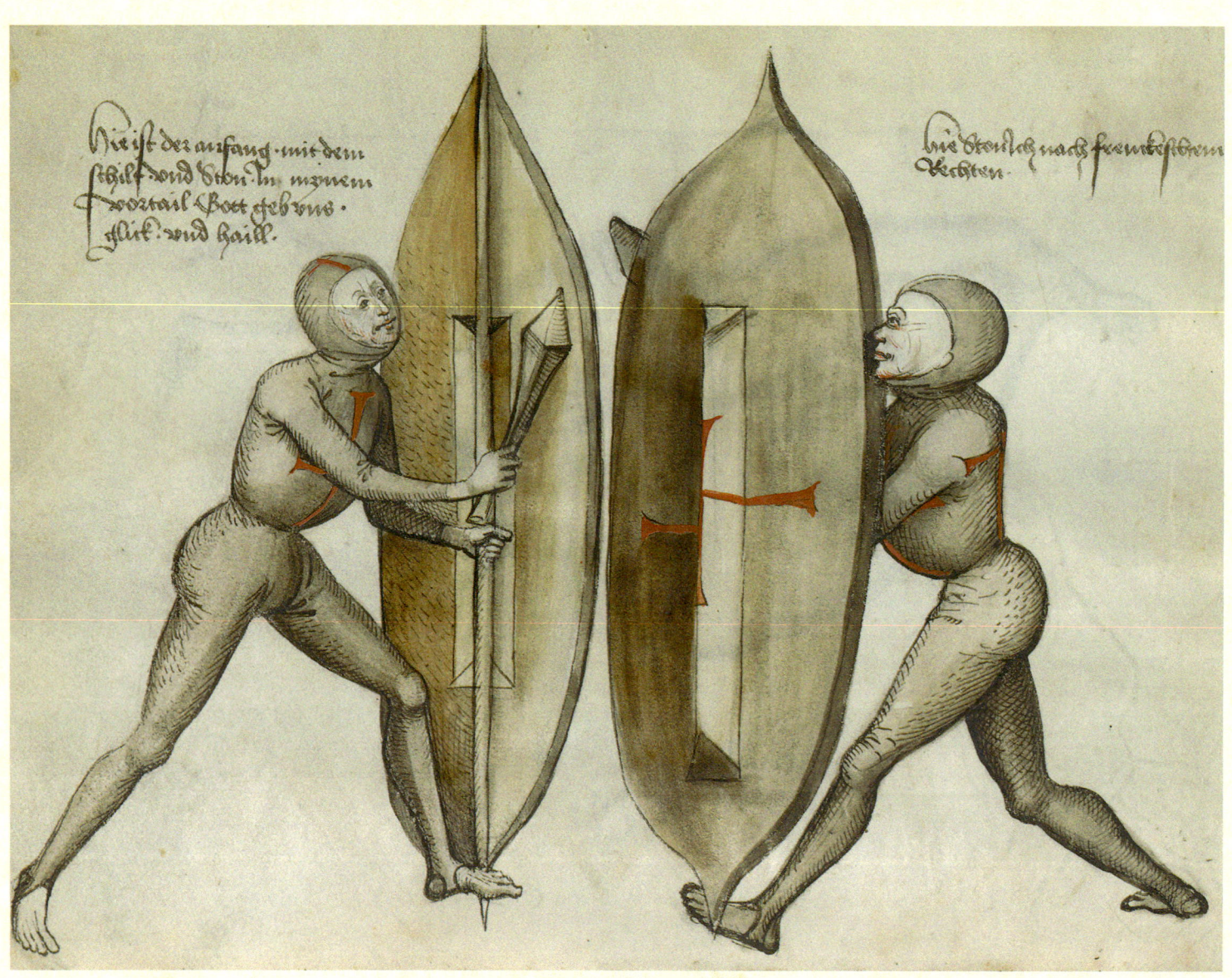

Hie ist der anfang mit dem schilt und ston in mynem Vortail Gott geb uns glük und haill –
Hie ston Ich nach frenckeschem Rechten

Das ist der Anfang mit dem Schild und ich stehe in meinem Vorteil, Gott gebe uns Glück und Heil –
Hier stehe ich nach fränkischem Recht.

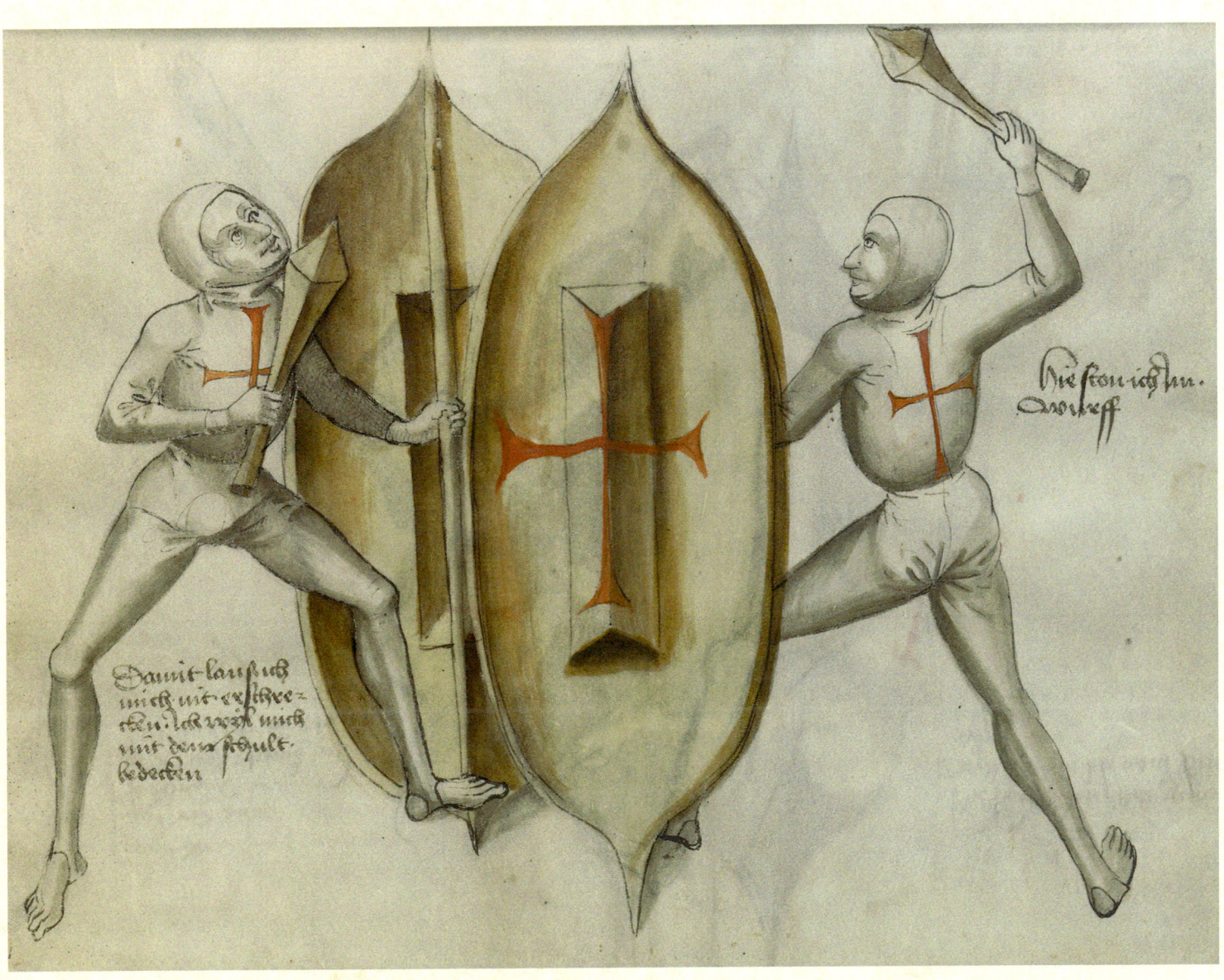

Damit lausz ich mich nit erschrencken Ich wyl mich mit dem schült bedecken –
Hie ston ich Im wurff

Davon lass ich mich nicht erschrecken, ich will mich mit dem Schild decken –
Hier stehe ich im Wurf.

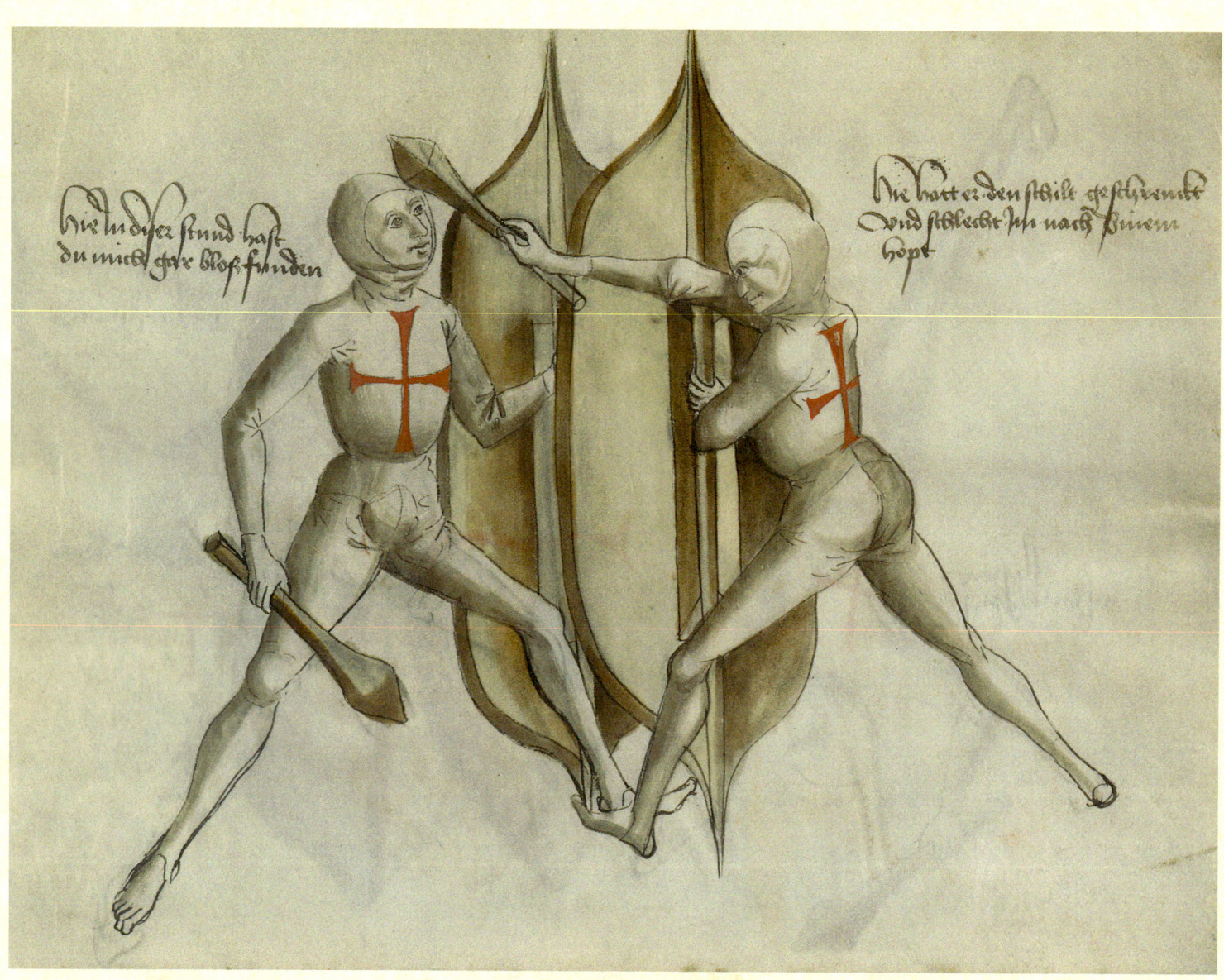

Hie in diser stund hast du mich gar blosz funden –
Hie hatt er den schilt geschrenckt und schlecht Im nach Sinem Hopt

Hier in dieser Stunde hast du mich ganz bloß gefunden –
Hier hat er den Schild gewendet und schlägt ihn nach seinem Kopf.

1

2

3

Der rechte Kämpfer blockiert
durch das Wenden seines Schildes
nicht nur den gegnerischen Angriff –
er öffnet damit auch zugleich
den Angriffsweg für seinen Kolben.

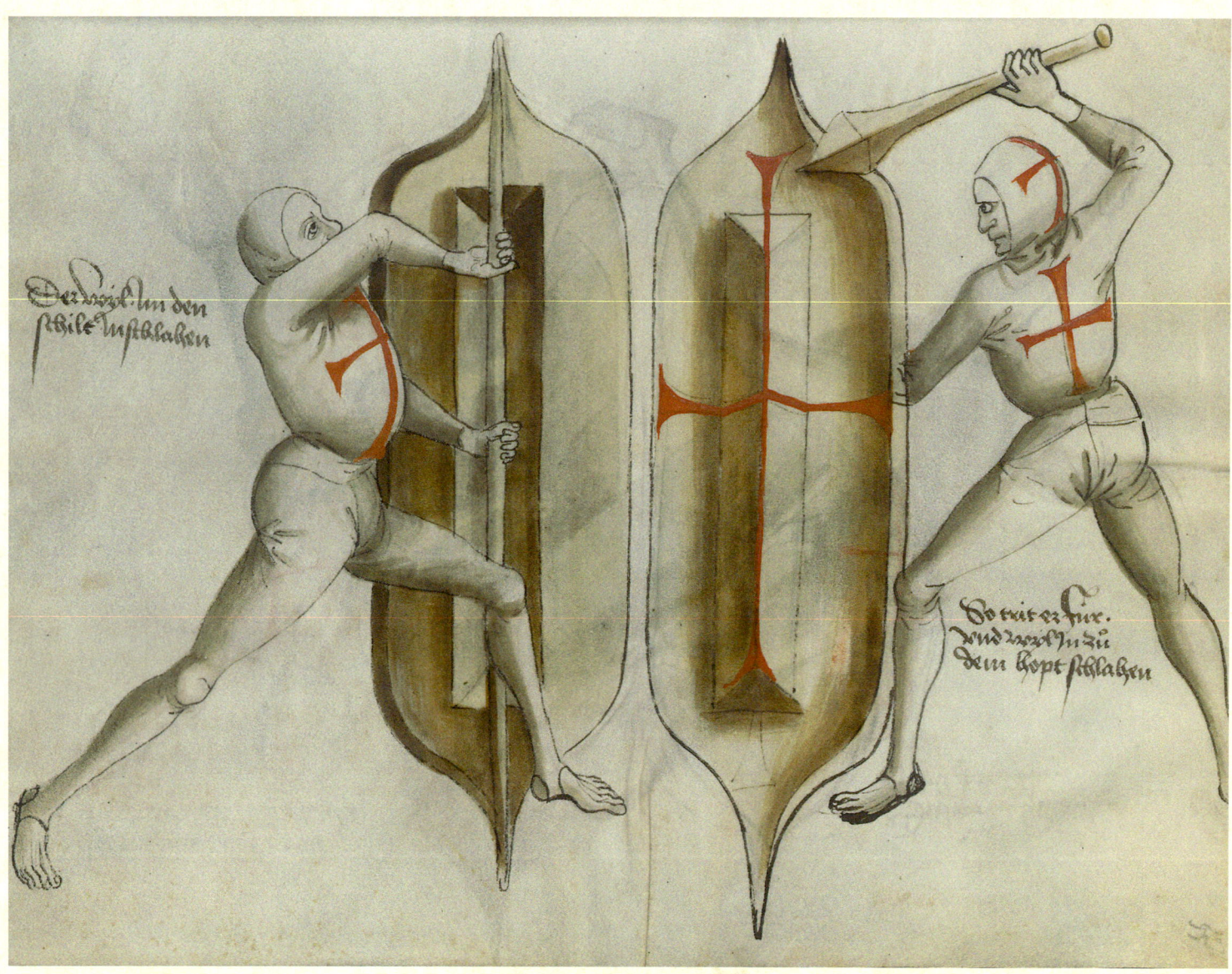

Der wyl Im den schilt Inschlahen —
So tritt er für und wyl In zu dem hopt schlahen

Der will ihm den Schild einschlagen —
So tritt er vor und will zu seinem Kopf schlagen.

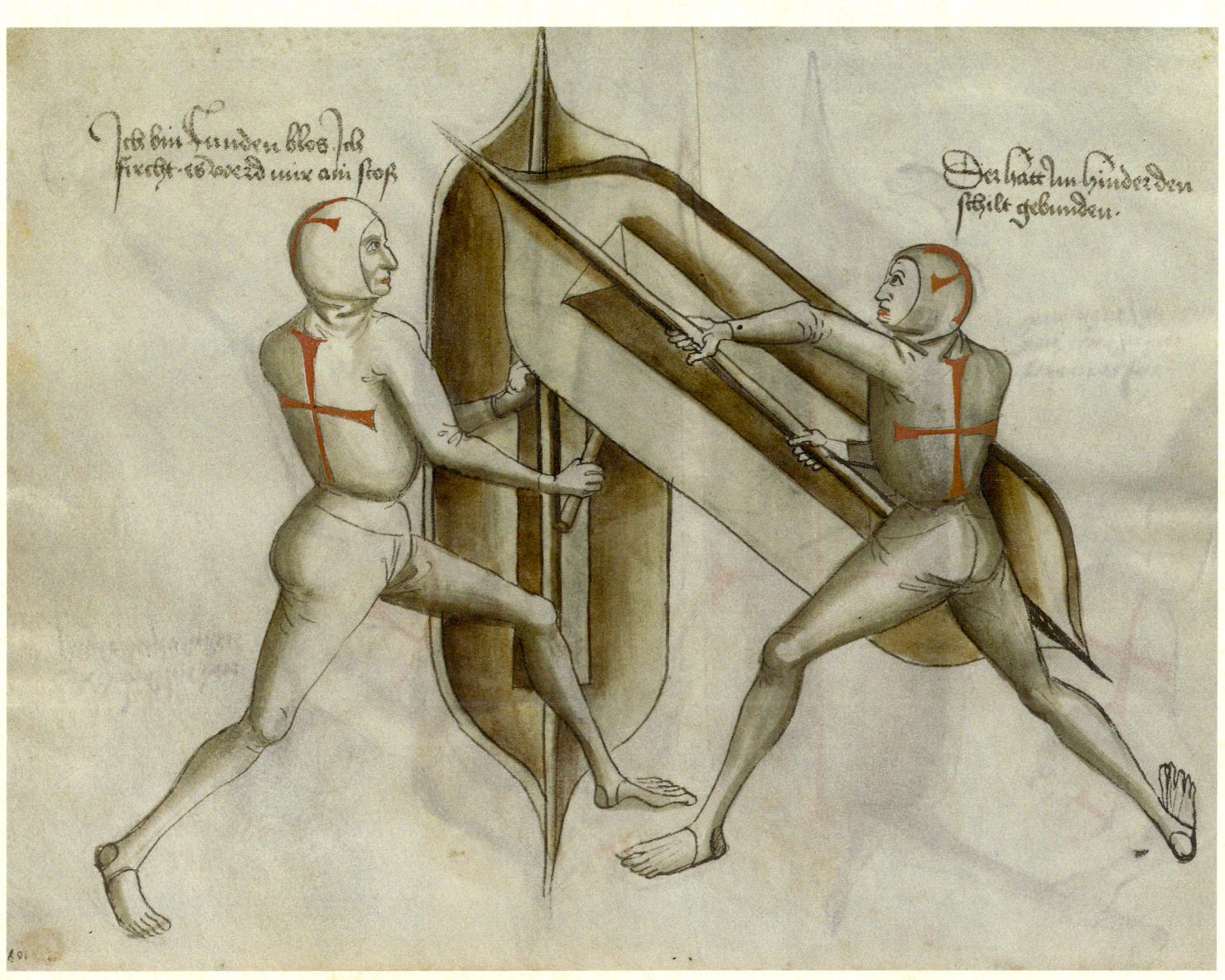

Ich bin funden blos Ich fircht es es wird mir ain stosz –
Der hatt Im hinder den schilt gebunden

Ich bin gefunden bloß Ich fürchte es wird für mich ein Stoß –
Der hat ihm hinter dem Schild gebunden.

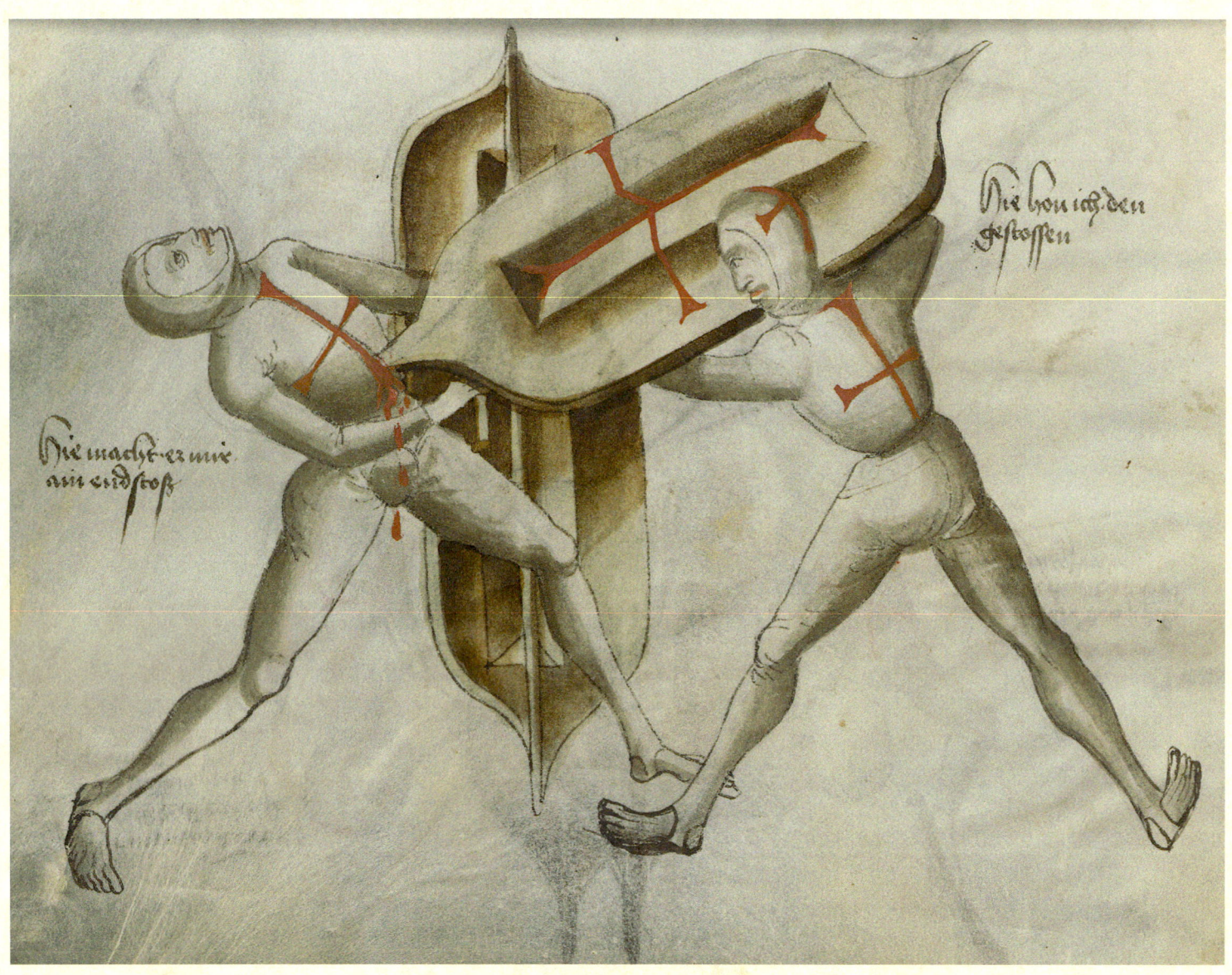

Hie macht er mir ain endstosz – Hie hon ich den gestossen

Hier macht er mir einen Endstoß – Hier habe ich den gestoßen.

1

2

3

4

Bild 1 zeigt Tafel 107 von der gegenüberliegenden
Seite um den Technikablauf besser darzustellen.
Beachtenswert ist Bild 3,
Keule und Schild werden kontrolliert,
der Endstoß vorbereitet.

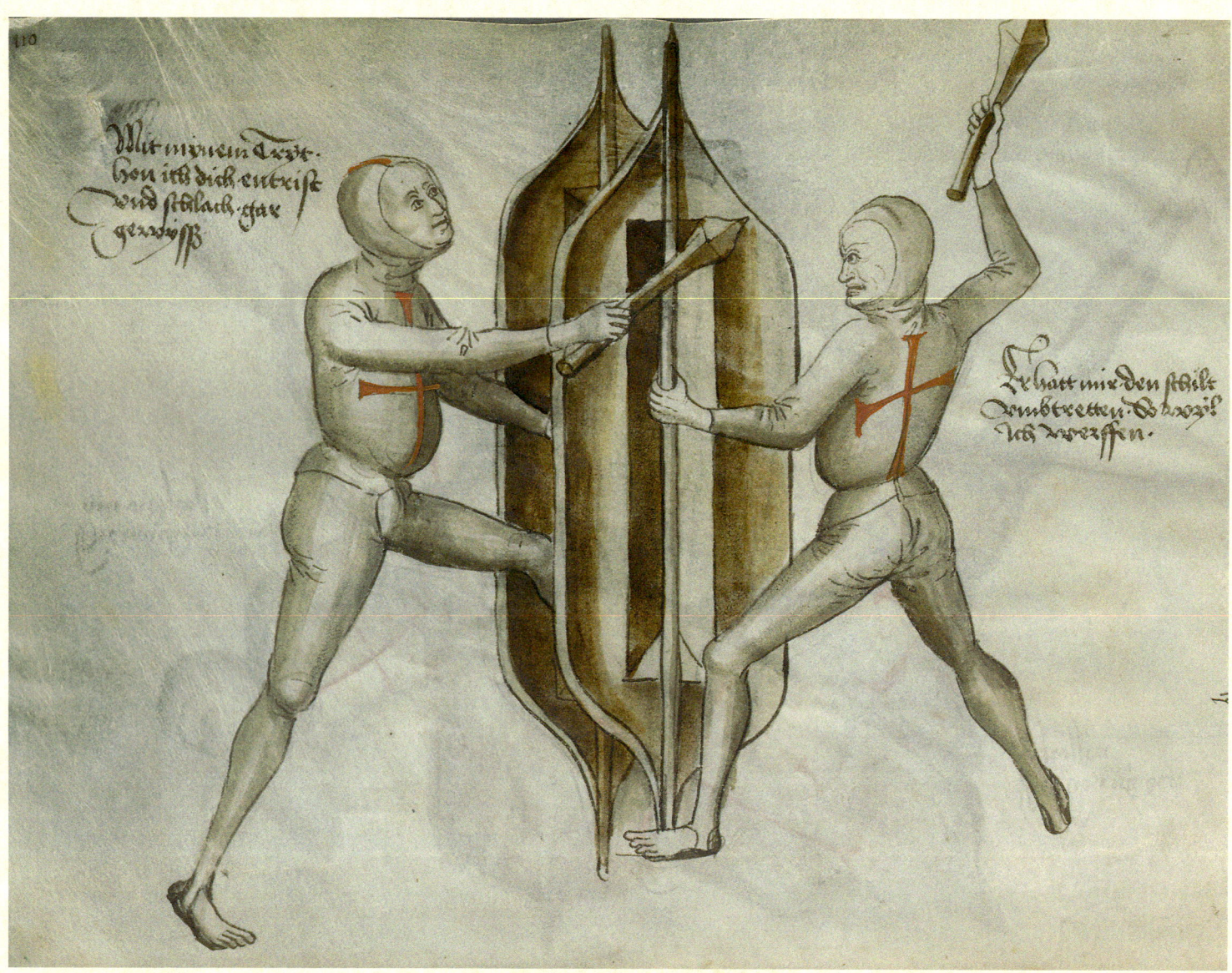

Mit mynem Tryt hon ich dich entrist und schlach gar gewyssz –
Er hat mir den schilt umbtretten So wiyl Ich werffen

Mit meinemTritt habe ich dich entwaffnet und schlage ganz gewiss –
Er hat mir den Schild umgetreten So will ich werfen (den Kolben).

1

2

3

Mit dem linken Fuß drückt
der linke Kämpfer den Schild
des rechten zur Seite
und schlägt zu, bevor der linke
seine Keule werfen kann.

Hie wyl der den schilt
obnen hinyn stossen –
Hie will Ich Im hinter-
binden und umb Sin
hertz blos finden

Hier will der den Schild
oben hinein stoßen –
Hier will ich ihn hinterbinden
um sein Herz bloß zu finden.

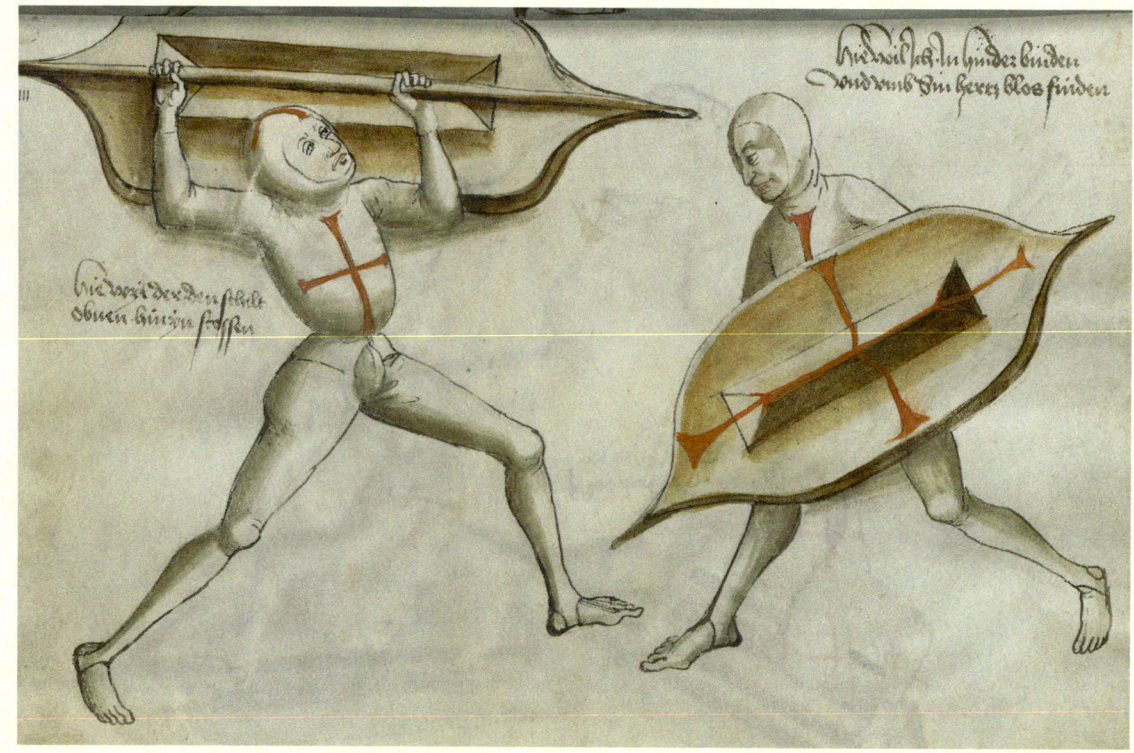

Hie ist das stuck
vollbracht wie
vor geschriben Stat

Hier ist das Stück vollbracht
wie zuvor beschrieben.

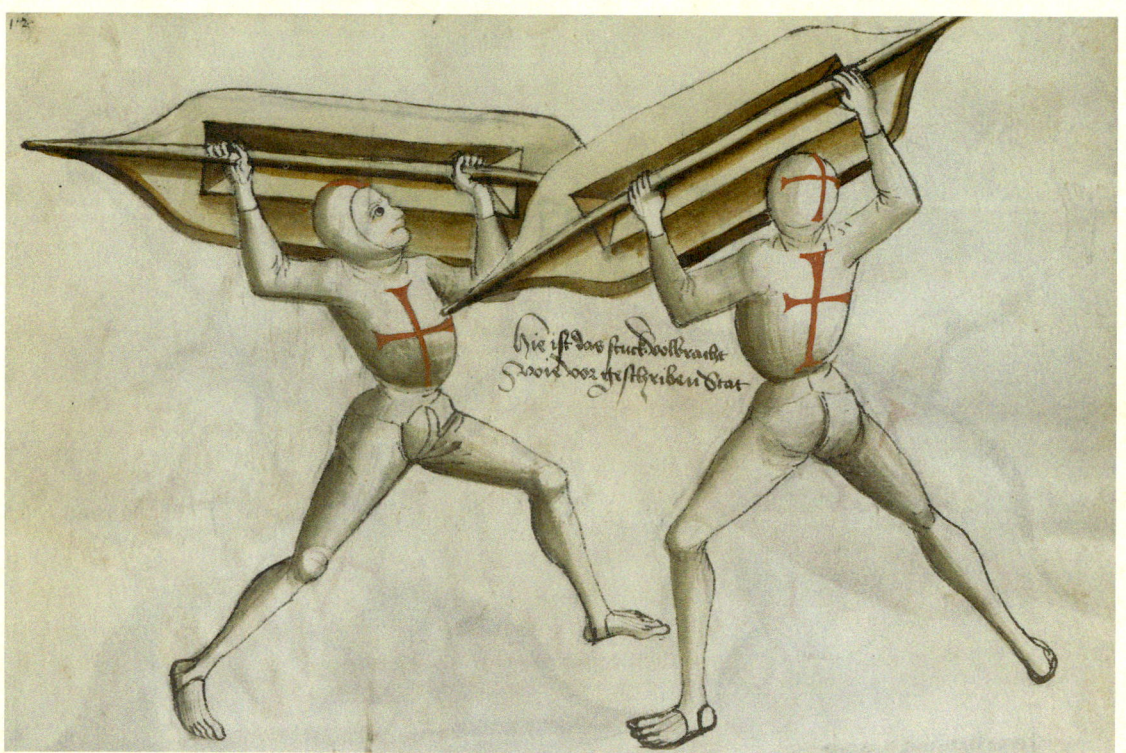

1

2

3

Der rechte Kämpfer leitet
den gegnerischen Schild
zur Seite ab
und kontert mit einem Stoß.

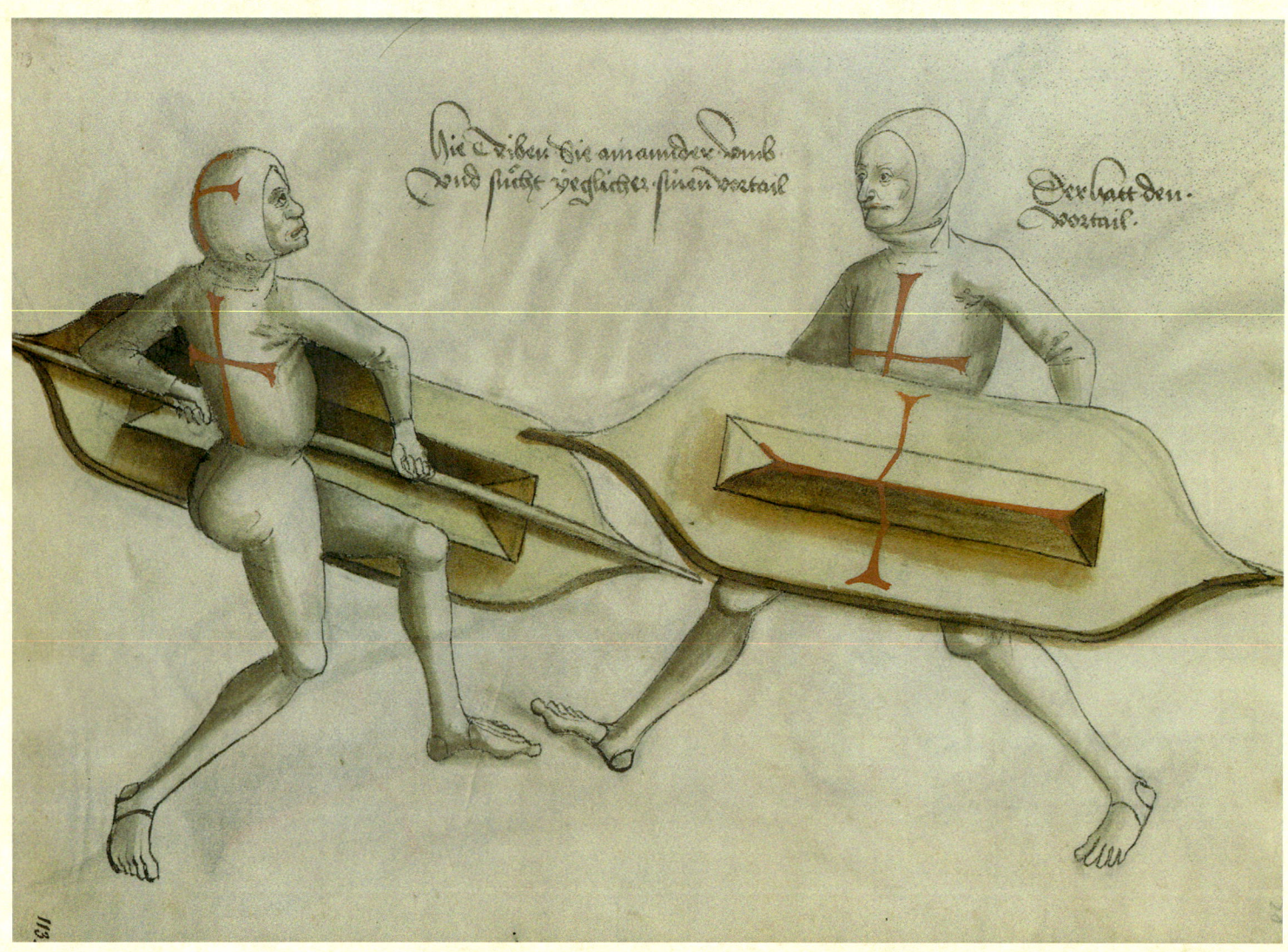

Hie Triben Sie aneinannder umb und sucht yeglicher sinem vortail –
Der hatt den vortail

Hier treiben sie sich einander umher, und jeder sucht nach seinem Vorteil –
Der hat den Vorteil.

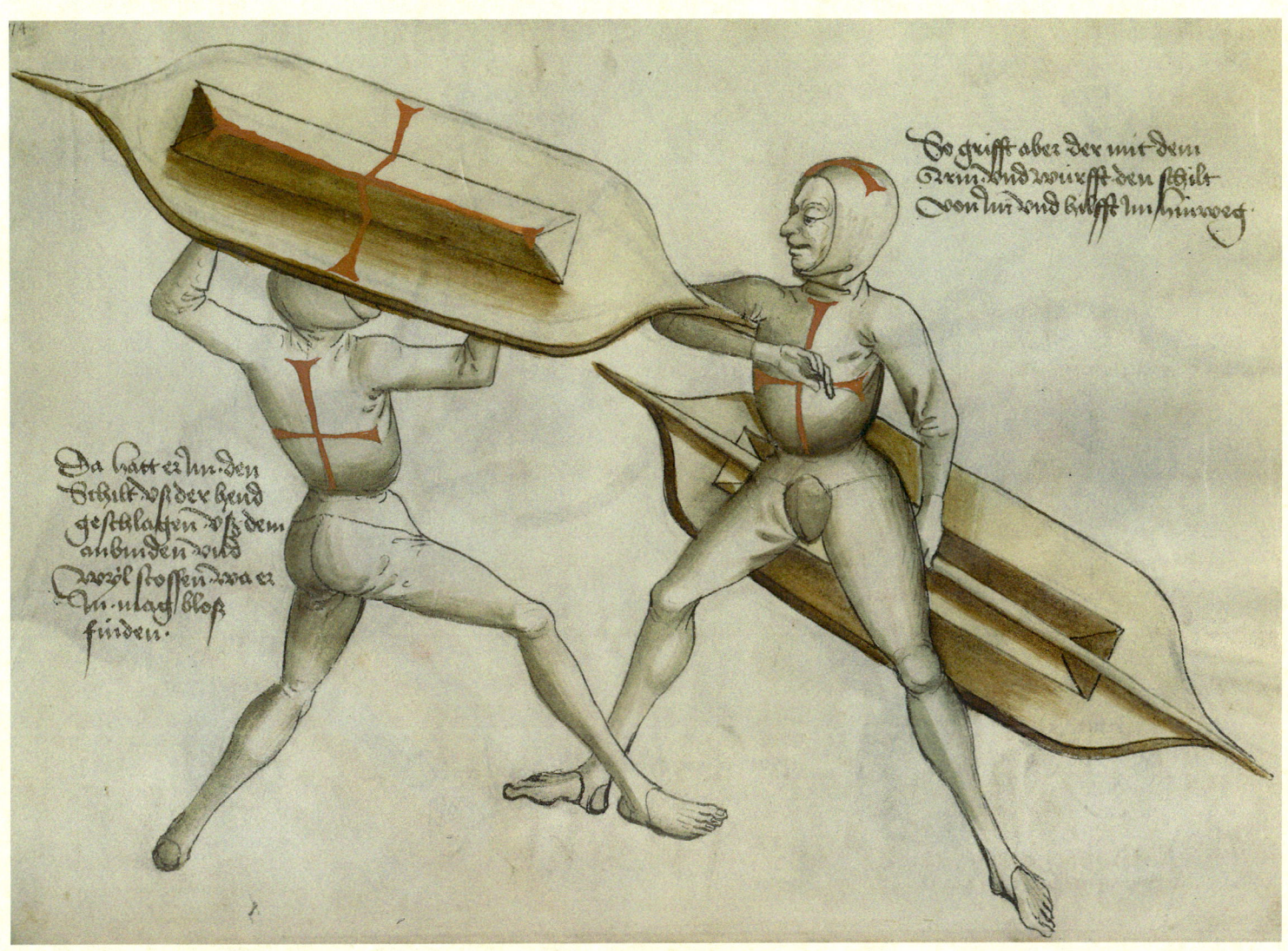

Da hatt er Im den Schilt usz der hend geschlagen usz dem anbinden
und wyl stossen wa er Im noch blosz finden –
So grifft aber der mit dem arm und würfft den schilt von Im und hilfft Im hinweg

Da hat er ihm den Schild nach dem Anbinden aus den Händen geschlagen
und will zustoßen wo er ihn jetzt bloß findet –
So drückt der mit dem Arm den Schild von sich und hilft ihm hinweg (siehe Glossar: hinweghelfen).

Usz sinem anweg helffen
kumpt mir myn stossz
herwynder –
Hie bin Ich worden
blos des wirt mir ain
beser Stossz

*Aus seinem Hinweghelfen
kommt mein Stoß zurück –
Hier bin ich bloß geworden,
das wird mir ein böser Stoß.*

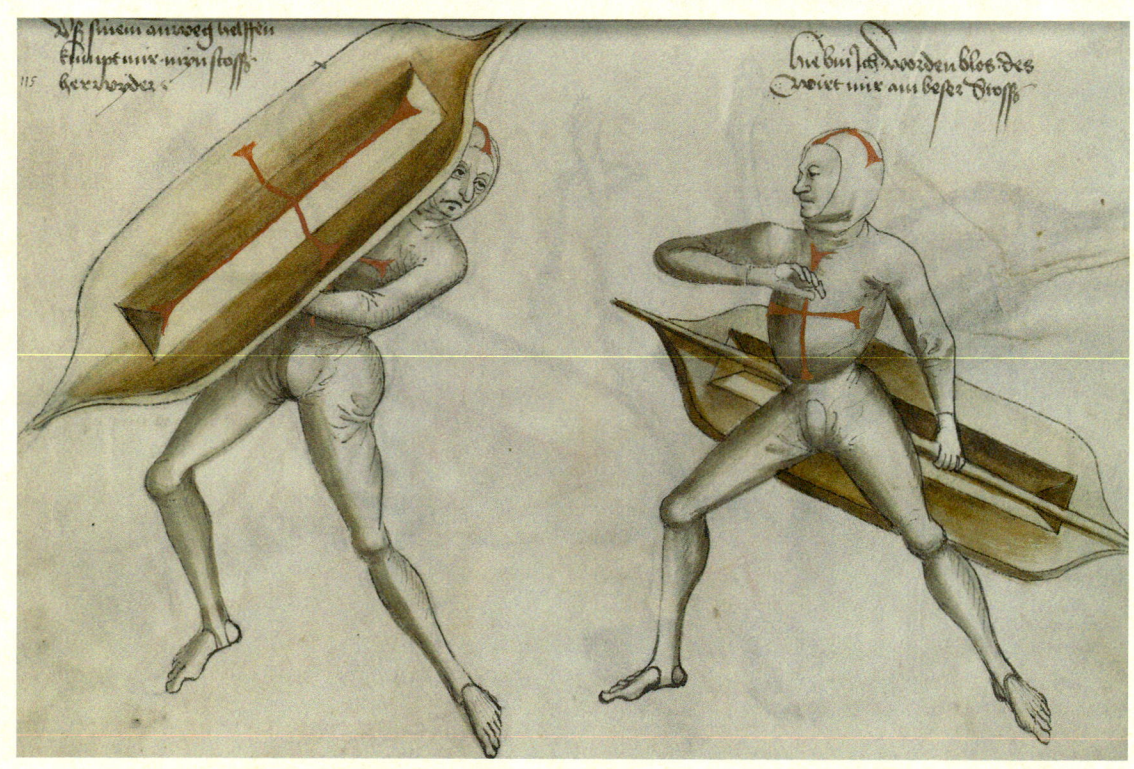

Usz dem hinnweghelffen
ist das Stuck gantz
volbracht

*Nach dem Hinweghelfen
ist das Stück ganz vollbracht.*

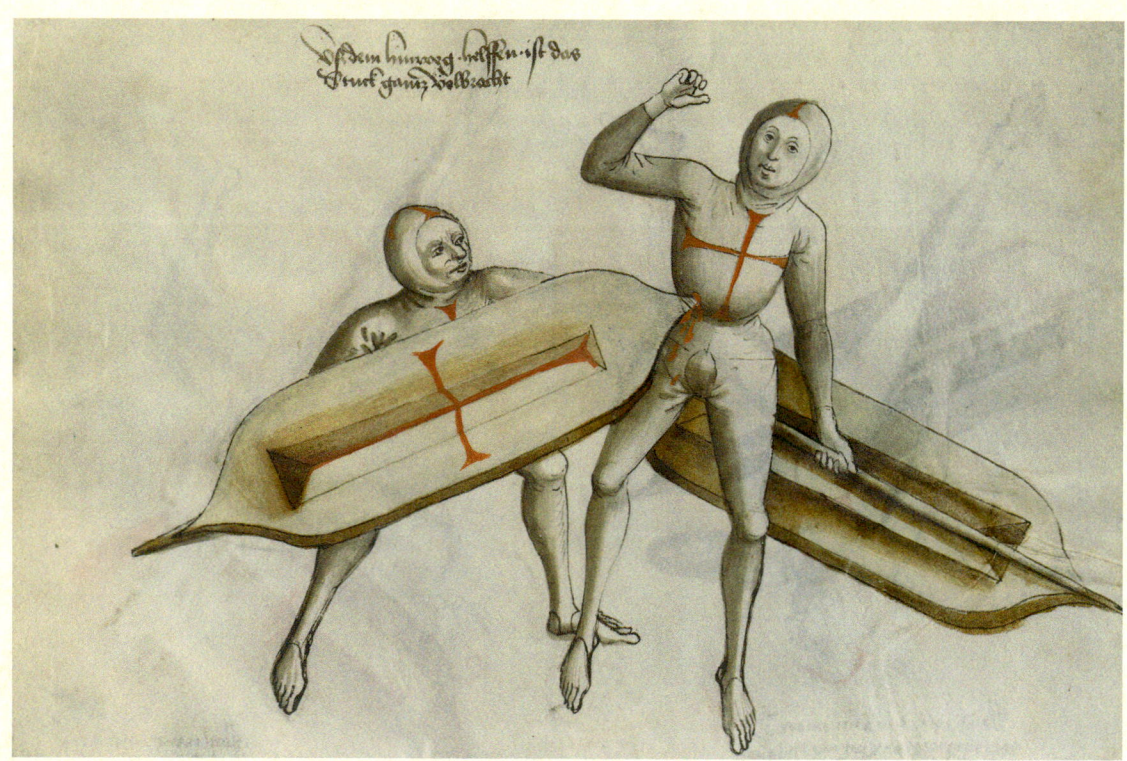

1

2

Der linke Kämpfer hat
auf Tafel 113, bzw. Bild 2
seinen Schild an der
Körperaußenseite,
der linke an der Körper-
innenseite. Diese Position
scheint etwas stärker zu sein,
der Vorteil wird in unserer
Variante jedoch schnell
zunichte gemacht.
Wir haben uns entschlossen,
Tafel 113 nicht zu drehen
und den linken Kämpfer
plausibel gewinnen
zu lassen.
Andersherum ist dies
allerdings bei gleicher
Technik genauso gut
möglich.
Der Angreifer schlägt
den gegnerischen Schild
beiseite und stößt zu.
Mit einer Armhakenabwehr
will der Verteidiger
den Angriff hinweghelfen,
der Angreifer nimmt
jedoch den Schwung mit,
pendelt sein Schild aus und
stößt diesmal erfolgreich zu.

3

4

5

6

Die Bindent aber ainannder an

Die binden einander an

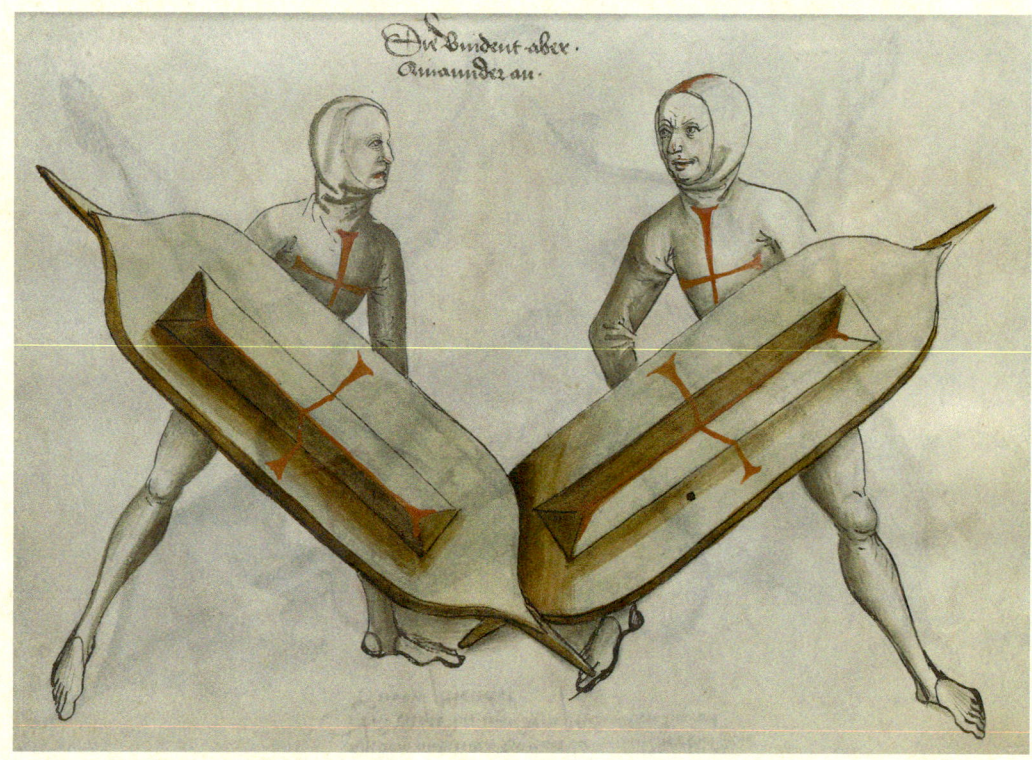

Usz dem anbinden So hatt er
In hinterbunden und Stoszt
Im mit dem schilt oben
durch Sinen schenckel

*Aus dem Anbinden hatt er ihn
hinterbunden und stößt ihm mit
dem Schild von oben durch
seinen Schenkel.*

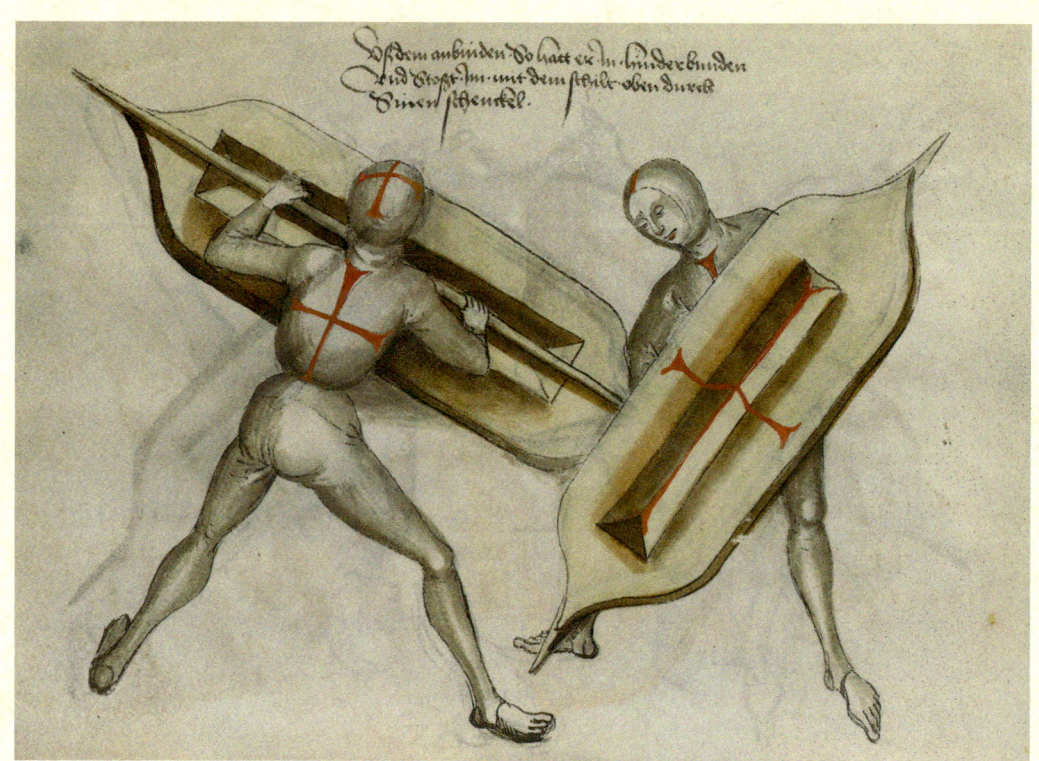

Beide Kämpfer versuchen,
den gegnerischen Schild beiseite
zu drücken, um eine Blöße
zu erzwingen.
Nach dem Anbinden
löst der linke Kämpfer
seinen Druck – wobei der Schild
des rechten nach links
auspendelt – und stößt
in die geöffnete Seite
des rechten Kämpfers,
in dessen Oberschenkel.

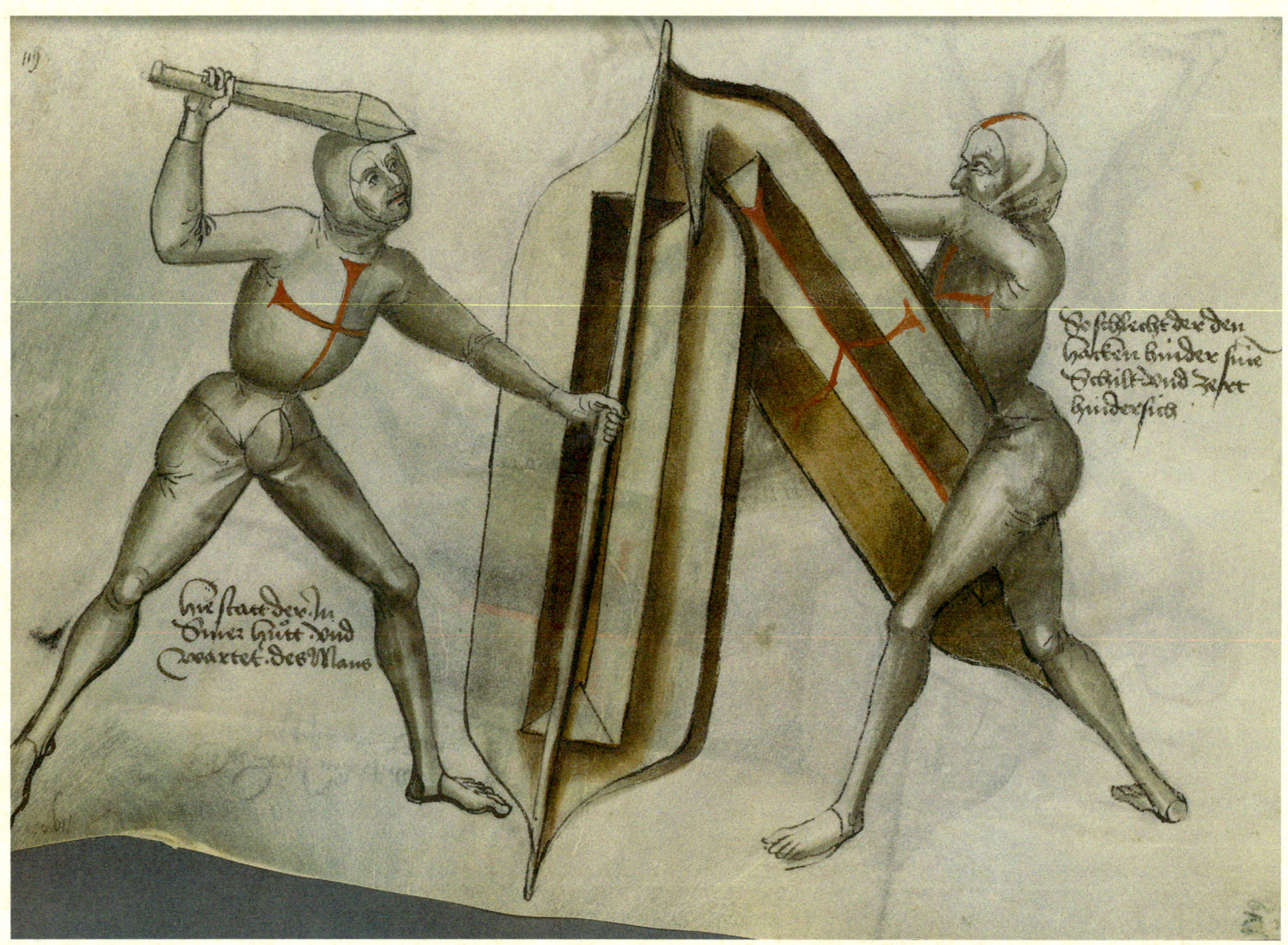

Hie statt der In Siner Hutt und wartet des Mans –
So schlecht der den hacken hinder sinen Schilter und zert hindersich

Hier steht der in seiner Hut und erwartet den Gegner –
So schlägt der den Haken hinter seinen Schild und zerrt diesen zurück.

1

2

3

4

Das Ende ist wie Tafel 121,
allerdings von der anderen Seite aus gesehen
und mit dem Kolben in der Hand
des linken Kämpfers.

Der Zert hindersich wie vor geschriben Statt

Der reißt (den gegnerischen Schild) zurück,
wie es zuvor geschrieben steht.

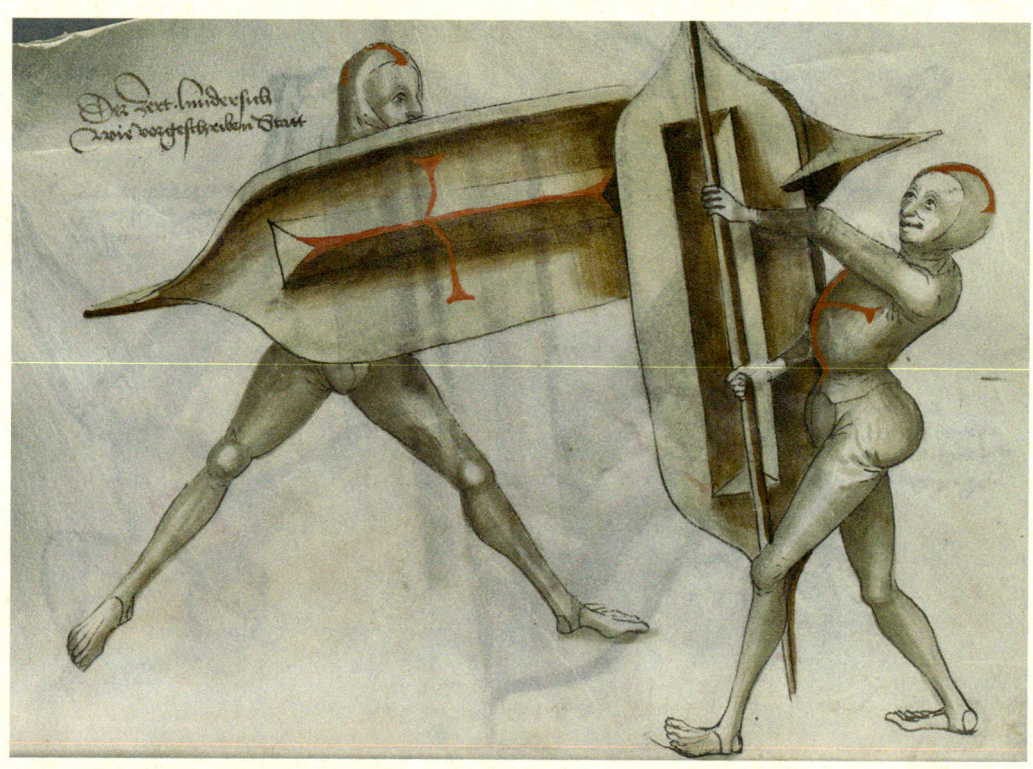

Usz dem hindersich zeren
So stoszt er hinwyder den Schilt
In den Und ist das Stuck
vollbracht

Nach dem Zurückziehen stößt er den Schild
wieder in den (Gegner)
und das Stück ist vollbracht.

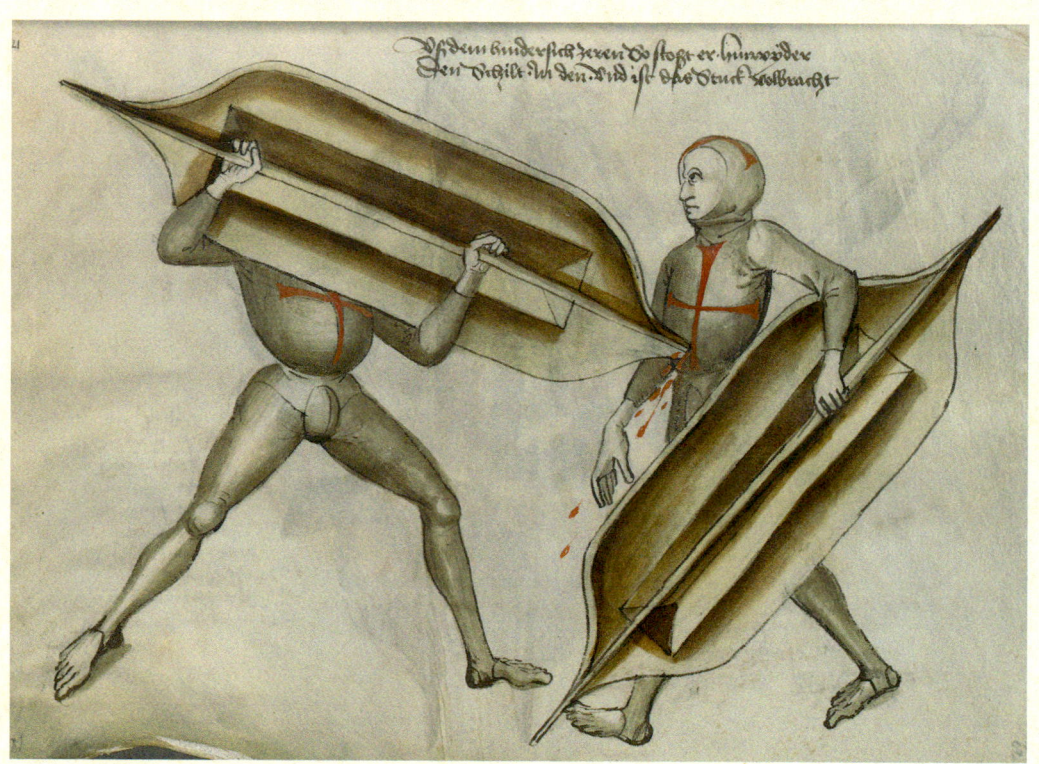

1

2

3

Der Technikablauf ist von
der gegenüberliegenden Seite dargestellt.
Der »Arbeitswinkel« des Hakens ist flacher
als der von Tafel 119.

Hie wurfft er sinem arm uff
und übergrifft Im Sin arm
und latt den Schilt fallen
und tryt fur und Schlecht Im Sin
lincken arm umb Sinen Halsz
und wurfft In über die huffen –
Hie kert er den schilt umb
und Schlecht geschrenckt
dem zu seinem houpt

Hier führt er seinen Arm hoch und übergreift
den Arm des Gegners, lässt den Schild
fallen und macht einen Schritt
nach vorne und umklammert mit seinem
linken Arm den Hals des Gegners
und wirft ihn über die Beine –
Hier wendet er den Schild und schlägt
überkreuz zu seinem Kopf.

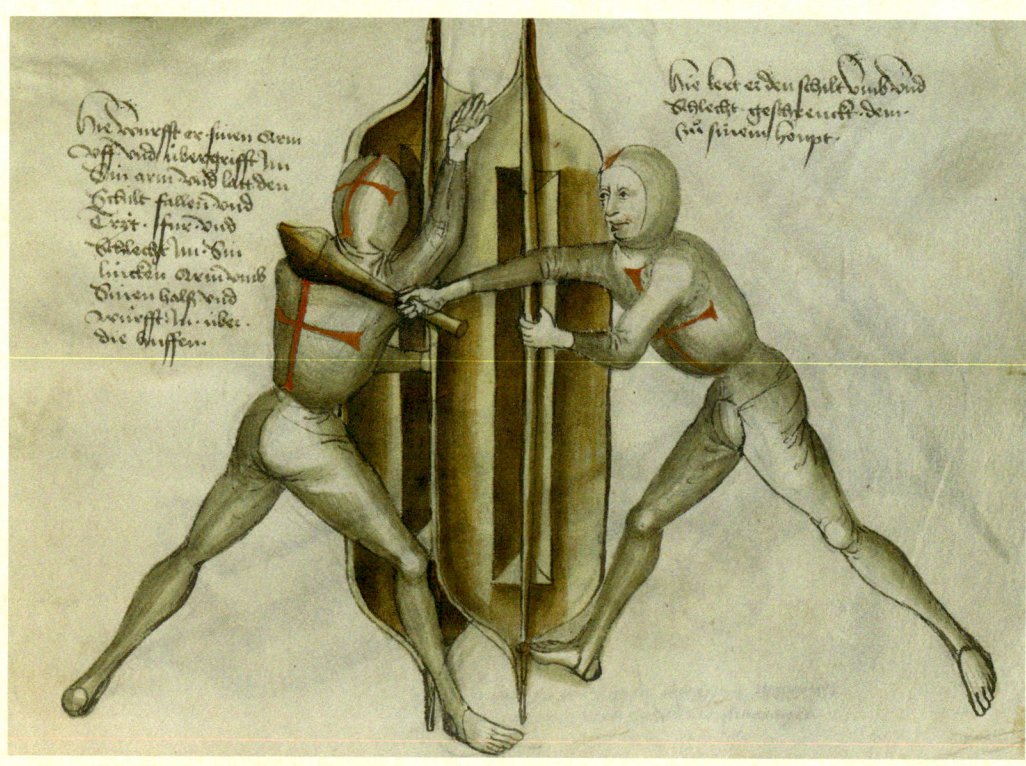

Hie wirt das Stuck volbracht
wie vor gechriben Statt

Hier wird das Stück vollbracht
wie zuvor beschrieben.

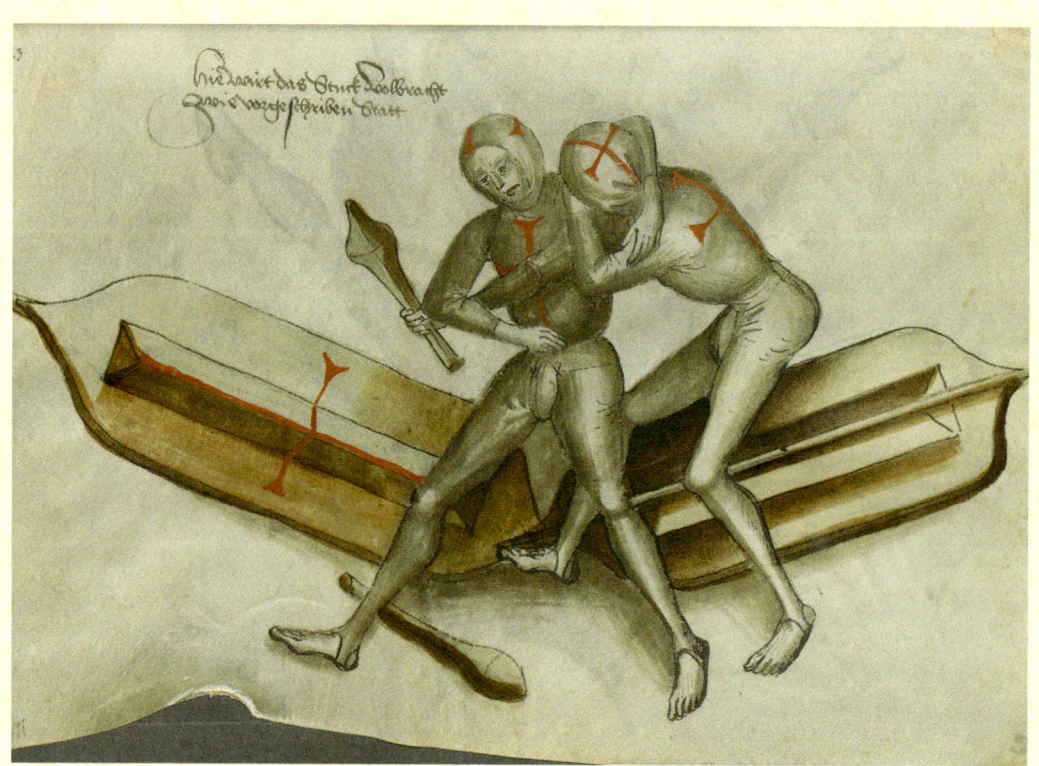

1

2

Der rechte Kämpfer lässt die
gegnerische Hand abgleiten.
Während er einen Schritt nach
vorne macht, lässt er seinen
Schild fallen und umklammert
den Hals seines Gegners.
Dabei dreht er sich rechts herum
und wirft ihn dann.
Das Timing der Verteidigungs-
technik ist etwas verzögert,
wohl der besseren Darstellung
der rechten Handhaltung
des linken Kämpfers wegen.
Korrekt wäre bei Bild 2
(Tafel 122) die Einleitung
der Vorwärtsbewegung
des Verteidigers mit ansatzweisem
Erfassen des gegnerischen Kopfes.

3

4

5

6

7

8

Der ist ganntz werlosz und
wirt geworffen –
Der hat Sinen schilt swüschen
man und schilt geschlahen
und latt den schilt und
wyl In werffen

Der ist ganz wehrlos und wird geworfen –
Der hat seinen Schild zwischen Mann
und Schild gestoßen, lässt sein Schild los
und will ihn werfen.

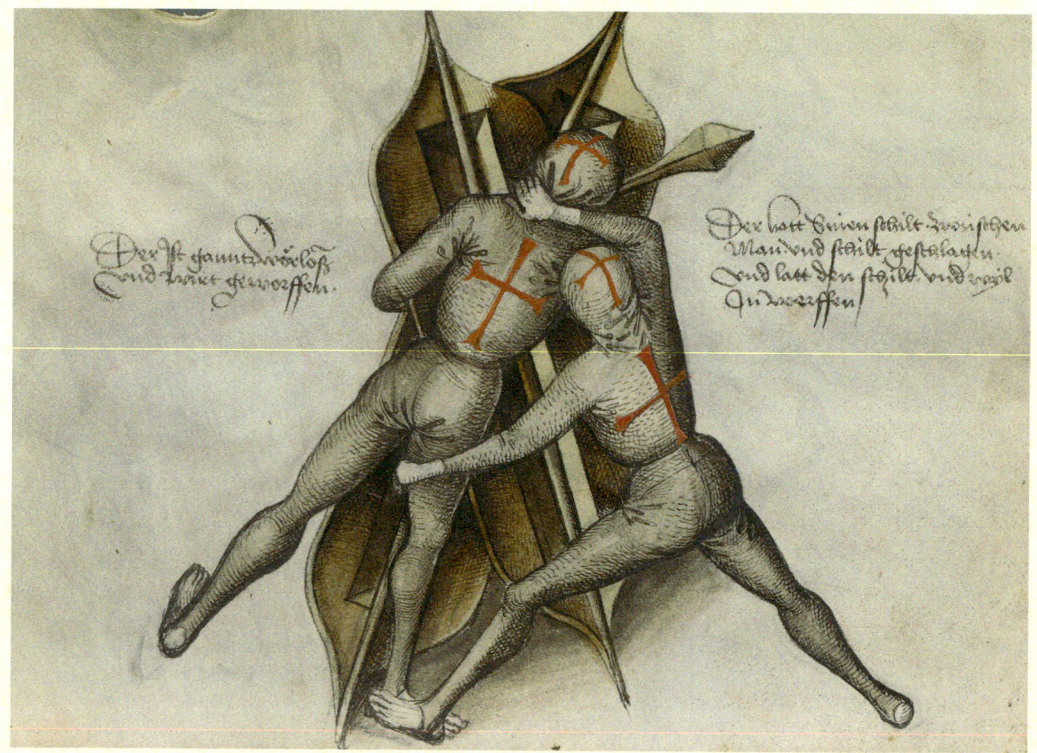

Hie ist der Wurff vollbracht
und Schlecht In dem kolben

Hier ist der Wurf vollbracht,
und er erschlägt ihn mit dem Kolben.

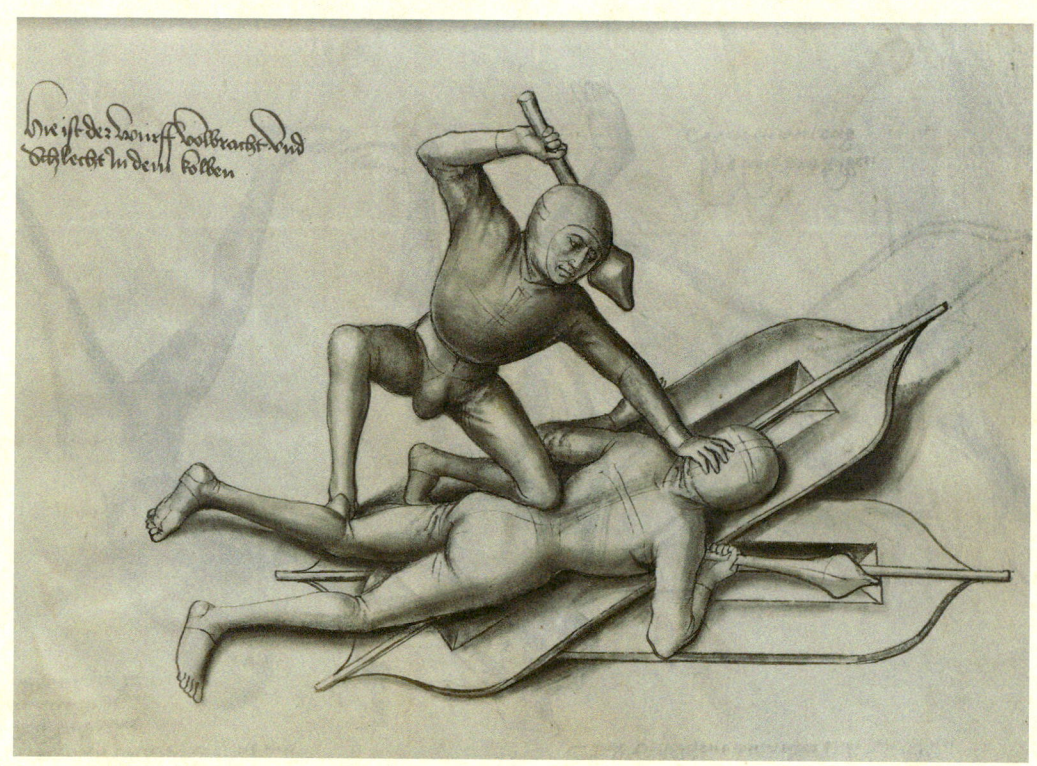

1

2

3

4

5

Der rechte Kämpfer stößt sein Schild
in den linken Arm
des anderen, lässt ihn dann sofort los
und hebelt seinen Gegner aus.
Wichtig ist der Einsatz des rechten Armes
(Bild 1 und 2) der den
gegnerischen Kolbenangriff an Arm
bzw. Hand des Gegners abgleiten lässt.

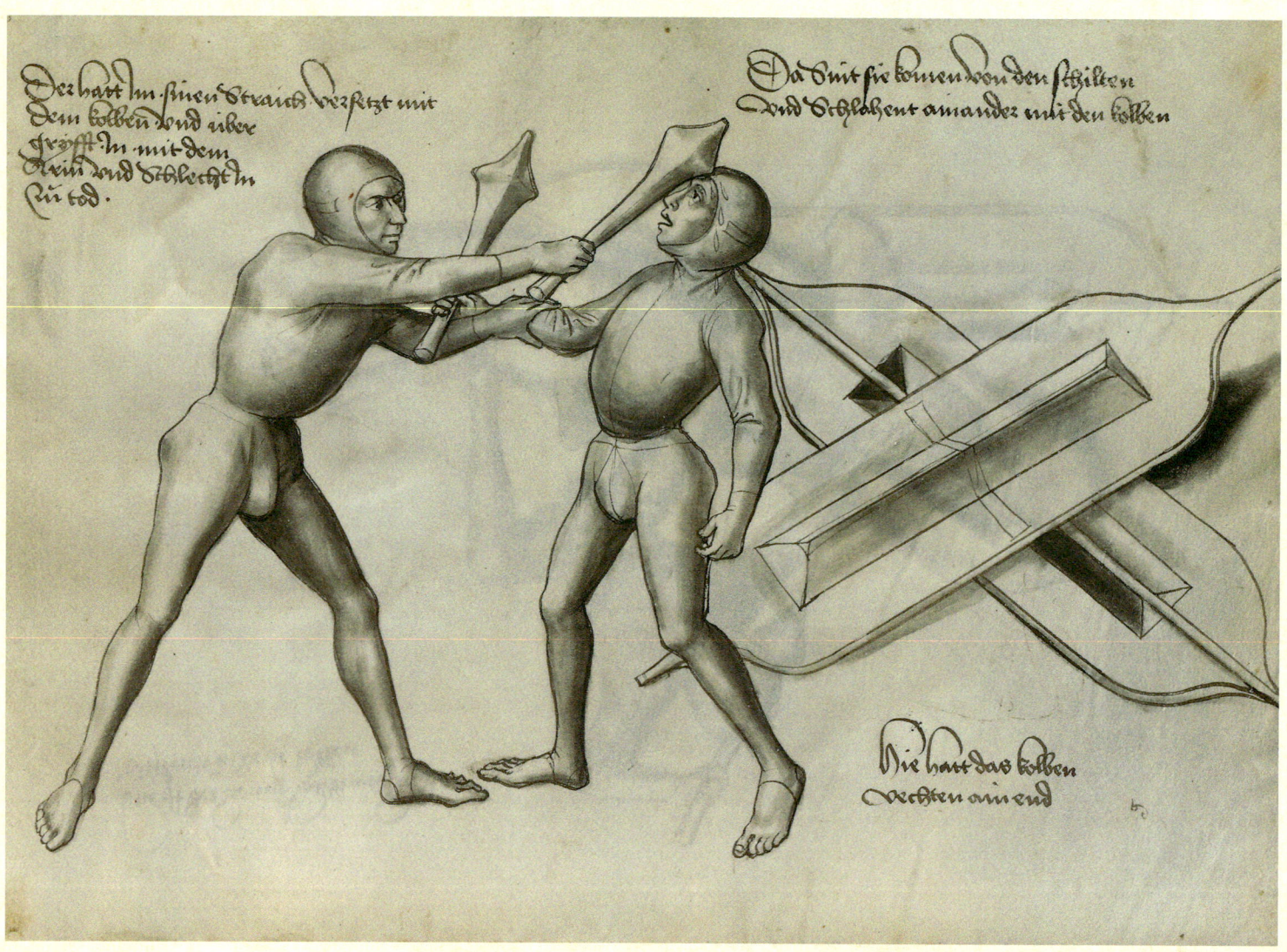

Der hatt Im sinen Straich versetzt mit dem kolben und über gryfft In
mit dem Arm und Schlecht In zu tod –
Da Sind sie komen von den schilten und Schlahent ainander mit den kolben
Hie hatt das kolben vechten ain end

Der hat seinen Streich mit dem Kolben versetzt und übergreift ihn mit dem Arm und schlägt ihn zu Tode –
Da sind sie ohne Schilde und schlagen einander mit dem Kolben.
Hier hat das Kolbenfechten ein Ende.

1

2

3

4

Der linke Kämpfer versetzt den gegnerischen
Angriff und übergreift dabei den rechten Arm
seines Gegners und schlägt zu.

Biomechanische Basisarbeit des Fechtens

Dieses Buch ist zwar nicht als Lehrbuch zu verstehen, trotzdem sind hier einige Prinzipien erklärt.

Die Griffhaltung an den Waffen

In der Grundhaltung umfasst bei Rechtshändern die rechte Hand den Schwertgriff weit vorne in der Nähe der Parierstange.

Fest umschließt der kleine Finger das Gehiltz, locker der Zeigefinger und Daumen entweder Gehiltz oder Parierstange, je nach Taktik und Technik. So unterstützt z. B. bei dem Krump- oder Zwerchhau der Daumen über die Parierstange hinaus die Schwertführung an der bei Rapieren so genannten Quartseite. Die linke Hand umfasst den hinteren Teil des Griffes nahe am Knauf oder auch eben diesen. Bei starken Techniken ist der Griff sehr stark. Bei Techniken, in denen es um schnelle Schwertführung geht, ist dieser sehr weich – Daumen und Zeigefinger übernehmen dann die Führung.

Da er sehr kopflastig ist, muss der Luzerner Hammer mit entsprechend festem Griff geführt werden. Bei Schlägen ist dann darauf zu achten, dass man unbedingt ein Hohlkreuz vermeidet. Die Toplastigkeit dieser Waffe wirkt um ein vielfaches stärker auf die Wirbelsäule als bei einem Schwert.

Der Stechschild in der Holzversion ist eine schwere Waffe. Ähnlich dem Luzerner Hammer wird mit starker Rumpf- und Rückenmuskulatur gearbeitet. Wenn der Schild einhändig geführt wird – in der anderen Hand würde sich Kolben oder Schwert befinden – wird er oft mit der unteren Spitze am Boden aufgestellt, dort wird er dem gegnerischen Angriff entsprechend in der Längsachse gedreht. Wird er einhändig geschwungen, ist die korrekte Positionierung der Hand elementar, um die Drehmomentkräfte im Handgelenk zu vermindern. Das Handgelenk wird dabei nicht voll ausrotiert.

Grundsätzlich kann man zu allen Kampfkünsten die folgenden sieben biomechanischen Prinzipien anführen:

1. **Kinetion und Modulation:**
Die großen Muskelgruppen im Bein-Hüftbereich dienen dem Antrieb (Kinetion), während die weniger kräftige Muskulatur des Schulter-Arm-Hand-Bereichs für die Aussteuerung (Modulation) verantwortlich ist.

2. **Optimaler Beschleunigungsweg:**
Die maximale Endgeschwindigkeit wird durch die optimale Länge und Form des Beschleunigungsweges erreicht.

3. **Maximale Anfangskraft:**
Bewegungen mit Ausholbewegungen verlängern den Beschleunigungsweg und vergrößern die Anfangskraft. Ein lang vorgedehnter Muskel und ein optimaler Arbeitswinkel erhöhen die maximale Anfangskraft. Je weiter also die Waffe ausgeholt wird, umso stärker ist der Schlag oder der Stich.

4. **Koordination der Teilimpulse:**
Zeitliche Koordination: Die Einzelgeschwindigkeiten der beteiligten Körperteile erreichen zum gleichen Zeitpunkt ihr Maximum oder sie reihen sich ohne Pause aneinander. Bei dem Oberhau in der Grundübung arretieren also nacheinander zunächst die unteren Extremitäten, dann die Hüfte, der Schultergürtel und die oberen Extremitäten mit der entsprechenden Waffe zum Schluß. Je schneller geschlagen wird, desto schneller erfolgt die Arretierung in dieser Abfolge. Im Kampf kann allerdings, um schneller am Ziel zu sein, die Waffe dem Körper voraus gehen.
Räumliche Koordination: die Geschwindigkeitsvektoren der Schwerpunkte aller an der Bewegung beteiligten Körperteile weisen in die gleiche Richtung, auf das Ziel. Möglichst alle Gelenke und Extremitäten konzentrieren sich auf dem Auftreffpunkt am Gegner. Die übrigen dienen der Gegenarretierung, um der Technik die notwendige Stabilität zu verleihen, zeigen aber auch dann möglichst in Richtung Ziel. Zum Beispiel das linke Hüftgelenk beim Oberhau.

5. Drehung und Gegendrehung (Gegenwirkung):
Zweckmäßigste Umsetzung des dritten Newton'schen Axioms (actio gegengleich reactio).

a) ohne Bodenkontakt: Als Folge von Teilbewegungen einzelner Körperteile entstehen Gegenbewegungen anderer Körperteile infolge des Drehrückstoßes.

b) mit Bodenkontakt: Eine zweckmäßige Verwringung von Schulter- und Hüftachse bzw. von Becken und Oberkörper führt zu einer gewünschten Verlängerung des Beschleunigungsweges.

Bei unserem Beispiel, dem Oberhau, verläuft also die Kraftrichtung der rechten Körperhälfte in Richtung Ziel, die linke arretiert dagegen, um, wie schon oben beschrieben, den Körper und die Technik zu stabilisieren.

6. Drehrückstoß (Drehimpulserhaltung):
Aufgrund unterschiedlich großer Trägheitsmomente (Rumpf groß, Arme/Beine klein), kann auch hier das dritte Newton'sche Axiom angewandt werden. Gegenbewegungen in Form von Kreis-Drehbewegungen der Arme/Beine wirken auf den Rumpf, auch wenn kein Bodenkontakt besteht.

Auch bei Sprungattacken muß sich stabilisiert werden, damit eine Technik zielorientiert ist und der Kämpfer nicht aus dem Gleichgewicht kommt und somit nach dem Sprung stürzt.

7. Impulserhaltung (Drehimpulserhaltung):
Die Impulserhaltung macht praktisch jeder Anfänger richtig, sie soll der Vollständigkeit halber hier noch erwähnt werden.

Das Trägheitsmoment (Masse = Abstand^2) eines rotierenden Körpers hängt vom Abstand seiner Masse von der Drehachse ab. Wird der Abstand verringert, verkleinert sich das Trägheitsmoment (und damit auch das Drehmoment). Da der Gesamtdrehimpuls (Trägheitsmoment × Winkelgeschwindigkeit) des Systems jedoch erhalten bleibt, wird die Winkelgeschwindigkeit (Rotationsgeschwindigkeit) erhöht – das heißt die Geschwindigkeit des Schwertes, in unserem Beispiel der Oberhau. Wichtig ist ebenfalls die sich aus dem ergebenden Abstand zur Drehachse ergebende Bahngeschwindigkeit. Das heißt, je länger eine Waffe ist, umso schneller ist ihr Ende bei gleicher Winkelgeschwindigkeit.

Die Winkelgeschwindigkeit des Sekundenzeigers einer Uhr ist 360°/60s, seine Geschwindigkeit beträgt also 6 Grad pro Sekunde, beziehungsweise 360 Grad pro Minute.

Die Bahngeschwindigkeit des Endpunktes des Sekundenzeigers ist deutlich höher als ein Punkt in der Nähe der Achse. Unser Schwert ist also am Ort deutlich schneller, was die Bahngeschwindigkeit betrifft, als an der Stärke.

Die Prinzipien, hier pragmatischer aufgeführt

Der Antrieb des Fechters und die Kraft, mit der er die Waffe führt, entsteht primär aus der Hüfte und dem damit verbundenen Muskelsystem. Dazu gehören vor allem die Beckenboden-, Rumpf- und Gesäß- und die Beinmuskulatur.

Die etwas schwächere Muskulatur des Schultergürtels setzt diese fort in die noch weniger starke Arm- und Handmuskulatur, diese Kombination ist dann letztendlich für die Modulation bzw. Feinausrichtung der Technik verantwortlich.

Zunächst wird also die starke Muskulatur aktiviert, dann die schwächere bis hin zu den Fingern.

Nach dieser Aneinanderreihung, ähnlich einem Peitschenschlag, erreichen die entsprechenden Körperteile zum gleichen Zeitpunkt ihr Maximum an Potential, so dass zum Zeitpunkt des Auftreffens der Waffe optimale Durchschlagskraft entwickelt wird.

Die kleinere, leichtere und weniger starke Armmuskulatur holt also die große Bein- und Rumpfmuskulatur ein.

Die Ausführung der gesamten Fechttechnik geschieht allerdings in wenigen Zehntelsekunden, so dass der Eindruck entsteht, die gesamte Aktion geschehe gleichzeitig.

Je größer die Ausholbewegung, umso länger der Beschleunigungsweg und die Durchschlagskraft der entsprechenden Waffe.

Die Geschwindigkeitsvektoren der Schwerpunkte aller an der Bewegung beteiligten Körperteile weisen in dieselbe Richtung, zum Ziel.

Das gilt im Übrigen für alle Sportarten die große, anspruchsvolle Bewegungsmotorik beinhalten, wie z. B. alle Laufsportarten, Tennis, Tanzen, Ballsportarten und in den Kampfkünsten usw.

Damit die Rumpfmuskulatur ihre Kraft in den Schultergürtel übertragen kann, werden die Füße etwa schulterbreit gestellt, was zusätzliche Stabilität verleiht.

Der vordere Fuß zeigt nach vorne, um die Basis für die kinetische Energie zu geben. Fuß-, Knie- und Hüftgelenk stehen so in einer senkrechten Linie zueinander.

Die korrekte Körperarbeit an den Achsen dieser drei Gelenke verhindert außerdem einen zu schnellen Verschleiß der Kniegelenke.

Der hintere Fuß zeigt ca. 30–40 Grad nach vorne, um sich so bestmöglich abzudrücken und schnell nach vorne zu agieren. Das vordere Knie wird etwas nach außen gedrückt, um so der Hüfte Spielraum zu geben und das Kniegelenk zu schonen.

Auch das hintere Knie ist etwas gebeugt und nach außen gedrückt, um die Sprungkraft zu übertragen und seitliche bzw. ausweichende Schritte zurück gut möglich zu machen, welche sich bei durchgedrückten Beinen schlechter ergeben. Die Kniegelenke können dadurch die aufgebaute Spannkraft nicht an den Körper weitergeben.

Manchmal sieht man auch Darstellungen mit 90 Grad abgewinkeltem Fuß. Das Abdrücken auf der Innenkante des Fußes ist jedoch nicht so kraftvoll, schließlich gehen und rennen wir ja auch mit den Füßen und nicht auf der Fußkante.

Bei einem ultimativen Schlag (es muß sicher sein, dass dieser den Gegner außer Gefecht setzt), ist die Endstellung tief, der hintere Fuß zeigt sogar nach hinten (z. B. um maximale Länge zu bekommen). Folgeangriffe sind hier kaum möglich, da es sehr schwer ist, sich aus dieser Stellung wieder heraus zu bewegen.

Bei Grundübungen ist es wichtig, zuerst in einen guten Stand zu kommen und dann die Technik zu vollenden. Damit erarbeitet sich der Übende die korrekte Waffenführung und vermeidet Ungenauigkeiten und unsicheren Stand. Bei Gefechtsangriffen geht die Waffe oft dem Stand voraus. Dies sollte erst geübt werden, wenn Ersteres vervollkommnet ist.

Der Oberkörper ist etwas nach vorne gelehnt, zum einen, um eine Vorwärtsbewegung zu erleichtern, zum anderen schützt diese Haltung die Lendenwirbelsäule – da sie ein Hohlkreuz vermeidet. Besonders wichtig ist dies in der Ausholphase (siehe Bild 2, dem Übergang von der Aushol- zur Schlagphase) zu beachten, da die folgende Schlagphase die Kraft auf die Wirbelsäule potenziert. Das Gewicht ist etwa zu Zweidritteln vorne. Dies kann entsprechend verändert werden, z. B. bei reinen Verteidigungsstellungen. Es kommt auf die Absicht an, die der Kämpfer verfolgt.

Bei den Körperverschiebungen wird kraftvoll mit beiden Füßen abgestoßen (auch hier hilft einmal mehr die kraftvolle Muskelarbeit aus der Hüfte), der hintere Fuß gleitet in einem Bogen dicht an dem vorderen vorbei und setzt zur Stabilisation und op-timalen Kraftübertragung etwa schulterbreit wieder auf.

Die anschließende Arretierung des Körpers in Form einer kleinen Gegendrehung dient neben der Stabilisation dazu, den Angriffsvektor zu maximieren.

Etwa wie beim Laufen: Rechte Hüftseite schiebt sich vor, rechte Schulter zurück, linke dagegen wieder vor.

Die mechanische Grundlage des Prinzips der Gegendrehung ist das erste (Galilei'sche Axiom) und dritte (Huygens'sche Axiom) Newton´sche Axiom, die besagen, dass

1. die kräftefreie Bewegung eine gerade Linie zeichnen muss, und
2. die Geschwindigkeit mit den Eigenschaften des Körpers selbst gewichtet werden muss. Fechttechnik und Lauftechnik sind da ähnlich, ein Fuß drückt sich ab, um den anderen – durch die Kraftumsetzung der Hüfte – beim Vorwärtskommen zu beschleunigen; Hüfte und Schultern rotieren, um der Bewegung Stabilisation und Dynamik zu geben.

Wird im Körper also ein Drehimpuls bzw. eine actio entwickelt, bedarf es dem entsprechenden entgegengesetzten Drehimpuls bzw. einer reactio – Drehmoment und entgegengesetztes Drehmoment müssen sich die Waage halten.

Bei der Bildabfolge des Oberhaus bildet die linke Körperseite die reactio, indem sie ihre kinetische Energie an die rechte weitergibt (actio), die die Energie in das Schwert weiterleitet.

Die entsprechende »Verwringung« (Verschraubung) von Schulter- und Hüftachse bzw. Becken und Oberkörper führt zu der gewünschten Verlängerung des Beschleunigungsweges in minimaler Zeit, um zusammen mit dem oben beschriebenen »Peitscheneffekt« die maximale Kraft in das Schwert zu leiten (Abb. 65).

Bei den Grundübungen wird versucht, das Optimum der natürlichen kinesiologischen Abläufe zu erreichen sowie maximalen Lernerfolg zu erzielen. Der kinästhetische Analysator empfängt die Reafferenz der Ausführung einer Technik durch seine Propriorezeptoren in den Muskelspindeln, Sehnen und Gelenken.

Umso größer, langsamer und exakter eine Technik ausgeführt wird, desto effizienter ist der Lernerfolg.

Den Kampf muss der Streiter überleben und so die biomechanischen, wie auch taktischen Prinzipien

entsprechend der Gefechtssituation anwenden; z. B. kleinere oder größere, schmalere Schritte, meist kurzes Ausholen oder doch aus dem Handgelenk schlagen.

Ergo, je nach Absicht: Manchmal ist es eben besser, schmal zu stehen oder das Gewicht hinten zu haben.

Wichtig: bei jeder (!) Technik die Bauchmuskeln anspannen, um die Kraft über Oberkörper und Arme bis in die Waffe zu übertragen und die Lendenwirbelsäule zu stabilisieren und zu entlasten.

In Bezug auf die Anatomie, den damit verbundenen Kraftübertragungen zur Waffe, zu der Wirbelsäule und allgemein zu den Gelenken können leicht Fehler auftreten.

Wenn die Wucht eines Schlages falsch ausgerichtet ist, kann der Übende auf die Dauer erheblichen Schaden an seiner Gesundheit nehmen.

Deswegen sollte auf keinen Fall versucht werden, sich die Fechtkunst selbst beizubringen, sondern nur durch entsprechend ausgebildete Fachkräfte.

Glossar

Die Erläuterungen der Fachbegriffe sind nicht allgemein gültig, sie beziehen sich auf diesen Band sowie Meister Talhoffers Beschreibung seines Codex.

Die Übersetzung der frühneuhochdeutschen, schwäbischen Termini von Talhoffers Fechtbuch bezieht sich auf die spezifische Fechtsprache nach derzeitigem Wissensstand. Des Weiteren legten einige Fechtmeister manche Fechtbegriffe anders aus. Es ist dementsprechend nicht als allgemeingültiges »Mittelalterliches Fechtbuchglossar« zu verstehen.

Die Zahlen in den Klammern im Erklärungstext geben die Nummer der entsprechenden Tafel aus dem Codex an.

Das Glossar wird von Band zu Band erweitert und verifiziert.

Abzug: Sich aus dem Kampf lösen.

Absetzen: Gleichzeitiges abwehren und einen Gegenangriff führen (siehe Indes), dies geschieht während die gegnerische Klinge kontrolliert wird.

Aikido: Der Weg (Do) der Harmonie (Ai) der inneren, geistigen Kraft (Ki). Aus klassischen japanischen Samuraikriegskünsten in den zwanziger Jahren des letzten Jahrhunderts durch O Sensei (Großmeister) Morihei Ueshiba entstandene geistige Schulung, die sich in den Bewegungen des Übenden ausdrückt. Durch spiral- und kreisförmige Bewegungsart wird der Angreifende mühelos geworfen oder gehebelt.

Ain schlieszen, Ynschlieszenn: Einschließen oder Verschränken des gegnerischen Armes oder Beines, so dass diese Extremität der Handlungsfreiheit beraubt wird (54, 60).

Anbinden: Das taktische Kontaktieren von Waffen; bei Schwertklingen, auch »Im Band«. Berühren von Armen, in der Regel zur Abwehr bzw. zum kontrollieren des Gegners (11, 29–32, 40, 46, 48, 79, 80, 81, 84, 86, 87, 95, 114, 117, 118).

Angriffslinie: Gedachte Linie, in der der Angriff erfolgt, bzw. der Körper des Angreifers ausgerichtet ist.

Ansetzen: Ohne das gegnerische Schwert mit dem eigenen zu berühren direkt die Blöße des Gegners zu attackieren; in der Regel mit einem Stich.

Arbeit, arbaiten: Fechten, kämpfen in der nahen Mensur aus der Bindung heraus(22, 43, 77, 88, 90).

Bahngeschwindigkeit: Die Geschwindigkeit – gemessen in Meter pro Sekunde, Stunde pro Kilometer usw. – die ein Punkt auf einer Kreisbahn besitzt. Zum Beispiel die Geschwindigkeit des Schwertortes auf seinem Weg zum Ziel.

Band: Die Klingen im Zustand des »Anbinden« das heißt, sie berühren sich.

Barbuta: Italienischer Helmtypus, der den Kopf vollständig umhüllt; meist mit t-förmiger Aussparung für Augen, Nase und Mund.

Bart: Teil der Rüstung zum Schutz für Hals und untere Gesichtshälfte.

Bicoque-Helm: Geschlossener, enganliegender Visierhelm, dessen Visier viele Löcher statt Augenschlitze hat (v. a. für das Fußturnier).

Binden: Siehe Anbinden.

Bloßfechten: Fechten ohne Harnisch bzw. Rüstteile.

Blos, Blosz: Blöße, ungedeckte Körperregion. Trefferzone. Durch eine horizontale und eine vertikale Linie wird der Körper in vier Trefferzonen eingeteilt, von rechter oberer Blöße bis zur linken unteren Blöße (14, 106, 108, 114, 115).

Brentschirn, Brentschüren Brentschiren, Brentschürn: Das Aneinanderreiben der Klingen nach dem Anbinden, um das gegnerische Schwert zu kontrollieren bzw. in eine bessere Position zu gelangen (39, 41, 54, 60).

Bruch: Abwehr, das Verhindern, das Brechen einer gegnerischen Technik (75, 76, 93, 96).

Bruche (bruoch od. bruech): Im Mittelalter leinene Unterhose des Mannes.

Buben wurff: Überwurf. In der Regel lässt sich der Ringer nach hinten fallen, legt einen Fuß am Bauch des Gegners an und wirft ihn über sich (86).

Buckler, Buckelschild, Faustschild: Kleiner, meist runder Schild mit ca. 20–45 cm Durchmesser. Als Schildbuckel bildete er mit seiner Befestigung für die Schildbeplankung und dem Griff den wesentlichen Teil des Schildes. Meist aus Metall. Bei Talhoffer mit zwei Fanghaken versehen und interessanter spinnennetzartiger Form.

Daumengriff: Der rechte Daumen wird an die linke Klingenfläche angelegt, um die entsprechende Fechttechnik zu unterstützen.

Deafferenzierung: Das Unterbrechen der Zuleitung von Informationen zum zentralen Nervensystem. In der Regel durch ein traumatisches Ereignis. Bei konditionierten Kämpfern allerdings absichtlich trainiert um die emphatische Fähigkeit und das Bewusstsein zu steigern.

Durchlaufen: Unter dem gegnerischen Angriff durchtauchen, um auf die andere Seite zu kommen, um so an die Flanke oder den Rücken des Angreifers zu gelangen und von dort aus zu kontern.

Durch schlupfen: Durchschlüpfen. Wenn man unter einem oder beiden gegnerischen Armen durchtaucht, ergeben sich daraus Hebel- und Wurfmöglichkeiten, auch das Entwinden des gegnerischen Schwertes durch die Hebelkraft ist so möglich (59).

Einschließen: Siehe »Ain schlieszen«.

Emphatie: Das Einfühlen bzw. das sich Hineinversetzen in einen anderen Menschen. Für den Kämpfer eine seiner wichtigsten Fähigkeiten, mit ihr wird die Absicht des Gegners erkannt.

Endstosz: Endstoß. Der letzte, ultimative Stoß, der den Kampf beendet (109).

Enstuck: Endstück, die meist tödliche, den Kampf beendende Technik (103).

Erfühlen: Siehe »Fühlen«.

Erliegen, Erlogen: Erlügen; Antäuschen, eine Finte (17, 47, 83).

Fahen: Fangen, Einfangen, Einnehmen (5, 30).

Fesartig: Eine wie ein orientalischer Fes aussehende Kopfbedeckung aus Filz.

Fryes Ortt: Freier Stich. Nicht klassifizierte Stichtechnik. Möglicherweise aber auch die Parallele Griffhaltung der Hände an der Waffe. Im Gegensatz zum geschränkten Ort sind die Hände nicht überkreuzt, also »frei« (10, 12).

Fry schlahen, Fryer Schlag, fry schlagen: Freier Schlag, oder Hau siehe »Fryes Ortt« (75, 81, 87).

Fryer Schlag: Siehe »fryes Ortt« (75, 81, 87).

Fürtreten: Vortreten, um eine Technik anzuwenden (74, 89).

Fühlen: Das Erfühlen, ob der Gegner stark oder schwach in der Bindung ist bzw. des gegnerischen Schwachpunktes während der Bindung (im Band).

Gayszlen: Geißeln (Peitschen). Peitschenartiger Schlag mit einer Hand, um größtmögliche Reichweite zu erzielen (10).

Gambeson: Wattierte oder aus mehreren Lagen Stoff bestehende Schutzjacke, die unter dem Kettenhemd bzw. dem Plattenpanzer zur Dämpfung der gegnerischen Hiebe oder dem Pfeil- und Bolzenbeschuß getragen wurde.

Gefäß: Bestandteil des langen Schwertes. Es setzt sich zusammen aus Parierstange, Griff und Knauf (74).

Gehiltz, Gehilz: Gehülz. Griffhülse des Schwertes. Siehe »Gefäß«.

Gefrens: An der Haube oder einem Haarreif befestigter, aus parallelen Bändern bestehender Kopfputz der Frauen im 15. Jh.

Geschrenckt: Siehe »Schrenken«.

Geschrenckt Schwechin: Geschränkte Schwäche. Hut mit gekreuzten Armen, der Ort zeigt nach unten, manchmal mit Kontakt zum Boden (23).

Geschrenckt Ortt: Geschränkter Ort. Stich mit gekreuzten Armen (4).

Geschübe: Mittels Lederstreifen bzw. Dreh- oder Gleitnieten verbundene Plattenteile/-streifen zur Erhöhung der Beweglichkeit.

Gewalt: Mit starkem Engagement auf den Gegner einwirken (30).

Gewaubet, Gewauppet(-ort): Gewappneter (Ort). Eine Hand befindet sich am Griff, die andere etwa an der Klingenmitte, für den Krieg mit guten Hebelmöglichkeiten (26, 28, 35, 36, 39, 40, 75).

Griezwart, Grieswart: Kampfrichter, Sekundant; Talhoffer bezeichnet den Sekundanten als Gries(s)wart.

Gugel: Kapuzenartige Haube mit breitem Schulterkragen und im Spätmittelalter mit lang ausgezogenem, auf den Rücken fallendem Zipfel (Sendelbinde oder -ring).

Halsfahen: Halsfangen, Angriff zum Hals, siehe »fahen« (5).

Halbschwerthut: Siehe »gewauppet«.

Harnischfechten: Fechten in Rüstung bzw. im Harnisch.

Hendtrucken: Hände drücken. Das eigene Schwert wird schneidend, von unten oder oben gegen die Unterarme, Handgelenke oder Hände des Gegners gedrückt, um diesen zu kontrollieren.

Hau: Eine Mischung aus Schlag (eine Bewegung wie mit einem Knüppel oder einer Axt, 90° auf das Ziel zu) und einem Schnitt (unter Druck schiebende oder ziehende Bewegung der Klinge über das zu schneidende Körperteil).

Helmbrünne: Kettengeflecht, das am Helm befestigt ist und einen Teil des Kopfes schützt.

Hentzen: Panzerhandschuhfäustlinge.

Hieb: Siehe »Hau«.

Hinderbinden, Hinder binden: Hinterbinden. Hinter den gegnerischen Angriff bzw. der gegnerischen Waffe gelangen. Die gegnerische Waffe kann an der Waffenrückseite angebunden werden und nach hinten weggeschlagen werden. Bei der Streitaxt sehr gut geeignet zum anschließenden Hinweghelfen (15, 81, 99, 108, 111, 118).

Hinweghelfen, anweg helfen: Versetzen durch Ableiten/Weiterleiten des gegnerischen Angriffs, während der Verteidiger dabei seitlich zum Angriffswinkel steht. In der Regel entsteht dadurch eine Blöße des Angreifers. Oft guter Übergang zum Krieg (81, 82, 114, 115, 116).

Hundsgugel: Beckenhaube (Helm) mit Visier in Form einer Hundeschnauze.

Hutt, Hut: Hut, Kampfstellung, Grundstellung (119).

Indes: Indessen. Während des gegnerischen Angriffs gleichzeitig agieren.

Inlouffen, Im louffen: Einlaufen. Das sich gedeckte Nähern mit kontrollieren des gegnerischen Schwertes zum Gegner, um zum Ringen zu kommen (12, 58).

Iszny Port, Yszni Port: Eisenpforte. Eine Hut, bei der der Ort nach vorne unten zeigt (16).

Kalarippayattu: Südindische Kampfkunst mit hohem ethischem Aspekt. Als »Kalari« ist die Bezeichnung für die Räumlichkeit, in denen die »Payat« (Übungen) ausgeführt werden. Belegt seit dem 12. Jh., sehr wahrscheinlich wesentlich älter.

Kastenbrust: Brust des Harnischs in Kastenform (typisch deutsch).

Kinästhetischer Analysator (Bewegungsempfindender Analysator): Analysatoren sind Kontroll- und Steuerungssysteme, die Funktionszusammenhänge von Sinnesorganen mit der Analysefähigkeit bezüglich entsprechender Bewegungsantworten im zentralen Nervensystem wahrnehmen und verarbeiten. Kinästhesie ist die Wahrnehmung der Eigenbewegung. Der Kinästhetische Analysator nimmt die Kinästhe-

sie über seine Propriorezeptoren (Motorezeptoren) im aktiven Bewegungsapparat auf.

Klingenbindung: Siehe »Anbinden«.

Kloben: Kleine Röhrchen, mit denen Kettengeflecht befestigt werden konnte.

Konditionierter Kämpfer: Gedrillter ausgebildeter Kämpfer.

Krieg: Der Nahkampf in der nahen Mensur, die Arbeit aus der Bindung (22).

Krum: Der krumme (gekrümmte,) Hau (Krumphau), der die Angriffslinie kreuzt. In der Regel mit überkreuzten Händen ausgeführt, er trifft mit der kurzen Schneide (19, 20).

Kurze Schneide: Die Rückschneide. Die dem Daumengrundgelenk zugewandte Schneide.

kurtzes Schwert: Das kurze Schwert. Siehe »gewaubet«.

La verdadera Destreza: Die wahre, hohe Fertigkeit – die Kunst des Fechtens, Symbol ist der spanische Fechtkreis.

Lange Schneide: Die Hauptschneide, die den mittleren Fingerknöcheln zugewandte Schneide.

Lang Zorn Ort: Siehe »Zorn Ort«.

Leger: Von Auslage, siehe »Hut«.

Mäusel: Schutzkappe für den Ellenbogen (an der Armkachel). Auch der Musikantenknochen im Ellenbogen.

Mandala (Sanskrit: Kreis, Vieleck): Mystisches Diagramm, bes. bei Hinduisten und tibetanischen Buddhisten, das dem ihm entsprechenden Gott zugeordnet ist. Auch die Fußstellungen der hinduistischen Tempeltänzerinnen werden so genannt. Das Mandala ist ein »Symbol für geordnetes Denken; und das beginnt in den Füßen«.

Mensur: Abstand der Fechter zueinander.
  1. Weite Mensur: Der Gegner ist durch Hau oder Stich nur mit (mindestens) zwei Schritten zu treffen.
  2. Mittlere Mensur oder einfach die Mensur: Der Gegner ist durch Hau oder Stich mit einem Schritt zu treffen.
  3. Nahe Mensur: Der Gegner ist durch Hau oder Stich ohne Schritt zu treffen.
  4. Enge Mensur: Noch näher als nahe Mensur: Der Gegner ist durch Faustschläge, Ellenbogenstöße, Kniehebel, Knaufstöße usw. zu treffen – der richtige Abstand um in das Ringen übergehen.

Mi-parti: meist vertikale und oder horizontale Teilung eines Kleidungsstückes in zwei Farben, besonders beliebt bei spätmittelalterlichen Hosen, bei der meist die Wappenfarben verwendet werden.

Mordtschlag: Mordschlag. Das Schwert wird mit beiden Händen an der Klinge gefasst und mit der Parierstange zugeschlagen (33, 34, 37, 47, 53, 56, 58, 72).

Mordstraich: Mordstreich. Siehe »Mordtschlag«.

Moriskentanz (span. Morisca, Maurentanz): Wurde in Europa als Einzel- oder Gruppentanz im 15. und 16. Jh. ausgeübt. Das erste Mal 1437 in Burgund erwähnt. Kennzeichnend für den Moriskentanz sind akrobatische Sprünge und Drehungen mit offenbar ausgefeilter Beinarbeit. Im Mittelmeerraum auch als stilisierter Schwertertanz zwischen der christlichen und moslemischen Religion dargestellt.

Muschel: Muschelförmiges Plattenteil, welches das Knie von seitlich außen schützt (an der Kniekachel befestigt).

Nach: Reagieren, erst Versetzen oder Absetzen wenn der andere schon mit seiner Aktion begonnen hat. Nach dem Ausweichen oder Abwehren des gegnerischen Angriffs selbst angreifen.

Nachgerayszt, nachreissen, nachreißen, nachraysen, nachraißen: Nachreißen. Wenn der Gegner einen Hau, Stich usw. verfehlt hat bzw. man diesem ausgewichen ist, gibt er sich eine Blöße (eine Körperpartie verlässt zeitweilig die Deckung). In diese Blöße schnell – bevor sie wieder gedeckt ist – stechen oder in derselben Richtung (wie der Hau des Gegners) schlagen (im Nach).

Nebenhut: Das Schwert wird seitlich vom Körper gehalten, der Ort zeigt nach hinten unten. Auch die Bezeichnung für eine weniger wichtige Hut.

Nott: Siehe »Notstand« (77a).

Notstand: Notstand. Sich in schwieriger Kampfposition befinden. Zum Teil wohl auch eine Hut, in der das Schwert eng (soll dann hier Not = beengend bedeuten) am Körper gehalten wird und der Ort wenig über die eigene Körperabgrenzung hinausragt, das wäre bezeichnend für die Halbschwerthuten (42, 77).

Oberer Ort: Stich zur oberen Blöße (13).

Oberhau, Oberhow: Schlag von oben nach unten, wird auch schräg ausgeführt (1, 17).

Ochs: Eine Hut, bei der das Schwert waagerecht über dem Kopf gehalten wird, der Ort zeigt zum Gesicht des Gegners hin, die Parierstange vor der Stirne; der rechte Daumen liegt auf der unteren Seite der Klinge auf. Diese Schwertausrichtung erinnert an das Horn eines Ochsen.

Ort: Klingenspitze, auch Bezeichnung für einen Stich (10, 31).

Ortschlag: Siehe Mordschlag. Offensichtlich wurde das M vor Ortschlag bei Tafel 34 vergessen.

Pflug: Eine Hut. Das Schwert wird ähnlich eines mittelalterlichen Pfluges an der Seite gehalten. Der Ort zeigt in Richtung Gesicht des Gegners.

Quartseite: Die Innenseite der Klinge beim Rapier.

Radwurf: Der Gegner wird vertikal durch eine Hebeltechnik gedreht und geworfen.

Reafferenz: Rückinformation über Verlauf und Ergebnis einer Bewegung.

Reisiger: Berittener, Lanzen tragender Reis = Lanze. In englischen Texten »Man-at-Arms« genannt.

Reissen, Ryszen, Rysen: Aus dem Kurzen Schwert mit Teilen des Gehülzes, hauptsächlich der Parierstange, ein reißen, ziehen oder drücken an den Arm-, Beingelenken oder dem Hals des Gegners oder dessen Schwert (37, 48, 52, 53, 58, 66, 83, 84, 85, 91, 92, 93, 98).

Schafft: Holzstiel des Kriegshammers, Stangenwaffe oder der Axt usw.

Schaller: Helm mit Nackenschirm; teils mit, teils ohne Visier.

Schappel: Metallener, oft tordierter Harreif mit Verzierung, ab dem Hochmittelalter getragen von Jugendlichen beiderlei Geschlechts.

Schiftung: Siehe »Geschübe«, doch bei der Brust sagt man »Schiftung«; ebenso beim aufwärts geschobenen Rücken des italienischen Harnischs, während der deutsche Harnischrücken als (abwärts) geschoben bezeichnet wird; allerdings oft nur eine Überlappung, die nicht geschoben werden kann.

Schilher: Schielhau. Ein Oberhau, bei dem der Körper nicht wie sonst üblich auf den Gegner gerichtet ist, sondern etwa 90° zur Angrifflinie steht, so dass man den Gegner nur schielend sieht. Die Klinge wird kurz vor dem Auftreffen oder während des Anbindens gedreht und trifft mit der kurzen Schneide auf das Ziel, dadurch entsteht ein starker Drall, der das gegnerische Schwert beiseite fegt. Der Schielhau kann auch sofort mit der Rückschneide gegen den Gegner ausgeführt werden (36).

Schirmmeister: Fechtmeister, Fechtlehrer.

Schlag, Schlahen, Slahen, Slagen: Schlagen (47, 58, 63, 72, 78, 81, 82, 84, 88, 90, 91, 92, 97, 100, 101, 102, 107, 110, 114, 119, 122, 124, 125, 126).

Schnitt: Das Schneiden. Einer der »drei Wunder«

aus denen der Angriff mit der Schwertschneide oder dem Schwertort ausgeführt wird. Die anderen beiden Wunder sind Hau und Stich. Bei Tafel 21 wird ein flüssiger Übergang von einem Hau in den Schnitt dargestellt (21).

Schranken: Abgegrenzter Bereich als Turnier- oder Kampfplatz. Meist mit hölzernen Schranken versehen.

Schrankhut: Siehe geschränkte Schwäche.

Schrenken: Das Drehen des Schildes in vertikaler Achse, in der Regel zum Blockieren des gegnerischen Schildes bzw. der gegnerischen Waffe. Geschränkt schlagen mit Schild und Kolben heißt allerdings hier »über Kreuz schlagen«, z. B. Schild mit der linken Hand auf der rechten Seite (106, 122).

Schusz: Wurf mit dem Spieß (70, 71).

Schwertleite, Ritterschlag, Schwertnahme: Erhebung des Knappen in den Ritterstand durch eine feierliche Zeremonie.

Schwertort: Klingenspitze.

Schwert niemen: Das Schwert des Gegners entwenden. Entweder durch eine Hebeltechnik oder durch ryszen (7).

Sendelring: Siehe Gugel.

Sterck: Stärke. Der untere Teil der Schwertklinge oder Waffe bis zur Parierstange bzw. dem Griff. Auch starkes, effektives Anbinden an die gegnerische Waffe, um diese zur Seite zu winden (101).

Sergent: Panzerreiter niedrigen Standes, keine Ritter.

Straich: Streich, Mordstreich, siehe Donnerschlag. Schlag beim Kolben (73, 83, 126). Der Streich ist ein Versatz, ähnlich der oberen Versatzung und dem Krumphau als Versatz, bei dem von unten aufgefahren wird und mit der Flachseite das gegnerische Schwert von der Angrifflinie gewischt wird.

Stich: Stoß mit dem Schwertort bzw. mit der Spitze einer Waffe (42, 58, 61, 66, 92, 97, 103).

Stossz, Stoß, stossen, Stotzt: Stoß. Beim Schwert in der Regel mit dem Schwertknauf. Bei den Stechschilden wie Stich. Bei der Streitaxt mit der Hammerspitze oder dem Schaftende (38, 52, 67, 73, 101, 102, 108, 109, 111, 114, 115, 118, 121, 147).

Stuck: Stück. Angriff oder Technik (76, 82, 89, 94, 96, 112, 116, 121, 123).

Sturzhau, Sturtzhow: Von oben geschlagener Hau mit der Rückschneide, ähnlich dem Krumphau, der schräger und in der Regel als Kontertechnik neben der Gefechtslinie ausgeführt wird, auch ein Stoß mit gleicher Ausholbewegung von oben kann so bezeichnet werden (2).

Trippen: Hölzerne Unterschuhe.

Tschwecht: Schwäche. Der obere Teil der Schwertklinge oder der Waffe bis hin zum Ort beim Schwert bzw. Hammerkopf beim Kriegshammer. Auch (in der Bindung) im Nachteil stehen (101).

Turnschlag: Donnerschlag. Ein Mordschlag in die Versatzung des Gegners (37).

Ubergryff, Übergriffen, Übergrifftz: Übergreifen. Über bzw. um einen oder beide Arme des Gegners greifen, um einen Hebel oder Wurf anzubringen. Auch die gegnerische Waffe kann übergriffen werden (75, 87, 122, 126).

Umb kern, Umkern: Umkehren. Taktisches Drehen des Gegners mit Hilfe von Hebeltechniken, um diesen in eine ungünstige Lage zu bringen. Sich selbst kann man durch Umkehren aus einer schwierigen Lage befreien. Gerne als Gegenhebeltechnik angewendet (56, 57, 96).

Underhow: Unterhau, ein Hau von unten nach oben, meist mit der Hauptschneide (1).

Vahen: Siehe »Fahen«.

Versetzen, Versatzung: Das Abwehren des gegnerischen Angriffs, auch den Gegner (dabei) ins Leere laufen lassen, ohne ihn dabei mit dem Schwert zu treffen (53, 70, 71, 72, 73, 75, 78, 83, 88, 90, 91, 92, 98, 101).

Von Tach, vom Tach: Eine der fünf Huten der lichtenauischen Lehre, bei der das Schwert auf der Schulter mit dem Ort nach oben gehalten wird und aus der man sehr schnell angreifen oder absetzen kann (5, 18, 84, 90, 100).

Wechselhut: Ähnlich der Nebenhut, jedoch zeigt der Ort nach außen unten und die kurze Schneide nach oben.

Wechselhau: Mit der kurzen Schneide abwehren und flüssig mit der Hauptschneide in eine Blöße des Gegners kontern (2).

Wegbinden: Das gegnerische Schwert wegdrücken (15).

Wend: Wenden, zur Umkehr bringen. Siehe »Winden« (19).

Winkelgeschwindigkeit (Rotationsgeschwindigkeit): Die Winkelgeschwindigkeit gibt an, wie schnell – gemessen in Grad pro Sekunde oder Stunde – sich die Waffe in der entsprechenden Achse dreht.

Winden: Das gegnerische Schwert wird durch eine Drehbewegung aus der Hüfte und den Armen während der Klingenbindung zur Seite gedreht, um eine Blöße am Gegner zu öffnen, dann wird zugestoßen, gehauen oder geschnitten.

Ynschlieszenn, Ain Schlieszen: Siehe »Ain Schlieszen«.

Zaddeln: Lappenartig ausgeschnittene Stoffverzierungen der Obergewänder des 14. und 15. Jhs., ursprünglich beliebt vor allem bei Spielleuten und Gauklern.

Zornort: Stich, in der Regel über dem Kopf ausgeholt (4).

Zucken: Kurz vor oder nach dem Anbinden die eigene Klinge etwas zurückziehen und sie unter die des Gegners auf die andere Seite durchtauchen lassen und dort zustoßen. Den gegnerischen Druck lässt man damit ins Leere laufen.

Zwerchhau: Hau mit der kurzen Schneide. Gut geeignet zum »Absetzen« gegen einen schrägen Oberhau. Oberhau ausführen – wobei dann mit der »Stärke« abgewehrt und gleichzeitig mit dem Ort bzw. der Schwäche ein Angriff zum Kopf des Gegners ausgeführt wird. Wird in etwa waagerecht ausgeführt. Kann auch zur unteren Blöße gehen.

Zwyuelstich: Zweifelsstoß, möglicherweise aber auch Zweihandstoß (von Ziefachstoß). Beide Hände umfassen die Klinge, um einen Stoß auszuführen. Durch diese Griffhaltung etwas unsicher (77).

Kritik und Anregungen,
für die ich sehr dankbar wäre,
bitte nur in brieflicher Form an den Verlag.
E-Mails werden nicht beachtet.

Verwendete Literatur · Medien

Handschriften

Anonym, Sammelhandschrift, Meister Lichtenauers Fechtkunst u. a. Germanisches Nationalmuseum Nürnberg, Cod. ms. 3227a

Anonym, Gladiatoria. Biblioteka Jagiellonski, Krakau, Ms. Germ. Quart. 16; Nr. 5878 1989 ROK. Kunsthistorisches Museum Wien, P 5013

Anonym, Codex Wallerstein, „Vom Baumanns Fechtbuch" (anonym), Universitätsbibliothek Augsburg, Cod.I.6.4.2

Livre du Roi, Assises de la Cour aux bourgeois. Livre de Jean d´Ibelin (um 1260).

Maciejowski Bibel, Pierpont Morgan Library, New York, Ms M 638

Peter von Danzig Bibliotheca dell'Academica Nazionale dei Lincei e Corsiniana, Rom, Cod 44 A 8 (Cod. 1449)

Jeu de la Hache, Paris, Bibliotèque Nationale Ms fr. 1996

Paulus Kal, Bayerische Staatsbibliothek München, Cgm 1507

Johannes Lecküchner, Bayerische Staatsbibliothek München, Cgm 582

Jud Lew, Universitätsbibliothek Augsburg, Cod. I.6.4.3

Fiore dei Liberi, Flos duellatorum. MS Ludwig XV 13. P. Ghetty Museum (1410).

Sigmund Ringeck, Die ritterlich Kunst des langen Schwerts. Sächsische Landesbibliothek Dresden, Mscr. Dresd. C487

Häufiger zitierte Literatur

H. Boxler, Die Geschichte der Reichsgrafen zu Königsegg (2005).

Deutsches Rechtswörterbuch Online Version unter www.drw-www.adw.uni-heidelberg.de/drw/

G. Duby, Die Ritter (2001).

K. A. Eckhardt (Hrsg.), Sachsenspiegel I. Landrecht. Rechtsbücher. Bibliotheca Rerum Historicarum (1973).

J. L. Forgeng, The Medieval Art of Swordsmanship: A Facsimile & Translation of Europe's Oldest Personal Combat Treatise, Royal Armouries MS I.33, Anonymus, (2003).
Die deutsche Übersetzung von Dieter Bachmann findet sich im Internet unter: http:// freywild. ch/i33/

G. Hergsell (Hrsg.), Talhoffers Fechtbuch (Gothaer Codex) aus dem Jahre 1443. Gerichtliche und andere Zweikämpfe darstellend (1889).
Ders., (Hrsg.), Talhoffers Fechtbuch (Ambraser Codex) aus dem Jahre 1459. Gerichtliche und andere Zweikämpfe darstellend (1889).
Ders., Talhoffers Fechtbuch aus dem Jahre 1467. Gerichtliche und andere Zweikämpfe darstellend (1889).

H.-P. Hils, Meister Johann Liechtenauers Kunst des langen Schwertes (1985).

W. Lind, Das Lexikon der Kampfkünste (2001).

E. Oakeshott, Records of the Medieval Sword (1991/2002).

C. Pfaff, Die Welt der Schweizer Bilderchroniken (1991).

M. Wierschin, Meister Johann Liechtenauers Kunst des Fechtens (1965).

G. Zabinski / W. Barolmiej (Hrsgg.), Codex Waller-stein (2002).

Sandra Fortner
»Kempflich angesprochen«: über Kampfgerichte und Kampfrecht

K. v. Amira / Cl. Frhr. v. Schwerin, Rechtsarchäolo-gie. Gegenstände, Formen und Symbole ger-manischen Rechts (1943).

P. Browe, De ordaliis, Band 2 (1932/33).

A. Coulin, Der gerichtliche Zweikampf im altfran-zösischen Prozeß und sein Übergang zum mo-dernen Privatzweikampf (1906).

H. R. Derschka, Der Schwabenspiegel (2002).

P. Dinzelbacher, Das Fremde Mittelalter. Gottes-urteil und Tierprozess (2006).

H. Fehr, Der Zweikampf (1908).
Ders., Das Recht im Bilde (1923).

A. Franz, Die kirchlichen Benediktionen im Mittel-alter (1909).

W. German, Chronik von Schwäbisch Hall und Umgebung (1900).

M. Goldast (Hrsg.), Reichssatzung Deß Heiligen Römischen Reichs, Band 2 (1613).

J. Grimm, Weisthümer, Band 2^2 (1957).
Ders., Rechtsaltertümer (1828).

J. Grimm / W. Grimm, Deutsches Wörterbuch (1854).

H. Häberli / V. Bartolome, Die Schweiz im Mittel-alter in Diebold Schillings Spiezer Bilderchronik (1991).

H. Haupt, Ein oberrheinisches Kolbengericht aus dem Zeitalter Maximillians I. In: Zeitschrift der Savigny-Stiftung für Rechtsgeschichte/Germa-nistische Abteilung 16, 1895, 199–213.

L. Hüttebräuker, Ein Kampf um das Lütticher Frie-densgericht. Untersuchung von Prozeßschriften

aus der Mitte des 14. Jahrhunderts. In: Archiv für Urkundenforschung 11, 1930, 258.

A. Huillard-Breholles, Historia diplomatica Fride-rici Secundi/4,1 (Nachdruck d. Ausgabe 1854), 108.

J. Hull, Talhoffer and Causes for Fighting. ARMA. The Association for Renaissance Martial Arts. http://www.thearma.org/essays/Causes.htm

G. Kocher, Sachsenspiegel, Institutionen, Diges-ten, Codex – Zum Aussagewert mittelalterlicher Rechtsillustrationen. Forschungen zur Rechts-archäologie und rechtlichen Volkskunde 3, 1981, 5–34.

W. Kraft, Der gerichtliche Zweikampf unter beson-derer Berücksichtigung des Kampf- und Kolben-gerichtes in Fürth. In: Alt-Fürth 4, 1940, 1–26.

K. Kroeschell, Deutsche Rechtsgeschichte 1 (bis 1250)[8] (1987).
Ders., Deutsche Rechtsgeschichte 2 (1250–1650)[8] (1992).

F. Majer, Geschichte der Ordalien, insbesondere der gerichtlichen Zweikämpfe in Deutschland 1795 (Nachdr. 1970).

J. P. Migne, Patrologiae cursus completus, Bd. 157 (1854).

K. W. Nitsch, Heinrich IV. und der Gottes- und Landesfrieden. Forschungen zur deutschen Ge-schichte 21, 1881, 271–297.

H. Nottarp, Gottesurteilstudien (1956).

J. G. Schottel, De singularibus quibusdam & anti-quis In Germania Juribus & Observatis (Kurt-zer Tractat Von Vnterschiedlichen Rechten in Teutschland …) (1671).

A. Schulz, Deutsches Leben im 14. und 15. Jahrhun-dert (1892).

R. Sohm, Fränkisches Recht und römisches Recht. Prolegomena zur deutschen Rechtsgeschichte. In: Zeitschrift der Savigny-Stiftung für Rechts-geschichte/Germanistische Abteilung 1., 1880, 1ff.

G. Ullrich, Zwickauer Rechtsbuch (1941).

André Schulze
Fechtmeister Hans Talhoffer

H. Herzog, Zur Person Talhoffers. In: www.talhoffer.de

D. Hagedorn, Peter von Danzig (Transkription). In: www.hammaborg.de

Dieter Bachmann
Talhoffer und die Tradition Liechtenauers

E. Oakeshott, Archaeology of weapons (1996).

Ch. H. Tobler, In Service of the Duke: The 15th century fighting treatise of Paulus Kal (2006).

R. Welle, »... und wisse das alle höbscheit kompt aus deme ringen« (1993).

Andrea Rottloff
Die Kleidung im Gottesurteil der Codices
des Hans Talhoffer

O. Blanc, Parades et Parures. L'invention du corps de mode à la fin du Moyen Age (1997).

E. Crowfoot / F. Pritchard / K. Staniland, Textiles and Clothing c. 1150–c. 1450. Medieval Finds from Excavations in London 4 (1992).

G. Embleton / J. Howe, Söldnerleben im Mittelalter (2006).

O. Goubitz / C. van Driel-Murray/W. Groenman-van Waateringe, Stepping through Time. Archaeological Footwear from Prehistoric Times until 1800 (2001).

F. Grew / M. de Neergaard, Shoes and Pattens. Medieval Finds from Excavations in London 2 (1988).

P. Kaiser, Die »Spiezer« Chronik des Diebold Schilling als Quelle für die historische Realienkunde. In: H. Haeberli / Ch. von Steiger (Hrsg.), Die Schweiz im Mittelalter in Diebold Schillings Spiezer Bilderchronik, Studienausgabe zur Faksimile-Edition der Handschrift Mss. hist. helv. I. 16 (1991) 73–134; bes. 100–113, Kap. 7, Textilien, Schmuck, Insignien.

H. Kühnel, Bildwörterbuch der Kleidung und Rüstung (1992).

U. Lehnart, Kleidung und Waffen der Spätgotik, II, 1370–1420 (2003).

U. Lehnart, Kleidung und Waffen der Spätgotik, III, 1420–1480 (2005).

I. Loschek, Reclams Mode- & Kostümlexikon (1994).

A. Schuttwolf (Hrsg.), Jahreszeiten der Gefühle. Das Gothaer Liebespaar und die Minne im Spätmittelalter (1998).

M. Scott, Late Gothic Europe, 1400–1500. The History of Dress Series (1980).

A. Sturm, wider mannlicher zucht – gancze hosen und schandbare letze: Eine Strumpfhose mit Schamkapsel aus Alpirsbach. In: Karfunkel 57, 2005, 101–103.

E. Thiel, Geschichte des Kostüms 9(1991).

S. Thursfield, The Medieval Tailor's Assistant: Making Common Garments 1200–1500 (2001).

R. Turner Wilcox, The Mode in Hats and Headdress (1959).

Marcel Dorfer
Die Plattenrüstung

W. Boeheim, Handbuch der Waffenkunde (1985).

M. Dorfer, Zur Bedeutung der Waffen- und Rüstungstechnik in mittelalterlichen Schlachten (Dipl. 2004).

G. Duby, Die Ritter (1999).

L. Funcken / F. Funcken, Historische Waffen und Rüstungen. Ritter und Landsknechte vom 8. bis 16. Jahrhundert (2001).

D. Hagedorn / R. Warzecha, Rekonstruktion. In: www.hammaborg.de

M. Keen, Das Rittertum (2002).

H. W. Koch, Illustrierte Geschichte der Kriegszüge im Mittelalter (1998).

P. Krenn, Die Kriegsrüstung im europäischen Mittelalter. In: Kühnel Harry (Hrsg.), Bildwörterbuch der Kleidung und Rüstung (1992).

D. Lanzardo (Hrsg.), Ritterrüstungen. Der eiserne Gast – ein mittelalterliches Phänomen (2003).

U. Lehnart, Kleidung und Waffen der Spätgotik, III, 1420–1480 (2005).

G. Ortenburg, Waffen der Landsknechte 1500–1650 (2002).

V. Schmidtchen, Kriegswesen im späten Mittelalter. Technik, Taktik, Theorie (1990).

M. Störmer, Die Rüstkammer. Ein Kompendium mittelalterlicher Nahkampfwaffen (1996).

Arno Eckart
Das Schwert aus der Sicht des Schmiedes – über Mythen und archaische Technologie

S. Ó Faoláin / J. P. Northover, The technology of late bronze age sword produktion in Ireland. In: The journal of Irish archaeology, IX 1998.

L. Kapp / J. Yoshihara, Japanische Schwertschmiedekunst (1998).

St. Mäder, Stähle, Steine und Schlangen – Zur kultur- und technikgeschichtlichen Einordnung dreier Schwertklingen aus dem alamannischen Siedlungsraum« (Humboldt-Universität Berlin 2001, auf Microfiche über Universitäts-Bibliotheken einsehbar).

R. Landes, Messerklingen und Stahl – Technologische Betrachtungen von Messerschneiden (2006²).

D. Liebel, Rekonstruktion des Bronzeschwertes von Stenn in originaler Technik. In: Restaurierung und Museumstechnik, hrsg. vom Museum für Ur- und Frühgeschichte Thüringens durch Rudolf Feustel (1985).

F. Rapatz, Die Edelstähle (1968⁵).

H. Schumann, Metallographie (1974⁹).

Stahlschlüssel Taschenbuch (2001).

Roland Warzecha
Mit Hieb und Stich – über die Handhabung von Schwertern

S. Mäder, Stähle, Steine, Schlangen: Ein neuer Blick auf alte Schwerter. Karfunkel Combat 1 (2005).

L. M. Enoksen, Viking combat techniques. In: Medieval History Magazine 1, September 2003, 10–17.

H. E. Davidson (Hrsg.), Saxo Grammaticus, The history of the Danes (Gesta Danorum), ins Englische übersetzt von Peter Fisher (1979–80).

G. Mele, Much Ado About Nothing: Or, About the Cutting Edge of Flat Parries. In: SPADA: Anthology of Swordsmanship (2002) 32–47.

R. Swinney / Sc. Crawford, Medical Reality of Historical Wounds. In: SPADA 2: Anthology of Swordsmanship (2005), 5–22.

A. Geibig, Beiträge zur morphologischen Entwicklung des Schwertes im Mittelalter (1991).

André Schulze
Der Graf und sein Schirmmeister

G. Faix, Eberhard im Bart der erste Herzog von Württemberg (1990).

J. Hahn, Erinnerungen und Zeugnisse jüdischer Geschichte in Baden-Württemberg (1988).

R. Freiherr v. Liliencron (Hrsg.), Allgemeine Deutsche Biographie (1875–1912).

H. Veitshaus, Die Judensiedlungen im Mittelalter (1970).

L. Zapf, Die Tübinger Juden. Eine Dokumentation (1975).

Ein Computerausdruck des Stichworts »Tübingen« vom Computer des »Bet Hatefuzot« /Diasporamuseum in Tel Aviv vom 14. 12. 1994.

André Schulze
Über den Codex / Tafelteil, Biomechanik

H. Heim / A. Kiermeyer, Langes Schwert, Teil 1 nach Johannes Liechtenauer. Agilitas. Tv (DVD).

U. Bergner / J. Giessauf (Hrsg.), Würgegriff und Mordschlag (2006).

J., R. Bükow, Leibringen für Anfänger. Agilitas. Tv (DVD)

T. Deshimaru, Die Praxis der Konzentration (2001).

D. Inosanto, The Filipino Martial Arts (1980).

S.-B. Kim, Hap Ki Do (1976).

D. Lindholm / P. Svärd, Sigmund Ringeck's Kightly Art of the Longsword (2003).

K. Oshima / K. Ando: Kendo (1989).

L. Porzio / G. Mele (Übersetzung), Arte Gladiatoria Dimicandi. 15th Century Swordmanship of Master Filippo Vadi (2003).

M. Rector, Medieval Combat (2000).

K. Roth / K. Willimczik, Bewegungswissenschaft (1999).

M. Rubboli / L. Cesari, Fiore Dei liberi: Flos Duellatorum. Manuale di arte del combattimento del XV secolo (2002).

A. Schultz-Gora, Bokken (2000).

V. Schweizer, Neurotraining (1999).

G. Stiebler, Kobudo (Ersch.-Jahr/Auflage).

Chr. H. Tobler, Secrets of German Medieval Swordmanship (2001).

Chr. H. Tobler, Fighting with the German Longsword (2004).

A. Trevisan, Aikido. Das große Lehr- und Übungsbuch (1991).

Weinmann (Hrsg.), Chronik alter Kampfkünste (1978).

K. Willimczik, Biomechanik der Sportarten (1989).

G. Windsor, The Swordsman's Companion (2004).

M. Yagyu, Der Weg des Samurai (2002).

J-M. Yang, Taiji Sword, Classical Yang Style (1999).

André Schulze
Glossar

J. L. Forgeng, Fechtkunst Glossary. In: www.higginssword.org

M. Dorfler, Fachglossar historisches Fechten. In: www.schwertkampf.at.tf

www.schwertkampf-ochs.de, Glossar.

Talhoffers Handschriften

Die sechs bekannten Originale:

Ms. Chart. A 558/ Gotha, Universitäts- und Forschungsbibliothek Erfurt/Gotha, 1443.

Hs. XIX 17-3/ Königseggwald, Gräfliche Bibliothek Königseggwald, vor 1459.

P 5342 B/ Wien, Kunsthistorisches Museum Wien, vor 1459.

78 A 15/ Berlin Kupferstichkabinett der Stiftung Preußischer Kulturbesitz, vor 1459.

Thott 290 2 °/ Kopenhagen, Königliche Bibliothek, 1459.

Codex Icon. 394a/ München, Bayerische Staatsbibliothek München, 1467.

Abbildungsnachweis

Titel

Photo: Katrin Schad. Luzerner Hammer von ART CONNECTION www.artcon.de

»Kempflich angesprochen«

1 Gerichtsszene aus dem Herforder Stadtbuch. Kommunalarchiv Herford, Stadt Herford, Mscr. 1 (Rechtsbuch der Stadt Herford aus dem 14. Jh.

2 Zweikampf Otto von Grandson und Gerhard von Estavayer 1397. Spiezer Chronik des Diebold Schilling d. Ä. Handschrift Mss. Hist. Helv. I.16, Seite 522. Burgerbibliothek Bern

3 Kämpfer mit Helfern schreitet zum Ordalsplatz. Solothurner Fechtbuch, fol. 59 und 60. Zentralbibliothek CH Solothurn, foto faisst

4 Kämpfer mit Grießwarten und Bahren. Cod. Icon 394a, fol. 69 Bayerische Staatsbibliothek München

5 Kampfplatz. Cod. Icon 394a, fol. 70. Bayerische Staatsbibliothek München

6 Kampf nach schwäbischem Recht mit Schwert und Schild. Cod. Icon 394a, fol. 128. Bayerische Staatsbibliothek München

7 Bischof von Würzburg als Gerichtsherr. Würzburger Bischofschronik, Ratsbuch Nr. 412, fol. 140v. Stadtarchiv Würzburg

Hans Talhoffer

8 Wappen Talhoffer. Thott 290 2°, fol. 102r. Königliche Bibliothek Kopenhagen

9 Talhoffer zerbricht Kette. Thott 290 2°, fol. 11v. Königliche Bibliothek Kopenhagen

10 »Die Botschaft« aus: U. Lehnart, Kleidung und Waffen der Spätgotik II, 1370ff. Armorial Gelre, Königliche Bibliothek Brüssel (BRB), Ms. 15652–56, fol. 122

11 Extreme Stellung. Cod. Icon. 394a, fol. 241. Bayerische Staatsbibliothek München

12 Hans Talhoffer mit Spruchband. Cod. Icon. 394a, fol. 270. Bayerische Staatsbibliothek München

Talhoffer und die Tradition Liechtenauers

13 a Abb. 1 a: Ms. Chart. A 558, Bl. 40. Forschungsbibliothek Gotha

13 b Abb. 1 b: Cod. pal. Germ. 359, fol. 42r. Bibliotheca Palatina, Heidelberg

14 a Abb. 2 a: Cgm 1507, fol. 66v. Bayerische Staatsbibliothek München

14 b Abb. 2 b: Cod. icon. 394A, fol. 11r. Bayerische Staatsbibliothek München

Kleidung, Waffen- und Rüstkunde

15 Liebespaar des »Hausbuchmeisters«. Rijksmuseum Amsterdam, Inv.Nr. OB: 927

16 Gothaer Liebespaar. Schlossmuseum Gotha Inv. Nr. 749/703

17 Cod. Icon 394a, fol. 55. Bayerische Staatsbibliothek München

18 Cod. Icon 394a, fol. 206. Bayerische Staatsbibliothek München

19 Thott 290 2°, fol. 89 verso. Königliche Bibliothek Kopenhagen

20 Thott 290 2°, fol. 107 recto. Königliche Bibliothek Kopenhagen

21 a Ms. Chart. A 558 (1443), fol. 126. Forschungsbibliothek Gotha

21 b Thott 290 2°, fol. 49 r. Königliche Bibliothek Kopenhagen

21 c Cod. Icon 394a, fol. 3. Bayerische Staatsbibliothek München

Die stählerne Haut des Ritters, die Plattenrüstung

22 Harnisch des 16. Jhs. Aus: M. Störmer, Die Rüstkammer. Ein Kompendium mittelalterlicher Nahkampfwaffen, S. 14, Abb. 5

Das Schwert aus der Sicht des Schmiedes

23 Photo: Diplomrestaurator M. Paysan, Württembergisches Landesmuseum Stuttgart
24 Photo: Arno Eckhardt
25 Photo: Arno Eckhardt
26 Photo: Arno Eckhardt
27 Photo: Arno Eckhardt
28 Photo: Arno Eckhardt
29 Photo: Diplomrestaurator M. Paysan, Württembergisches Landesmuseum Stuttgart
30 Württembergische Landesbibliothek Stuttgart
31 Photo: Arno Eckhardt
32 Photo: Arno Eckhardt
33 Photo: Roger Dämpfle, Arno Eckhardt
34 Photo: Diplomrestaurator M. Paysan, Württembergisches Landesmuseum Stuttgart
35 Photo: Diplomrestaurator M. Paysan, Württembergisches Landesmuseum Stuttgart
36 Photo: Diplomrestaurator M. Paysan, Württembergisches Landesmuseum Stuttgart

Mit Hieb und Stich

37–43 Photos: Roland Warzecha

Stechschild und Kolben

44 Kreuzzug Berchtholds gegen das Wallis. Spiezer Chronik des Diebold Schilling, Handschrift Mss. Hist. Helv. I.16, S. 53 Burgerbibliothek Bern
45 Kolben. Thott 290 2°, fol. 106r. Königliche Bibliothek Kopenhagen
46 Kampf Kolben und Stechschild. Thott 290 2°, fol. 99v. Königliche Bibliothek Kopenhagen
47 Zweikampf mit Luzerner Hammer. Thott 290 2°, fol. 135r. Königliche Bibliothek Kopenhagen

Das Spiel mit der Axt

48 Schädel mit Punktur durch einen Kriegshammer Towton Skelett 9. Aus: V. Fiorato/ A. Boylston, Blood Red Roses, The Archaeology of Mass Grave from the Battle of Towton AD 1461 (2000), Abb. 8.10 (Skelett 9).
49 Luzerner Hammer. Schweizerisches Landesmuseum, Zürich
50 Luzerner Hammer. Thott 290 2°, fol. 110r. Königliche Bibliothek Kopenhagen

51 Kampf mit dem Luzerner Hammer. Cod.Icon 394a, fol 84. Bayerische Staatsbibliothek München

Eine Fechthandschrift für den Grafen

52 Eberhard im Bart. Nikolaus Ochsenbach aus Johannes Reger. Stuttgart, Württembergische Landesbibliothek Sign. Inc.qt. 4° 16095 fol. 128
53 Mömpelgarder Genealogie. Papierhandschrift, 1474 »wie Mümpelgart an die Herrschaft Wirtemberg khommen ist«. Stuttgart, Württembergische Landesbibliothek, Cod. Hist. 2° fol. 191.
54 Herzogsschwert Eberhards, 1495. Privatbesitz, Abb. aus Faix, Eberhard im Bart. Der erste Herzog von Württemberg (1990), Abb. 27
55 Wappen der Marxbrüder. Institut für Stadtgeschichte der Stadt Frankfurt am Main, Marxbrüder 32

Über den Codex Icon 394a, seine Interpretation und experimentelle Rekonstruktion

56 Cod. Icon 394a, fol. 88–89. Bayerische Staatsbibliothek München
57 Zwei Darsteller und der Herausgeber. Photo: Christine Felber
58 Wundenmann. Hans von Gerssdorff, Feldtbuch der Wundartzney. Staats- und Stadtbibliothek Augsburg, 2 Med. 82 (Beibd.) Bl. 18 v

Die Erforschung einer Technik

59 Cod. Icon 394a, fol. 15
60 Photo: Christiane Felber
61 Zeichnung: Wolfgang Abart
62 Photo: Roger Dämpfle
63 Photo: Roger Dämpfle
64 Photo: Roger Dämpfle

Biomechanische Basisarbeit des Fechtens

65 Christiane Felber

Tafelteil

Cod. Icon 394a, fol. 70–169. Bayerische Staatsbibliothek München